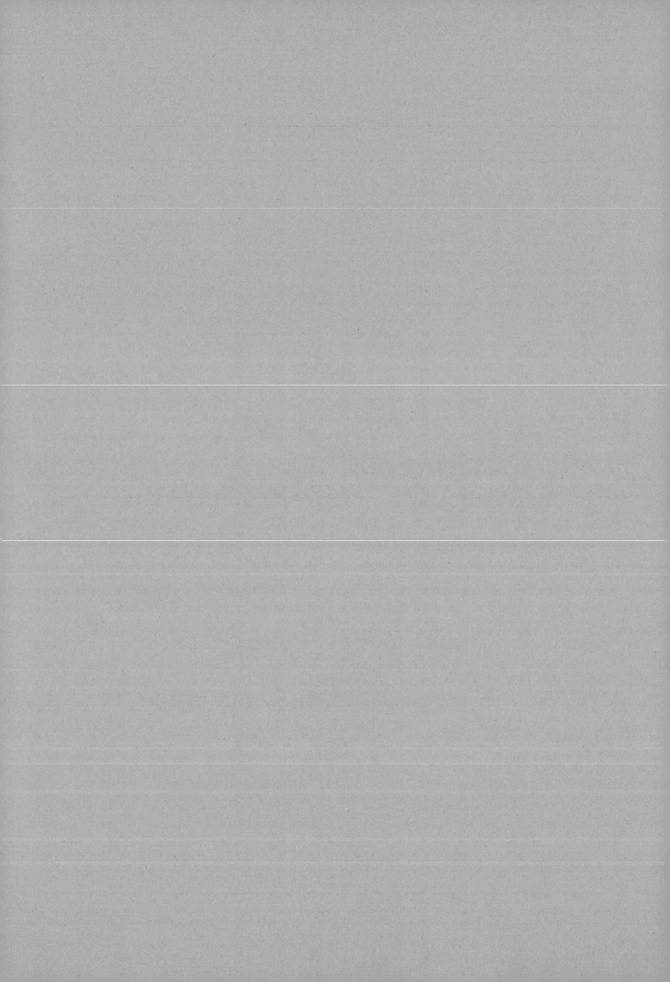

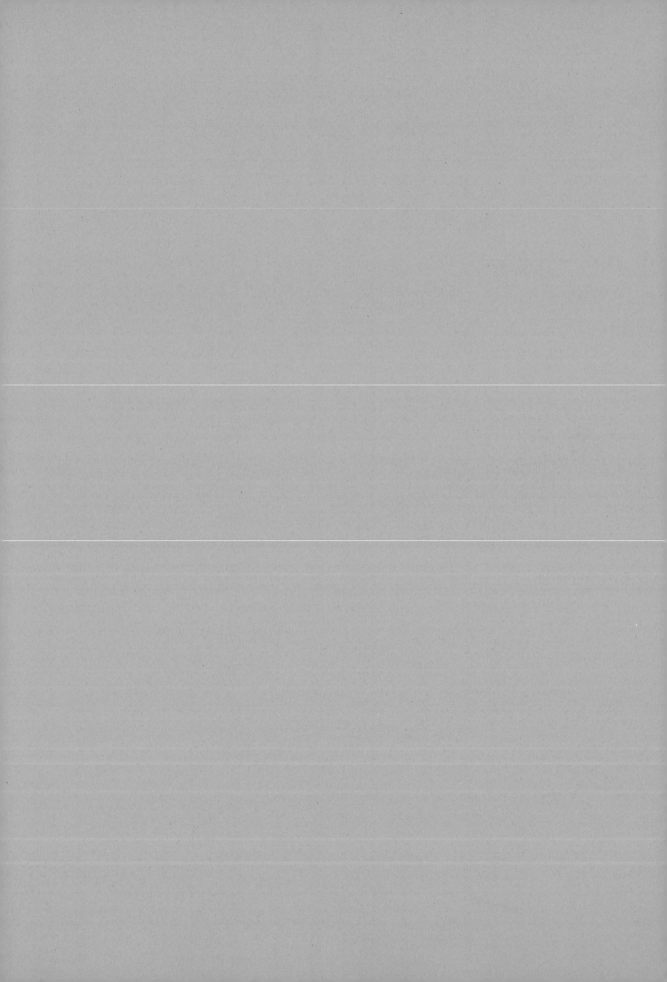

Tourism Coffee Barista

관광바리스타

Preface

커피는 오늘날 우리 생활에 있어서 빼놓을 수 없는 식품이자 하나의 문화로 자리 잡았다. 통계에 따르면 2018년 한 해 우리나라 성인 1인이 소비한 커피는 약 353잔으로 세계 인구 평균 소비량 132잔과 비교하면 약 3배 높은 수준으로 나타났다. 국내 커피산업의 시장 규모도 2018년 기준 약 7조 원으로 추정되고 있다. 관세청에 따르면 2021년 커피 수입액은 7억3,780만 달러로 전년 대비 11% 늘었다. 커피 수입량도 17만6,648톤으로 5% 증가했다. 우리나라 국민이 마시는 커피양이 해를 거듭할수록 늘어나고 있는 것이다.

본 저서는 이에 발맞춰 커피산업에 종사할 전문 관광바리스타를 양성하는데 중점을 두고 이번에 개정 2판을 출간하게 되었다.

커피에 대한 전문적인 지식과 기술을 연마하여 원두를 선택하고 커피 머신을 능숙하게 다뤄 고객감동 커피를 제조함은 물론 고품격 서비스를 곁들여 한층 더 세련된 관광바리스타로 자격을 갖춰나가는데 필요한 지식과 기술을 익힐 수 있는 교본이 되도록 편집하였다.

특히, (사)KATE 커피자격검정위원회 주관 '관광바리스타자격증' 수험 대비서로서의 역할과 대학교 호텔관광/조리계열 학과의 교과목 교재로서의 역할에 초점을 맞췄다. 또한 필기검정 예상문제를 수록하여 수험생들의 자격증 취득시험 대비서로서의 역할도 수행하고 있다.

본 저서를 편집하기 위해 수많은 선행 연구 자료와 기 발간된 저서들, 인터넷 커피 전문 블로그와 카페에 올려진 자료들, 커피관련 협회의 자료들을 활용하였다. 다년간 의 경험에서 나올 수 있는 풍부한 지식과 기술관련 자료들을 보면서 선행 전문가들에 게 존경과 감사함의 인사를 드린다.

앞으로도 개정 작업을 꾸준하게 시행함으로서 좀 더 좋은 관광바리스타 저서로 자 리 잡아 갈 수 있도록 노력하겠습니다.

편집위원회

Contents

관광바리스타

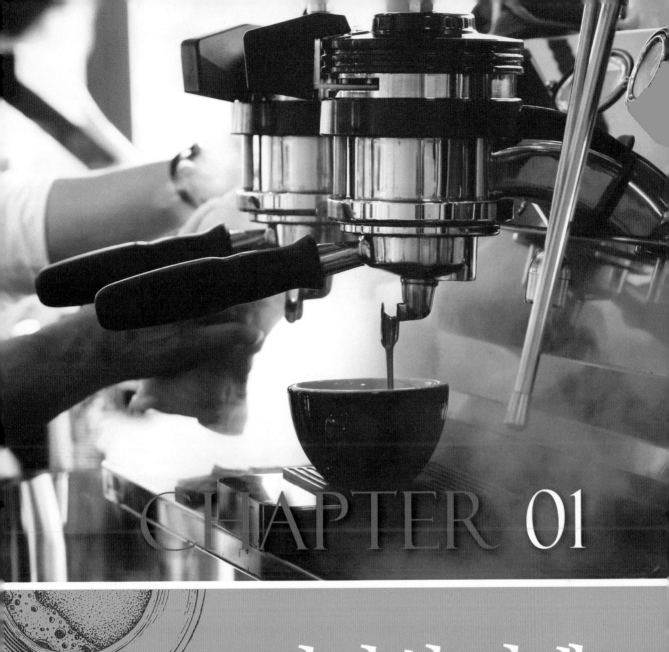

CHAPTER 01

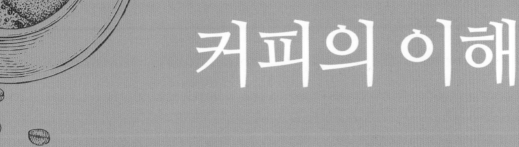

커피의 이해

제1절

커피란 무엇인가?

1. 커피란?

커피를 간략하게 설명하면 커피나무에서 열매를 수확한 뒤 과육은 버리고 씨앗을 가공하여 고르게 볶은 후 한가지 혹은 두가지 이상의 원두를 추출법에 적합한 크기로 잘게 부수어 물 성분으로 원두의 성분을 추출하여 음용하는 것을 말한다.

현재 커피는 세계인의 사랑을 받으며 아침을 시작하는 커피, 브런치를 먹으며 함께 즐기는 커피, 식후 마시는 커피, 손님이 왔을 때 대접하는 커피, 비즈니스 회의석상에서 제공되는 커피 등 사람들이 모이는 공간과 장소에서 빠질 수 없는

음료이자 기호식품이다.

커피는 약 1,200년간6~18세기이란 오랜 기간에 걸쳐 원산지 에티오피아에서 세계 방방곡곡으로 퍼져나가 명실공히 세계적 기호음료로 자리를 굳혔다.

커피가 이슬람에서 유럽으로 처음 유입되었을 때는 교회의 중심인 중세 유럽 사회에서는 이교도의 음료, 이슬람의 와인, 악마의 유혹이라고 인식이 좋지 못하였으나 한번 맛을 본 사람들은 커피에 점차 빠져들기 시작했고 점점 많은 커피 애호가들이 나타나게 되었다. 이에 교황 클레멘트 8세는 커피를 금기시키기를 결심하고, 금기 조치에 앞서 커피 맛을 직접 보게 되는 데 그 순간 그 맛에 반해 커피를 축복까지 하는 사건이 발생하기도 했다.

오늘날 세계무역에서 커피는 원유 다음으로 물동량이 가장 크다. 커피의 연간 거래량이 750만 톤으로 하루 소비량은 27억 잔에 이르는 것으로 추정된다.

2017년 우리나라의 커피 시장은 11조7397억원으로 커진 것으로 나왔다. 10년 전에 비해 4배 가까이 성장한 것이다. 2017년 한 해 동안 국내에서 소비된 커피는 265억 잔으로 국민 1인당 연간 512잔의 커피를 마신 것이다. 국제커피협회ICO에 따르면 커피수입량 상위 10개국 중 대한민국은 7위연간 230만 톤를 기록하고 있는 '커피공화국'이다.

1) 인스턴트커피와 원두 커피

'인스턴트커피도 원두 커피일까?' 사람들이 흔히 오해하는 것 중 하나가 인스턴트커피는 원두를 갈아서 만든 것이라고 생각하고 있다는 점이다. 그러나 인스턴트커피는 볶아서 분쇄한 원두커피를 액상 상태로 추출한 뒤 각종 첨가제와 향미 성분을 섞어 동결건조 시킨 것이다.

1901년 미국 박람회에 처음 등장한 인스턴트커피Instant Coffee는 물에 녹는 커피라는 뜻에서 '솔루블 커피Soluble Coffee'로 불렸다. 가루로 된 커피에 물을 타면 금방 녹기 때문에 이런 이름이 붙은 것이다.

반면 갈아서 만든 원두를 그대로

사용하는 원두커피는 물에 녹지 않아 추출 후 찌꺼기가 남는다. 때문에 원두로 만든다는 점에서는 인스턴트커피도 원두커피라 부를 수 있지만 둘은 별개의 커피로 분류해야 한다.

 세계적인 커피 애호가들의 커피사랑

"모닝커피가 없으면 나는 그저 말린 염소 고기에 불과하다." 작곡가이자 피아니스트인 바흐는 유명한 커피 애호가였다. 바흐가 살던 때는 커피를 사회의 '악'으로 여기던 시기였다. 하지만 그는 1732년 피칸테르의 유명한 시를 커피 칸타타로 바꿀 정도로 커피를 사랑한 인물이었다.

평생을 지독한 가난에 시달려야 했던 베토벤에게 유일한 사치품이 바로 커피였다고 한다. 다혈질로 유명한 베토벤은 어느 날 달갑지 않은 손님에게 짜증을 낸 후 "가기 전에 커피 한 잔 하시겠어요?"라고 말했다고 한다. 게다가 그는 자신만의 커피에 집착했는데, 커피 한 잔에 정확히 60개의 원두를 사용했다고 한다.

"나는 런던 카페에서 만난 모든 영혼을 사랑한다." 벤저민 프랭클린은 영국의 런던에 사는 동안 카페를 만남의 장소로 활용했다. 그는 카페에서 정치 모임을 열고 체스를 두며 사람들과 대화하길 좋아했다. 사업가였던 그는 자신의 원두를 팔기도 했으며 배를 타고 여행을 떠날 시 비상용으로 먹을 커피 원두는 꼭 챙겼다고 한다.

프랑스 계몽주의 작가인 볼테르는 역사상 가장 심한 커피 중독자였을 것이다. 그는 하루에 40~50잔의 커피와 초콜릿을 섞어 마셨다고 한다. 주치의가 커피 때문에 죽을 수 있다고 경고를 했음에도 불구하고, 그는 80세까지 살았다.

프랑스의 문학가 발자크는 "커피가 위로 미끄러져 들어가면 모든 것이 움직이기 시작한다. 이념들은 위대한 군대처럼 전쟁터 앞으로 나가고 싸움이 벌어진다."라고 커피를 예찬하며 하루 50잔 이상의 커피를 마신 것으로 유명하다.

2) 원두커피와 에스프레소

에스프레소 커피는 원두를 가압식 추출 방법으로 내린 커피를 말한다. 이렇게 커피를 뽑으면 매우 진한 커피 진액이 추출된다. 반면 추출방법을 달리하면 물이 떨어지는 중력의 힘으로 커피를 내리는 드립식 커피, 물에 원두를 담가두었다가 걸러내는 프렌치프레스, '이브릭'이라는 그릇에 끓이는 터키식 커피, 플라스크 같은 도구를 이용하는 사이폰식 커피 등 다양한 방식으로 원두커피를 만들 수 있다. 만드는 방법은 다르지만 모두 원두라는 재료를 갖고 만들 수 있는 원두커피다. '원두原豆'라는 말 자체가 한 잔의 커피를 만드는 원료原料가 되는 커피콩豆을 의미한다.

2. 커피의 기원

와인이 기독교 문화의 음료라면 커피는 이슬람교의 음료라고 할 수 있다. 이슬람교는 종교적 수행을 위해 알코올을 금지하기 때문에 정신적으로 각성효과가 있는 커피를 즐겨 마시면서 널리 퍼져 나가게 되었다. 커피에 대한 기원은 세 가지의 전설이 있으며 이 중 칼디의 전설이 가장 보편적으로 인정받고 있다.

1) 칼디Kaldi의 전설

AD 5세기경 에티오피아 홍해 가까운 수도원 근처 언덕에서 염소들을 돌보고 있던 목동 칼디는 어느 날 그의 염소들이 흥분해서 날뛰는 것을 보게 된다. 목동은 그 원인을 찾던 중 그 곳에서 자라는 어떤 열매를 먹는 모습을 보게 되었다. 그 열매를 직접 먹어본 칼디도 기분이 상쾌해짐을 느끼게 되었다. 칼디는 마을에 있는 한 수도승에게 이 사실에 대해 알렸고, 이 이야기를 들은 수도승은 그 열매를 수도원으로 가져가 동료 수도승들과 끓여 먹은 후 밤에 장시간 기도를 할 때도 잠이 오지 않는다는 것을 알게 되었다. 이러한 소문은 금방 사람들에게 퍼지

게 되었고, 그 뒤로 커피열매는 기분이 좋아지고 졸음을 방지해 주는 등 수양에 도움이 되는 신비의 열매로 세상에 알려지기 시작했다.

2) 오마르 전설

중병에 시달리던 아라비아 왕의 딸을 치료한 후 그녀와 사랑을 하다 왕의 미움을 사 오바사라는 예맨의 산으로 추방당한 이슬람 승려 '쉐이크오마르'Sheik Omar 는 어느 날 숲속에서 작은 새 한 마리가 즐겁게 지저귀는 것을 보고 그 근처로 갔다가 하얀 꽃과 빨간 열매가 열린 나무를 발견한다. 그 열매를 따서 달여 먹자 원

기가 솟는 것을 느끼고 난 후 그 열매를 즐기게 되었다. 그 후 메카로 순례를 갔다가 전염병으로 고생하고 있는 순례자들에게 가지고 간 그 열매로 치료를 하게 되고, 이로 인해 면죄를 받아 고향으로 돌아가게 되었다고 한다.

3) 무함마드의 전설

이슬람교 창시자 무함마드의 이야기는 가장 오래된 이야기로 무함마드가 병에 걸려서 시름시름 앓고 있을 때 꿈에 가브리엘이라는 천사가 나타나서 빨간 열매를 보여주면서 이걸 찾아 먹으면 낫는다는 소리를 듣는다. 꿈에서 깨어난 무함마드는 이리저리 가브리엘이 보여준 빨간 열매를 찾아 먹고 나서 병이 나았다고 한다. 그래서 천사의 커피라고도 불리어진다.

3. 커피의 어원

커피의 어원에 대한 자세한 기록은 없으나 커피가 처음 발견된 에티오피아의 지명 '카파Kappa'에서 유래 하였다는 설과 '카와Qahwa 또는 Kahwa'라는 아랍어에서 유래되었다는 학설이 있다. 카와Qahwa 또는 Kahwa는 기운을 돋우는 것이라는 커피의 효능을 나타내는 뜻을 가진다. 커피의 각성효과 때문에 아랍어의 '카파Kaffa'즉 힘을 의미하는 단어로 불려 지게 되었고 터키에서는 '카베Kahve'로 불렸으며 이후 유럽각지에서 '카페Cafe'로 파생되었다. 그것이 영국으로 전해지면서 '커피Coffee'로 불리게 되었다. 커피Coffee를 뜻하는 아랍어 카와Qahwa 또는 Kahwa는 원래는 술Wine이란 뜻으로 쓰였기 때문에 아마도 잘못 해석한 것으로 풀이되기도 한다. 현재는 영어 'coffee', 프랑스어 'café, 독일어 'kaffee', 네덜란드어 'koffie', 이탈리아어 'caffe', 터키어 'kahve'로 사용되고 있다.

4. 커피의 역사

1) 커피의 전파

커피의 전파 경로 에티오피아 → 575년 예멘아랍 → 9세기 페르시아 → 1515년경 터키 → 16세기 유럽 → 인도 → 이태리 → 네덜란드 → 1690년경 실론현 스리랑카 → 인도네시아 자바 → 영국 → 프랑스 → 마르티니크 → 기아나 → 콜롬비아 → 브라질

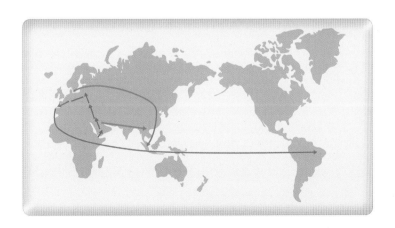

(1) 서기 6~7세기

아프리카 에티오피아 고원에서 자생하는 커피 열매가 처음으로 발견되었으며, 농부들은 커피 열매를 끓여서 죽이나 약으로 먹기도 하였다.

(2) 7~10세기

이슬람교 수도승들이 기도할 때 정신을 맑게 하기 위해 사용하였다.

(3) 11~15세기

11세기경 아라비아 예멘으로 커피가 전파되면서 커피 재배가 시작되었다. 또한 커피 수출항구 모카항이 생겼다.

(4) 12~16세기

- 메카, 카이로, 페르시아 등의 아랍 도시로 전파되었다.
- 15세기 초반 오스마투르크 제국의 셀림1세가 이집트를 정복하면서 커피를 터키로 가져오게 되었다.

(5) 16세기

인도의 이슬람 승려 바바부단이라는 사람이 아라비아 메카로 성지순례를 다녀오면서 이집트에 들러 그곳 커피 농장에서 커피 종자 몇 개를 몰래 갖고 인도로 돌아왔다. 씨앗을 인도 남부의 카나타가에 뿌려 재배에 성공하게 되었다. 그 후 동인도회사는 커피를 대규모로 재배하게 된다.

(6) 16세기 후반~17세기 말

네덜란드인들이 예멘 모카항에서 커피나무 묘목과 씨를 밀반출 했고, 그 후 식민지였던 인도네시아 자바자기나라는 커피 식생의 환경이 맞지 않아서에 심어 유럽에 들여오기 시작했다.

(7) 18세기

- 중앙아메리카와 카리브해 연안에서 커피를 재배하기 시작했다.
- 브라질에서는 아프리카 노예를 이용하여 대규모 경작을 하기 시작했으며, 세계 커피의 50%를 생산하게 되었다.

- 1877년 네덜란드인이 일본에 커피를 전파하였으며 1880년대 이노우에가 첫 카페를 열었다.
- 1896년 아관파천 시기 고종 황제가 처음으로 커피를 마시게 된 것이 한국 커피 역사의 시작이다.

2) 커피의 역사

(1) 커피의 원산지 아프리카 에티오피아

커피 원산지는 칼디의 전설에 근거하여 에티오피아구, 아비시니아로 추정된다. 커피라는 이름의 어원 자체가 에티오피아 커피 산지인 카파Kaffa에서 유래한 것으로 보고 있기도 하다. 에티오피아에서는 커피를 분boun이라고 부르는 농부들이 자생하는 커피 열매를 그대로 먹거나, 씨앗을 빼고 껍질과 과육을 살짝 구워 끓인 죽이나 음료로 마셔왔다. 커피원두나 잎사귀는 요즘에도 에티오피아에서 귀한 약으로 여겨지고 있으며, 양치기들은 이 커피 열매를 으깨 양고기에 비벼 먹기도 했다고 전해지고 있다.

(2) 커피를 처음으로 재배한 아라비아의 예멘

신기한 붉은 열매에 관한 소문은 시간이 지나면서 홍해를 건너 9세기 무렵 아라비아반도 예멘으로 전파되면서 처음 재배되었으며, 나중에는 이집트, 시리아, 터키에 전해졌다. 이곳에서는 커피 열매를 끓여 그 물을 마시거나 열매의 즙을 발효시켜 카와kawa라는 알코올 음료를 만들어 마셨다. 이 음료는 13세기 이전까지는 성직자만 마실 수 있었으나, 그 이후부터 일반 대중들에게도 보급되었다. 지금 사람들이 즐겨 마시는 '모카 커피'는 수출 항구인 '모카 항지금은 사라짐'의 이름에서 유래된 것이다. 또 단순히 열매를 그대로 먹거나 통째로 끓여먹던 커피를 현재 형태로 발전시킨 건 예멘 사람들이었다.

이 무렵 커피는 사라센 제국 이슬람 세력의 강력한 보호를 받았다. 커피 재배는 아라비아 지역에만 한정되었고, 다른 지역으로 커피의 종자가 나가지 못하도록 엄격히 관리되고 있었다. 그러던 중 12~13세기에 걸쳐 십자군전쟁이 발발하면서 이슬람 지역을 침입해 온 유럽 십자군이 커피를 맛보게 되었다.

기독교 문화권인 유럽인들은 초기에는 커피를 이교도의 음료라 하여 배척했

다. 그러나 밀무역으로 이탈리아에 들어온 뒤 교황으로부터 그리스도교의 음료로 공인받게 되었고, 일부 귀족들과 상인들을 중심으로 커피가 유행처럼 번져나가기 시작했다.

15세기에 이르러 수요가 늘자 아라비아의 상인들은 이를 독점하기 위하여 수출항을 아라비아반도 남단의 모카Mocha로 한정하고 다른 지역으로의 반출을 엄격하게 제한했다. 그러나 16세기부터 인도에서 밀반출한 커피를 재배하기 시작했고, 17세기 말에는 네덜란드가 인도에서 커피 묘목을 들여와 유럽에 전파했다.

(3) 커피의 양대 산맥 인도네시아

유럽의 제국주의 강대국들이 인도와 인도네시아 자바 등 아시아 국가들을 식민지로 만들고 커피를 대량 재배하면서 전 세계에 알려졌다. 이때부터 커피의 양대 산맥은 예멘의 '모카'와 인도네시아의 '자바'가 된 것이다. 커피나무가 세계로 퍼져 나가면서 인도, 서인도제도, 중앙아메리카, 그리고 에티오피아의 바로 이웃나라인 케냐, 탄자니아 등에서도 광범위하게 재배되었다.

(4) 카페 문화의 본고장 유럽

커피가 점차 대중화되면서 유럽 곳곳에 커피하우스가 생기기 시작했으며, 지금처럼 전 세계에 알려지게 되었다. 에스프레소, 카푸치노, 카페오레가 탄생한 건 모두 유럽이다. 그만큼 유럽은 커피를 다양한 방법으로 즐겼다. 의사가 치료로 권하면서 커피에 우유를 타기 시작했고, 값비싼 설탕을 넣어 커피 맛을 한껏 살리고 싶었던 건 프랑스의 루이 16세였다.

에스프레소의 나라 이탈리아에서는 카톨릭 신자들은 악마의 음료, 이교도의 음료라고 비난했지만 교황 클레멘트 8세가 크리스트교 음료로 선포하면서 유럽에 널리 퍼지게 되는 시발점이 되었다. 이후 1615년부터는 베니스 상인들에 의해 유럽에 본격적으로 커피가 퍼져나가기 시작했다. 1645년 이탈리아 베니스에 유럽 최초의 커피하우스인 '보떼가 델 카페'가 문을 열었다. 1720년 베니스에 커피하우스 카페 플로리안이 탄생되었으며 이는 현존하는 가장 오래되고 아름다운 카페로 유명하다.

와인의 나라 프랑스에서는 1644년 마르세유항구를 통해 커피 수입을 시작했으며 1686년에 카페 프로코프가 오픈되었다.

영국은 1650년 유태인 야곱에 의해 옥스퍼드에 커피하우스가 최초로 오픈되었으며, 1652년에는 파스콰로제가 런던에 커피하우스를 오픈하였다. 1688년에는 에드워드 로이드가 런던에 커피하우스를 오픈하였는데, 이후 로이드 커피하우스는 '로이드'라는 유명한 보험회사로 발전하게 되었다. 그 당시 선박 선착장이 있던 런던교에 이 커피하우스가 위치했었는데 이곳이 해운업자, 선박브로커 등의 집회소였고, 그 사람들과 정보를 공유하면서 해상보험사업을 시작해 큰 성공을 거두게 된 것이다.

이처럼 영국에서는 커피하우스 인기가 높아지면서 1715년에는 2천여 개의 어마어마한 개수의 커피하우스가 생기게 되었으며 1페니만 있으면 누구라도 커피를 마시면서 지적이면서도 교양 있는 대화를 할 수 있다고 해서 '페니대학'이라고도 불렸다.

(5) 미국에서 커피는 자유이자 독립

영국의 식민지였던 미국은 1668년에 영국에 의해 커피를 처음 접하게 되었다. 미국 최초의 커피하우스 '커트리지 하우스'는 1691년 보스턴에 오픈하였으며, 1969년에는 뉴욕 최초 커피하우스 '킹스암스'가 오픈되었다. 미국은 1773년의 '보스턴 차 사건' 이후 커피가 일반화 되었으며, 현재 커피소비 1위의 국가로 발전하였다.

 보스턴 차 사건

영국이 지나치게 세금을 걷는 것에 대해 불만을 품은 미국인들이 인디언으로 분장을 해서 보스턴 항구에 정박중이던 선박을 습격하고 그 선박에 있는 차 수입을 막기 위해서 차가 들어있던 상자를 부수고 바다에 던져 버렸다. 이 사건으로 인해 영국 식민지배의 상징이기도 한 홍차의 인기가 떨어지고, 커피가 미국 독립의 상징이 되면서 큰 인기를 얻게 되었으며 그 후 3년 뒤 미국이 영국으로부터 독립을 하게 되었다.

(6) 세계 최대 커피 생산국 브라질

브라질은 파리에서 몰래 들려온 커피나무로 처음 경작을 시작했다. 커피를 생산하기 위해 유럽 사람들은 수많은 아프리카 노예를 이용했다. 브라질은 전 세계

커피 생산의 40%를 담당할 정도였지만, 이익의 99%가 모두 미국의 대규모 커피 회사로 들어갔다. 그래서 제 값을 주고 커피를 사고, 환경 친화적인 커피를 먹자고 하는 '공정 무역' 운동이 생긴 것이다. 우리가 무심히 마시는 커피 한 잔이 5,000원이라면 생산자들에게 돌아가는 이윤은 겨우 10원 정도로 알려져 있다. 커피의 유통과정에는 개발도상국, 저개발국 노동자들의 땀과 눈물이 배어 있는 것이다.

3) 한국의 커피 역사

한국에서는 1896년 고종황제가 아관파천으로 러시아 공관에서 지낼 당시 러시아 공사였던 위베르가 처음으로 커피를 대접하였다고 한다. 덕수궁으로 돌아온 이후에도 고종은 커피를 잊지 못해 정관헌옆 사진▶이라는 서양식 건물을 함녕전 뒤편에 지어 휴식을 취하면서 커피를 즐기며 '가베차'라고 부르기 시작하였다.

민간에서는 1902년 독일 여성이 설립한 손탁호텔오늘날의 이화여자고등학교 100주년 기념관 근처 1층에 정동구락부라는 우리나라 최초의 커피숍이 등장하면서 커피를 팔기 시작하였으며, 1909년 들어서 남대문역 근처에 우리나라 최초의 다방 '기사텐일본식'이 오픈 되었다. 이후 1920년대부터 명동과 충무로, 종로 등지에 커피점들이 생겨나면서 소수의 사람들에게 알려지게 되었다. 1930년에는 수필 '날개'의 작가 이상이 다방 '제비'를 오픈하면서 일반인들에게 커피가 널리 소개되기 시작하였다.

그 뒤 8.15해방과 6.25전쟁을 거치면서 1950년대 부터 미군들에 의해 원두커피와 인스턴트커피들이 공급되면서 대중들이 즐기는 기호음료로 자리 잡기 시작했다. 이후 1970년 동서식품이 미국 제너럴후드와 기술제휴하고 냉동건조커피 '맥스웰 하우스'라는 인스턴트커피가 출현하였으며, 이후 세계 최초의 한국형 커피믹스 생산판매로 이어졌다.

한국의 커피시장은 이처럼 인스턴트커피로 커지다가 1980년대 이후 대학가를 중심으로 원두커피 전문점이 서서히 등장하였다. 이후 1990년대 자뎅, 도토루 등 해외의 커피 프랜차이즈가 한국에 상륙하였으며 1999년 7월에 스타벅스 이대점을 시작으로 국내에도 에스프레소 원두커피 전문점들이 속속 들어서면서 원두커피 문화가 우리 국민들에게 정착되는 계기가 되었다. 현재 우리나라에서 커피는 유명 커피 브랜드 직영점, 프랜차이즈, 개인 커피점, 저가 테이크아웃 전문점 등 동네 골목마다 즐비할 정도로 우리 생활 깊숙이 들어와 있다. 커피 본연의 맛과 향에 집중하는 핸드드립 커피와 콜드브루 등 스페셜티커피를 취급하는 전문점들도 확대되고 있는 추세이다.

제2절

커피나무의 재배와 수확

1. 커피의 적합한 서식환경

커피는 적도를 중심으로 남위 23~25° 북위 23~25°사이의 열대, 아열대 지역에서 자란다. 일명 커피벨트Coffee Belt라고 불리는 지역이다. 커피는 기후, 강우량, 토양조건, 고도 등에 가장 큰 영향을 받는다.

커피나무는 온도와 강우량만 적당하면 쉽게 자라는 특징이 있다. 야생에서는 10m까지 자라며, 짙은 녹색에 광택이 있는 길이 6~12cm, 폭 4~8cm의 나뭇잎

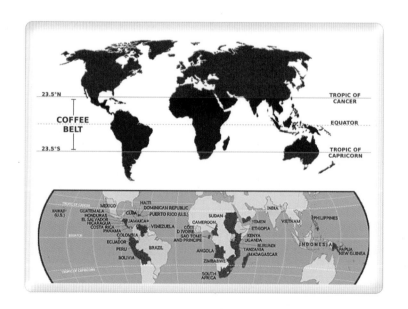

과 흰색의 꽃을 피운다. 열매의 크기는 지름 10~15mm 정도이고 대부분 붉은색
이다. 보통 아라비카Arabica 종에는 해발 1000~1500m의 고산지대, 연중평균기
온 20℃, 강우량 1500~2000mm 정도가 알맞은 서식조건이다. 아라비카와 카네
포라 두 종이 전체의 90%이상 재배되고 있으며 아라비카 종은 에디오피아, 카
네포라 종은 콩고가 원산지이다. 이 두 종 외에도 리베리카 종이 있으나 맛과 향
뿐만 아니라 생산성도 떨어져 거의 재배되지 않고 있다.

아라비카종은 까다로운 생육조건을 가지고 있다. 연평균기온은15~24℃ 정도
가 적합하며 서리가 내리지 않은 지역이어야 한다. 또 일교차가 최대 19℃를 넘
지 않아야 한다. 기온이 25℃ 이상이면 광합성 활동이 위축되고, 30℃가 넘으면
엽록소가 파괴되어 제대로 결실을 거두지 못하게 된다.

커피가 자라고 열매를 맺는 데 가장 이상적인 연간 강우량은 아라비카가
1,500~2,000mm, 로부스타는 2,000~3,000mm 정도이다. 과도한 강우량은 개
화시기의 꽃에 피해를 입히고, 토양침식이나 수확된 커피의 건조를 늦추게 한다.
커피경작에 적합한 토양은 배수가 잘되고, 미네랄이 풍부한 화산재 토양이다.

커피 열매의 수확을 위하여 적당한 일조량은 연간 1,900~2,200시간이다. 강력
한 햇볕은 커피나무의 광합성 활동을 위축시키므로 적당한 그늘을 만들어 주는
차광나무Shade Tree를 심기도 한다. 커피 열매는 고지대에서 생산될수록 단단하
고 밀도가 높아 향미가 좋다. 특히, 신맛은 고도가 높아짐에 따라 좋아진다. 실제
거래에서도 고도에 따라 등급이 결정되고, 가격도 높이 평가된다.커피&바리스타 박
영배 백산출판사

표 1-1 세계 10대 커피 생산국

순위	생산국	특징
1위	브라질	• 세계 제일의 커피 생산국이자 수출국으로, 다른 나라들에 비해 비교적 낮은 고도의 대규모 농장에서 커피 경작 • 주로 에스프레소 베이스 블렌딩(Espresso Base Blending)에 많이 사용 • 1727년 프랑스 식민지였던 기아나(Guiana)를 통해 커피가 전파되었고 포르투갈로부터 독립한 1822년에 본격적인 생산 시작
2위	베트남	• 생산량은 연간 약 120만 톤 내외이며, 이중 95%를 해외로 수출, 2010년 18억 5000만 달러의 커피 수출 실적 • 로부스타(Robusta) 커피의 세계 최대 생산국 • 믹스커피의 절반이 베트남에서 수입한 원두
3위	인도네시아	• 네덜란드에서 커피나무가 이식되면서 1696년 자바섬에서 커피재배 시작 • 대체로 무기질이 풍부한 화산지형을 갖고 있어 커피재배에 이상적 • 1877년 커피 녹병으로 전체 커피농장들이 초토화되면서 병충해에 강한 로부스타 커피(Robusta Coffee)를 주로 재배
4위	콜롬비아	• 유럽 선교사들을 통해 소개되어 1800년대 초부터 커피 경작 시작 • 1900년을 기점으로 세계 최대 커피 생산국가로 발전 • 안데스 산맥 지역은 해발고도 1,400m 이상으로 비옥한 화산재토양과 온화한 기후, 적절한 강수량 등 이상적인 재배 조건
5위	에티오피아	• 아라비카 커피(Arabica Coffee)의 원산지로 '커피의 고향'으로 알려져 있으며, 아프리카 최대의 커피 생산국 • 적도의 고지대에 있어 천혜의 커피 재배 환경을 갖고 있지만, 열악한 자본과 낙후된 시설 때문에 전통적인 유기농법과 그늘경작법(Shading), 건식법(Dry Method)으로 커피를 재배 • 1972년 이후에는 습식법(Wet Method)이 도입되어 대형공장들이 생겨났으며, 수출용 고급커피를 비교적 대량으로 생산
6위	인도	• 1585년 이슬람의 메카(Mecca)에서 전래되어 1840년 이후부터 본격적인 커피 생산이 시작 • 커피 재배에 적합한 강수량과 배수가 잘되는 비옥한 고원지대 • 아라비카(Arabica)와 로부스타(Robusta)가 1:6 정도의 비율로 재배
7위	멕시코	• 1790년부터 커피를 경작하기 시작하였고, 북부지역은 커피 존을 벗어나기 때문에 남부지방에서만 커피가 경작, 남부지방은 화산지대로서 1,700m 이상의 고원지역이기 때문에 커피 경작에 이상적인 조건 • 국토의 1/3이 고원지대이기 때문에 일반적으로 멕시코 커피에는 고지대에서 생산된 커피라는 뜻의 '알투라(Altura)'라는 이름
8위	과테말라	• 1750년대에 커피가 처음 소개되었으나 19세기 초반에 이르러 본격적인 생산 시작, 전형적인 아라비카(Arabica) 품종인 타이피카(Typica)와 버본(Bourbon)종을 주로 경작 • 국토 대부분이 미네랄이 풍부한 화산재 토양으로 이루어져 있고, 기후 또한 건기와 우기가 뚜렷하며, 일교차와 습도 차가 커서 커피 재배에 이상적 • 특히 태평양 연안지역은 33개의 화산지역으로 이루어져 있어 고급 스모크 커피의 대명사인 안티쿠아(Antigua)를 생산

순위	생산국	특 징
9위	온두라스	• 18세기 이전부터 커피가 재배되었을 것으로 추정 • 국토의 70~80%가 고지대 산악지형으로 이루어져 있고, 커피 재배에 적합한 화산재 토양
10위	페 루	• 챤차마요(Chanchamayo) 지방에서 생산되는 커피가 제일 유명하며 안데스 산맥(Los Andes)의 계곡지대에서 주로 재배 • 약간 달고 부드러운 산도를 가지고 있으며 주로 배합용으로 사용

 전 세계 커피 생산국 공통적 특징

- 아열대 또는 열대지방에 위치한 나라가 대부분이다.
- 커피 생산국의 커피 지형은 거의 산악지형에서 이루어진다.
- 커피 생산국은 대부분 빈민국가이다.
- 커피는 노동집약적 산업이다.

2. 커피의 재배

1) 나무 심기 Planting – 씨앗

씨 뿌리기에 사용되는 씨앗은 익은 체리를 수확한 후 껍질을 벗기고 발효과정을 거쳐 씨앗에 붙어 있는 끈적끈적한 점액인 mucilage를 말끔히 용해시킨다. 이때 씨앗의 수분 함량은 60~70% 정도 된다. 이 씨앗을 곧 바로 심거나 아니면 나중에 심을 경우는 건조시킨다. 건조시키는 장소는 햇볕이 아닌 그늘 진 곳에 수분함량이 20% 정도 되게 건조시킨다. 참고로 일반 생두는 수분함량이 10~13%정도이다.

2) 모종 심기

발아된 씨앗을 심어 싹이 트고 잎이 4개정도 피면 모종을 체계적인 계획 아래 등고선을 따라 이식한다. 기름진 땅을 만들기 위해 거름 작업을 하고, 나무가 자랄 때 까지 어린 나무를 보호하기 위해 나무 사이사이에 옥수수 나무를 이용하여 사이짓기 작업을 한다.

농장에서 사용하는 비료는 처음 모종을 심을 때 어린나무가 잘 자랄 수 있는 기름진 땅을 만들기 위해 사용되며, 비료는 철저히 관리를 한다. 모종을 심은 지 3년이 지나면 나무는 꽃을 피우고 열매를 맺기 시작하지만 열매를 수확하기에는 아직 이르며, 7년 정도 자라야 수확이 가능하다.

봄9~11월에는 커피 나무 뿐만 아니라 모든 꽃이 피는 계절이며, 커피 농장은 모두 하얀색 꽃으로 물든다. 여름12~2월에는 무더운 날씨에 40%는 비가 오며 가을3~5월에는 맑은 공기에 고지대에서 열매가 천천히 여물게 된다. 겨울6~8월에는 건조한 날씨이며 열매를 수확하는 시기이다.

3. 커피의 수확

꽃이 지고 6~8개월이 지나면, 열매가 익기 시작한다. 고지대는 6~8개월, 저지대는 3~4개월이 소요된다.

익은 체리를 수확하는 방법에는 3가지가 있다.

① 핸드피킹 : 잘익은 체리만 선별하여 손으로 직접 골라서 따는 방법이다

② 스트리핑 : 손으로 수확하는 방법은 핸드피킹과 비슷하지만, 가지 전체를 훑어내는 방법이다. 잎사귀, 나뭇가지도 떨어져 나와 수확 후 선별 작업이 필요하다.

③ 매커니컬 피킹 : 기계를 이용하여 수확하는 방식으로 나무를 덮을 만큼의 큰 기계를 이용하여 익은 커피 익지 않은 커피를 한꺼번에 수확한다.

각 수확방법에서 모아진 체리는 나뭇가지, 잎사귀 등 불순물을 제거한다.

4. 커피의 가공

커피는 수확하는 방식에 의해 최종적인 맛과 향이 바뀔 뿐만 아니라 가공방식에 의해서도 맛과 향이 영향을 받게 된다.

1) 자연건조방식 Natural / Sun Dry

커피의 발견과 함께 등장한 전통적인 가공방법으로 커피를 수확해서 과육을 제거하지 않고 그대로 건조하는 방식이다. 주로 수확기에 비가 오지 않고 맑은 날이 지속되어야 가능한 가공법이다.

- 넓은 마당에 커피 체리를 펴서 말린다.
- 써레질을 통하여 체리가 골고루 건조될 수 있도록 한다.
- 수분함량이 11~12% 될 때가지 한다.
- 브라질, 에티오피아, 인도네시아에서 주로 사용하는 방식으로 커피에서 생산지역의 특징을 느낄수 있다.
- 단맛이 좋고 바디감이 뛰어나다.
- 과거에는 저품질의 커피를 의미했지만, 현대에는 고품질의 커피를 생산할 때도 사용하면서 체리드라이 Cherry Dry 라고 부른다.
- 유리온실과 그린하우스가 보급되면서 계속 발전하고 있다.

① 수확   ② 건조   ③ 저장   ④ 도정
⑤ 선별   ⑥ 포장   ⑦ 수출

2) 세척방식 Washed

체리의 껍질을 벗겨내고 물이 담긴 탱크에 담그고, 발효 Fermentation 를 통하여 과육을 완전 제거한다. 그 후 넓은 땅이나 그물에 넓게 펴서 수분함량이 11~13% 될 때까지 건조시킨다. 세척방식커피는 밝고 깨끗한 맛이 특징이다.

- 습기가 많은 지역에서 체리가 부패하는 것을 방지하기 위해 물에 담가 외과피, 과육, 점액질을 제거하고 건조하는 방식이다.
- 농장마다 발효시간과 온도 등을 달리해 고유의 발효법을 가지고 있어서 농장별로 품질의 차이를 보인다.
- 고품질의 커피를 생산하는 방식을 의미한다.
- 콜롬비아와 중미에서 발전을 이루었으며 마일드커피로 불리기도 한다.
- 물로 씻어내는 과정에서 미성숙한 생두가 떠오르면서 제거할 수 있다는 장점 때문에 로스팅 품질이 좋다.

① 수확&선별
- 핸드피킹
- 스트리핑
- 기계 수확

② 세척&선별
- 물에 띄워 세척 선별
- 기계적으로 세척 선별

③ 과육제거 : 디펄퍼Depulper를 이용해 과육을 제거한다.

④ 발효Fermentation : 사일로Silo에 넣어 24시간 정도 무실라지Mucilage를 제거하는 것을 말한다. 그러나 금세기에 들어 발효된 파치먼트 커피를 씻어낼 때 생기는 막대한 물이 환경오염의 원인으로 부각되면서 무실라지를 짜내거나 원심분리의 원리를 이용해, 회전을 통해 제거하는 방식이 각광받고 있으며 이를 에코프로세스Eco-process로 부른다.

⑤ 세척   ⑥ 건조   ⑦ 포장   ⑧ 저장
⑨ 도정   ⑩ 선별   ⑪ 포장   ⑫ 수출

3) 반세척방식Semi-Washed

- 점액질을 제거하고 버려지는 물과 발효에 사용된 박테리아가 하천을 오염시켜 생태계를 파괴하는 문제가 발생되는 세척방식을 개선한 방식이다.
- 체리를 가볍게 씻은 후 껍질과 과육을 제거한다. 점액질을 발효가 아닌 기계를 이용해 제거하는 방식이다.
- 그 후 파치먼트 상태에서 넓은 마당이나 그물에 수분이 11~12% 될 때까지 건조시킨다.
- 워시드와 달리 발효과정을 거치지 않지만 맛이 깔끔하다.
- 발효과정에 필요한 시간이 절약되어 가공기간이 단축되었다.

① 수확&선별   ② 세척&선별   ③ 과육제거   ④ 건조
⑤ 포장   ⑥ 저장   ⑦ 도정   ⑧ 선별
⑨ 포장   ⑩ 수출

4) 펄프드 네추럴Pulped-Natural

외과피와 과육은 제거하고 점액질 상태로 건조하는 방식으로 브라질에서 발전시킨 방식이다. 중남미에서 온실건조가 가능해지면서 부패 또는 변질되지 않게 건조가 가능하게 되고 당도가 높다. 당도가 높은 커피를 연구한 결과 허니 프로세스Honey Process 공정이 생겨나는데 이는 특별하게 허가를 받아야 한다. 초콜릿과 과일향의 공통성에 레드허니는 Crispy, Zesty가 특징이며, 블랙허니는 Spicy, Sweetness, Clean, Complex, Aroma, Mouthfeel 등이 좋다.

① Black Honey : 점액질 상태로 3주 정도 천천히 건조
② Red Honey : 점액질 상태로 1주 정도로 빠르게 건조
③ Yellow Honey : 점액질을 20~50% 제거하고 건조
④ White Honey : 점액질을 90% 제거하고 건조

5) 아나로빅 프로세스Anaerobic Process

산소를 차단한 상태에서 천천히 발효를 하는 것을 말한다. 커피 원두를 체리상태에서 산소와 접촉할 수 없게 밀봉하거나 이산화탄소를 넣어 산소를 차단하는 방법이다. 산소가 차단된 커피 체리는 다양한 맛과 향을 생성한다. 무산소 발효 공법을 거친 커피는 와인과 같은 산미를 내는 것이 특징이다.

6) 동물소화 방식

(1) 코피 루왁Kopi Luwak = Civet Coffee

커피체리의 처리방식 중 가장 독특한 방식이 루왁커피이다. 루왁은 시빗Civet의 인도네시아 이름으로 한국에서는 사향고양이라고 부른다. 야행성인 이 동물은 커피체리를 먹이로 먹게 되고 이 동물의 소화기관을 통과하면서 외과피와 과육 그리고 무실라지가 깨끗이 제거된 상태의 파치먼트 커피가 되면서 세척방식으로 처리된 커피와 같은 상태의 커피가 되는 것이다. 이 상태의 커피를 이른 아침부터 사람들이 거두어 들여 건조하면 루왁커피가 된다. 이때부터는 일반커피와 같이 도정과정을 통해 그린 커피가 되고 로스팅 후 마시는 커피가 되는 것이다.

루왁커피는 이러한 독특한 처리방식에 의한 희소성 때문에 매우 가격이 높게 형성되고 있다.

(2) 위즐 커피 Weasel Coffee

베트남 위즐 커피는 사향족제비가 커피체리를 먹고 소화기관을 통과하면서 파치먼트 상태로 배설하게 되는데 이것을 수거해 도정과정을 거쳐 그린 빈이 되고 로스팅 후 위즐 커피가 되는 것이다.

풍부한 풍미와 단맛이 특징인 위즐 커피는 생산량이 많아서 가격은 크게 비싸지 않은 편이다.

(3) 블랙 아이보리 커피 Black Ivory Coffee

이른바 '코끼리 똥 커피'로 불리는 블랙 아이보리는 세계에서 가장 비싼 커피 중 하나로 평가받는다. 코끼리에게 커피 체리와 함께 사과, 바나나, 파인애플 같은 과일들과 쌀밥 등을 먹여 소화되지 않고 배설물에 섞여 나온 커피 체리의 씨앗 커피생두을 골라내 만들어내는 생두이다. 블랙 아이보리라는 단어는 코끼리의 '상아'가 영어로 아이보리 Ivory를 뜻하는 데서 유래됐다.

코끼리는 커피콩만 먹어서는 영양부족으로 생존을 할 수가 없다. 코끼리에게 매일 100kg 이상의 식량과 함께 커피콩을 추가로 먹이고, 하루 50kg 이상을 나오는 배설물에서 사람이 직접 커피콩을 찾아내는 과정을 거친다.

이 때문에 사향 고양이 배설물에서 커피 씨앗을 채취해 만드는 루왁 커피보다도 생산량이 훨씬 적다. 루왁이 연간 250-500kg이 생산된다면 블랙 아이보리는

겨우 150kg 정도만 생산된다. 코끼리에게 33kg의 커피 열매를 먹여야 단 1kg의 원두를 추출할 수 있기 때문이다.

5. 선별작업 Sorting 과 포장 Package

생두는 파치먼트를 제거한 후에 Green Bean을 의미한다. 하지만, 이 상태의 생두는 여러 불순물이 많이 섞여있어 상품적 가치가 떨어진다. 나뭇가지, 껍질이 벗겨지지 않는 체리, 파치먼트 상태의 생두에서 심지어 돌 등의 이물질이 포함되어 있으므로 필히 필요한 과정이다. 선별기구를 이용하거나 직접 눈과 손을 이용하여 작업이 이루어 지고, 이 과정이 끝나면 비로소 수출직전의 상품화 단계인 포장 Package 작업을 한다. 보통 60Kg의 백에 담겨진다.

생두의 단면

상 태	명 칭
커피나무의 열매	커피열매(체리 Cherry)
커피나무 열매의 씨앗	생두(그린빈 Green Bean)
씨앗을 박피건조한 것	생두(그린빈 Green Bean)
생두를 볶은 것	원두(홀빈 Whole Bean)
원두를 분쇄한 것	분쇄커피(Grind Coffee)
분쇄된 커피의 성분을 물로 추출한 음료	커피(Coffee)

커피의 품종과 분류

1. 커피의 품종

커피 원두를 살 때는 물론 음료를 살 때도 제품에 종종 '아라비카100%', '순수 아라비카 커피'등의 문구가 쓰인 것을 보게 된다. 아라비카는 원두의 품종을 뜻하는 것으로, 커피 원두의 품종은 식물학적으로 200~300종에 이르지만 상업적으로 유통되는 품종은 크게 아라비카종과 로부스타종으로 나뉜다.

전 세계적으로 산출량의 75%를 아라비카종이 차지하고 나머지 25%에 해당되는 것이 로부스타종이다. 산출량이 많은 아라비카종이 로부스타종에 비해 고급에 속하고 가격도 비싸다.

커피는 꼭두서니과Rubiaceae에 속하는 식물이며, 주로 열대지방에 분포한 꼭두서니과에는 500속屬, genera 6,000종種, species이 있는데, 커피나무가 가장 대표적이다. 커피나무는 크게 코페아 아라비카와 로부스타 두 품종으로 나누어진다. 코페아 아라비카에는 10여가지 커피 변종이 있으며, 그 중 '버본, Bourbon'은 아라비카 중에서도 맛과 향이 뛰어나 고급커피로 상품화 되고 있다.

과 (科,Famaily)	속 (屬, genera)	종 (種, species)	변종 (變動, Varieties)
꼭두서니과 (Rubiaceae)	코페아 (Coffea)	코페아 아라비카 (Coffea Arabica)	티피카(Typica) 버본(Bourbon) 카투라(Caturra) 카투아이(Catuai) 카티모르(Catimor) 켄트(Kent) 문도 노보(Mundo Novo) 마라고지페(Maragogype) 아마레노(Amarello)
		코페아 카네포라 (Coffea Canephora)	로브스타(Robusta)
		리베리카(Liberica)	

1) 아라비카 품종

브라질, 콜롬비아, 멕시코, 과테말라, 에티오피아 등지에서 생산되는 아라비카 품종의 원산지는 에티오피아이고 세계 총생산의 70%를 차지하고 있다.

연평균 기온 15~24℃, 해발 900~2,000m의 고지대에서만 생산 가능하며 면역력이 약해 커피 잎사귀가 누렇게 변하는 녹병에 쉽게 감염되는 특징이 있다. 헥타르당 평균 생산량은 1,500~3,000kg으로 2,300~4,000kg인 로부스타종과 비교하면 적고, 규칙적인 비, 충분한 햇빛을 필요로 한다.

생두의 모양은 평평한 타원형으로 길이가 길고 진한 녹색을 띠며 풍부한 향미와 고급스러운 신맛을 내고 에스프레소, 스트레이트 커피에 주로 사용된다. 아라비카 커피 중에서도 1,500m 이상의 고지대에서 생산된 커피는 SHBStrictly Hard Bean, SHGStrictly High Grown라고 구분하며, 고급커피로 분류한다.

(1) 티피카typica

아라비카 원종에 가장 가까운 품종/ 생두모양은 긴 타원형으로 끝이 뾰족하고 폭이 좁으며, 길이는 약 1cm이다. 녹병에 취약하여 생산성은 낮으나, 상큼한 레몬향, 꽃향을 느낄 수 있고, 달콤한 뒷맛이 있다. 하와이안코나와 자메이카 블루마운틴의 대표적 품종이다.

(2) 버본borbon

티피카의 돌연변이 품종 / 작고 둥근편이며, 센터컷생두 가운데에 있는 굽은 도랑이 S자형이다. 수확량은 티피카에 비해 20~30% 많다.

(3) 카투라catura

브라질에서 발견된 버본의 돌연변이 품종 / 녹병에 강하고 나무의 키가 작아 수확이 용이하다는 장점이 있다. 레몬과 같은 상큼한 신맛을 느낄 수 있으나, 티피카나 버본보다는 단맛이 적다. 생두의 크기는 작고 단단하다.

(4) 카투아이catuai

문도노보와 카투라의 교배종 / 병충해와 강풍에 강하고 매년 생산되나 생산기간이 10년으로 짧은 것이 단점이다.

(5) 카티모르Catimor

티모르와 카투라의 교배 품종 / 커피체리의 크기가 크고, 성장성이 좋으며 다수확이 가능하다. 오늘날에는 카티모르를 기초로 한 다양한 품종 개량의 연구가 진행되고 있다.

(6) 켄트Kent

티피카의 변이종 / 20세기 초에 인도에서 발견되었으며, 중립 / 각형의 콩으로 생산성이 뛰어나고 병충해, 특히 녹병에 강하다. 케냐, 탄자니아 등 아프리카산 커피의 주요 품종 중의 하나로 케냐산의 경우 버본부르봉에 필적하는 바디와 양질의 산미를 가지는 우량종이다.

(7) 문도노보mundo novo

버본과 티피카의 자연교배종 / 장점은 환경적응력이 좋고 병충해에 강하다는 것이다. 현재 카투라와 카투아이와 함께 브라질 주력상품이다.

(8) 아메레로Amarelo

브라질 품종 / 커피체리의 색깔이 노란색인 것이 특징이고 나무의 키가 작아 생산성이 높다.

(9) 티모르Timor

아라비카와 로부스타의 교배 품종 / 생두의 크기가 큰 편이며 녹병에 강하다.

(10) 배리드 콜롬비아Varied Colombia

카티모르와 카투라의 교배 품종 / 내병성이 우수하고 직사광선에 강하며 단시간 내에 다수확이 가능하다. 1980년대부터 콜롬비아에서 널리 재배되기 시작했으며, 오늘날에는 기존의 티피카 종을 추월하고 있다.

표 1-2 대표적인 아라비카 원두의 종류 및 특징

에티오피아	시다모는 꽃 향기가 나고 카페인이 적어서 저녁에 마시기에 부담없다. 예가체프는 열대 과일의 진한 향기와 강한 신맛이 특징이다.
킬리만자로	탄자니아 커피를 말하며 가장 아프리카 커피다운 맛을 낸다고 알려져 있다. 깔끔하면서도 와인 같은 풍미를 지니고 있다.
과테말라	커피 마니아들 사이에서 최고로 개성이 강한 커피로 손꼽힌다. 특히 안티구아 커피는 블랙 초콜렛의 달콤 쌉쌀한 맛과 연기가 타는 듯한 향이 특징이다.
케냐	세계적으로 손꼽히는 고급 커피 중 하나로 강렬하고 상쾌한 맛과 신맛이 골고루 섞여 있다. 가벼우면서도 풍부한 맛이 난다.
콜롬비아	아주 비옥한 토양에서 생산되며 달콤하면서도 독특한 호두 향이 난다. 특히 수프리모는 풍부한 맛 덕분에 최고급 원두로 꼽힌다.
하와이 코나	상큼한 파인애플 향이 나고 약간의 신맛을 느낄 수 있다. 생두의 스크린 사이즈(생두의 크기를 재는 단위로, 스크린 사이즈 1은 1/64인치)가 19 이상인 코나 엑스트라 팬시가 최상급으로 분류된다.
브라질 산토스	쓴맛이 적고 부드러워 여러 종류의 원두를 섞는 블렌딩 베이스로 많이 쓰인다.
블루마운틴	1년에 3만 포대(60Kg 단위) 정도만 생산되며 희귀하고 값비싼 자메이카 원두로 영국 황실에 납품되는 최고급 커피. 신맛과 초콜릿 맛이 잘 어울려져 있다.
모카	커피를 수출하는 항구의 이름에서 유래한 커피로 예멘산 '모카 마타리'가 유명하다. 부드러우면서 진한 향을 지니고 있어 저녁 식사 후에 마시기 좋다.

2) 로부스타 품종

1858년 아프리카 콩고의 빅토리아호 주변에서 발견된 품종으로 평지와 해발 600m 사이의 낮은 지대에서 잘 자라며 세계 커피 생산량의 30%를 차지하고 있다. 아라비카종에 비해 병충해와 추위에 강하고 성장이 빠르며, 800m이하의 고도에서도 무난하게 자란다. 생두의 모양은 동글동글하며 짧은 타원형이며 약한 향미, 구수한 맛, 강한 쓴맛을 내며 에스프레소나 인스턴트 믹스 커피에 주로 사용된다.

3) 리베리카 품종

낮은 온도와 병충해에 강하고 100~200m의 낮은 지대에서도 잘 자라며 매우 소량 생산되며 주로 배합용으로 쓰인다. 생두의 크기도 크며, 양끝이 뾰족한 모양을 하고 쓴맛이 강하며 교배종으로 생산이 거의 되지 않고 있다.

 표 1-3 아라비카와 로부스타 비교

구분	아라비카	로부스타
생산량	커피 생산량의 70%	커피 생산량의 30%
맛	섬세한 맛과 풍부한 향, 떫은 맛이 덜함	향이 거의 없고 쓴맛이 강함
아로마	아로마가 더 깊음	바디가 더 진함
카페인	0.8~1.5%	1.7~4.0%
에센셜 오일	18%	8~9%
당 분	12~16%	5~7%
원산지	에티오피아	아프리카 콩고
생산지	남미, 중미	아시아
연평균 온도	15~24도	24~30도
강우량	1,500~2,000m	2,000~3,000m
고 도	해발 600~2,000m	0~600m
병충해	연약함	강함
주요 생산국	콜롬비아, 엘살바도르, 케냐, 탄자니아, 에티오피아, 멕시코, 브라질, 짐바브웨, 코스타리카, 온두라스, 과테말라, 자마이카, 파나마, 예멘 등	콩고, 베트남, 우간다, 인도네시아, 필리핀, 가나, 앙고라, 나이지리아 등

생두계의 변종

- 피베리(Peaberry)
  정상적으로는 체리에 두 개의 생두가 들어있어야 하지만, 환경적인 영향에 의해서 하나만 성장하여 맛과 향이 뛰어나다고 평가받고 있다. 모양은 둥글며, 달팽이 모양과 같다 하여 스페인어로 '까라꼴리로'라 불리어지기도 한다.
- 트라이 엥글러 빈(Triangular bean)
  커피 체리 속에 세 개의 생두가 들어 있는 것을 말한다. 피베리와 같이 기형에 속하지만, 저급으로 취급되며 Defects Bean으로 취급된다.
- 마라고지페(Maragogype) = 엘리펀트 빈
  일반 커피 생두에 비해 크다하여 붙여진 이름이다. 크기가 약 1/3~1/4 정도 더 크다.

표 1-4 국제커피기구(ICO)의 커피 품종 분류표

아라비카	마일드	콜롬비아 마일드	전세계 생산량의 15~20% (콜롬비아, 케냐, 탄자니아 등)
		기타 마일드	전세계 생산량의 20~25% (코스타리카, 과테말라, 자메이카, 멕시코, 하와이 코나 등)
	브라질 내추럴		전세계 생산량의 20~25% (브라질, 에티오피아, 예멘 등)
로부스타			전세계 생산량의 20~35% (베트남, 앙고라, 가나, 기니, 인도네시아, 콩고, 태국 등)

2. 커피의 등급

커피는 판매되기 전에 결점두 수, 크기, 맛 평가에 따라 등급이 매겨지며, 결점두수에 따라 커피를 추출했을 때 맛에 영향을 미친다. 사이즈, 밀도, 재배지역, 결점두수 등으로 결정된다. 등급결정 기준은 각 생산 지역마다 다르다.

생두는 원두 수확연도에 따라 수확이 1년이면 뉴 크롭New Crop, 수확이 1~2년이면 패스트 크롭Past Crop, 수확이 2년 이상이면 올드 크롭Old Crop으로 평가한다. 좋은 생두에 대한 기준은 다음과 같다.

표 1-5 좋은 생두의 기준

생산지	고지대에서 재배되는 커피나무일수록 맛과 향이 우수하다.
품질	크기가 균일하고 결점이 있는 커피콩이 적을수록 품질이 좋다.
색상	원두색은 짙은 청록색일수록 좋다.
크기	조건이 동일할 경우에는 생두의 사이즈가 클수록 좋다.
밀도	고지대에서 생산되면서 밀도가 높을수록 좋다.

생두의 이름은 한마디로 그 생두의 이력과 같다. 이름만으로 쉽게는 생산국, 깊게는 품종과 등급부터 고유의 향미까지 유추가 가능하다. 현재 세계적으로 통용되는 커피의 이름은 생산국가 이름, 수출 항구 이름 및 특정 지명을 붙여 부른다. 대부분 생산국가 이름에 등급을 붙여 사용하는데, 가끔은 등급 대신 그 나라의 산지 이름을 사용하기도 한다. 통용되는 커피 명칭을 예를 들어 분류하면 다음과 같다.

1) 생산국가명과 산지명을 함께 표기하는 방법

Jamaica Blue Mountain자메이카 블루마운틴은 자메이카의 블루 산맥에서 재배되는 커피의 분류 명칭이다. Hawaii Kona하와이 코나는 하와이에서 '빅 아일랜드'란 별명으로 불리는 하와이 섬 코나 지역에서만 재배되는 커피를 말한다. Guatemalan Antigua과테말라 안티구와는 콰테말라의 안티구와 지역에서 생산된 커피를 일컫는다.

2) 생산국가명과 커피를 수출하는 항구명을 함께 표기하는 방법

Brazil Santos브라질 산토스는 브라질에서 재배되어 산토스항을 통해 수출된 커피를 말하며, Yemen Mocha예멘 모카는 예멘에서 생산되어 모카라는 항구를 통해서 수출되었던 커피를 뜻한다. 모카라는 항구가 모래에 덮여버려서 폐쇄된 지금은 예멘산의 커피를 통칭하는 말로 쓰인다.

3) 생산국가명과 커피의 등급명을 함께 표기하는 방법

등급표기는 나라마다 조금씩 방식이 틀리다. Costarica SHB코스타리카 에스에이

치비를 예로 들어보자. 코스타리카에서는 생산 가공된 커피 중 재배 고도에 따라 SHBStrictly Hard Bean, HBHard Bean, SBSemi Hard Bean 등으로 구분한다. 해발 1,600~1,700m에서 재배된 최상의 커피 등급을 SHBStrictly Hard Bean라고 표기한다. 콜롬비아의 경우는 생두의 크기에 따라 Supremo와 Excelso로 구분한다. Colombia Supremo콜롬비아 슈프리모는 콜롬비아에서 생산된 스트린사이즈 1818/64inch, 약7.1mm 이상이 80% 이상인 슈프리모급 커피를 말한다. 케냐의 경우 원두의 크기와 맛에 따라 AA, A, B 등으로 구분하는데 Kenya AA케냐 더블에이는 최상급의 커피를 말한다.

특히 위의 방법에 생두의 크기, 결점두수, 맛의 구분에 따른 분류 명칭을 덧붙이면 정확한 표현이 된다. 예를 들어 Brazil Santos No.2 Screen 19, Strictly Soft 라는 커피가 있다면 Brazil은 생산국가명이고 Santos No.2는 항구 이름과 결점두수에 따른 분류이며, Screen 19는 생두의 크기, Strictly Soft는 맛을 나타내는 표현이다.

스트레이트 커피Straight Coffee란 한 종류의 커피콩만을 사용하여 볶은 커피고, 블렌딩 커피Blending Coffee는 개성 있는 여러 가지 커피콩을 적절한 볶음도와 배합 비율로 섞어 만든 커피다. 스트레이트 커피는 그 커피가 가지고 있는 독특하고 개성적인 맛을 추구한다는 데 매력이 있고, 블렌딩 커피는 조화된 맛과 향을 추구하며 독창성을 가미할 수 있다는 것이 장점이다.

커피의 분류	
스트레이트커피(Straight Coffee)	우수한 품질의 원두 한 가지만을 추출한 커피로 고급 아라비카 원두 고유의 향미를 즐길 수 있다.
블렌딩 커피(Blending Coffee)	특성이 다른 2가지 이상의 원두(또는 생두)를 혼합(블렌딩, Blending)한 것이다.
레귤러 커피(Regular Coffee)	인공적인 첨가물, 향이 추가되지 않은 커피
디카페인 커피(Decaffeinated Coffee)	인위적으로 카페인을 제거한 커피
베리에이션 커피(Variation Coffee)	주로 에스프레소에 아이스크림, 생크림, 우유, 쵸콜릿 시럽, 견과류 등을 첨가한 커피이다.
향 커피(Flavored Coffee)	특정 향기 시럽을 원두에 입혀 만든 것으로 헤즐넛(Hazelnut)커피가 대표적이다.

앞서 예를 든 커피 이름을 짓는 방법은 스트레이트 커피의 경우이고, 블렌딩 커피의 경우는 조금 다르다. 스트레이트 커피는 생산국가명, 수출 항구, 등급 등

을 그대로 상품명으로 사용하지만, 블렌드 커피의 이름은 작명하기에 따라 다르다. 블렌드 커피의 경우는 이름 뒤에 -Blend, -Type 또는 -Style 등을 붙인다. 예를 들어 모카-자바 블렌드, 코나블렌드 등의 경우에서처럼 사용된 커피콩의 이름을 노출시키는 경우도 있고, 카페 로얄이나 캐논스 블렌드, 골드 블렌드 식으로 무엇을 섞은 것인지 알 수 없는 경우도 있다.

어찌 되었든 대체로 그 이름에서 커피의 수준을 짐작할 수 있는 경우가 많기는 하나, 때로는 이를 악용하여 이름만 그럴듯한 저급한 커피도 많은 것이 현실이다.

3. 커피의 분류

1) 생두크기

스크린screen 테스트를 통하여 크기Size별 분류를 실시한다. 구멍이 각기 다른 체를 탑처럼 쌓아 사이즈별로 생두가 분류되도록 하는 것이다. 콜롬비아, 케냐에서 주로 사용된다.

콜롬비아	
등급	크기
Supremo	사이즈 18이상
Excelso	사이즈 15이상
U.G.Q.	사이즈 14미만

케냐	
등급	크기
AA	사이즈 17~18
AB	사이즈 15~16
C	사이즈 14~15
저급	TT,T,UG등

2) 재배고도

재배고도별로 등급을 책정하는 분류이다. 과테말라, 온두라스, 멕시코 등에서 사용한다. 약자로 SHB, HB, SH로 표현한다. 아래는 간략히 살펴본 고도 분류법이다.

등급	재배고도
Strictly Hard Bean (SHB)	1600~1700m
Hard Bean (HB)	1350~1500m
Semi Hard Bean (SB)	1200~1350m

3) 결점두의 수

에티오피아, 인도네시아에서 생두 300g당 결점두수로 등급을 결정하는 방법이다.

등급	결점두수
Grade 1	0~3
Grade 2	4~12
Grade 3	13~25
Grade 4	20~45

4) 미국 스페셜티 커피협회SCAA 기준법

등급	결점두수	커핑 테스트
스페셜티	0~5	90점 이상
프리미엄	0~8	80~89
익스체인지	9~23	70~79

5) 커피의 재배·정재 방법 및 특허에 의한 분류

(1) 디카페인 커피Decaffeinated Coffee

1819년 독일 화학자 Friesich Ferdinand Runge가 카페인을 발견하였으며 1903년 독일 Roselius Wimmer가 카페인 제거에 성공했다. 그 후 독일 Kaffe HAG 디카페인 커피가 상업화되었다. 높은 압력으로 만들어진 액체 CO_2를 생두에 침투시켜 카페인을 제거하는 방법, 클로로포름, 벤젠 등 유기용매로 카페인을 추출하는 방법, 생두를 물에 담그거나 생두를 물에 통과시켜 카페인을 제거하는 Swiss Water 방식 등이 있다.

(2) 유기농 커피Organic Coffee

재배방법이 100% 가까운 친환경적으로 재배하면서 농약등의 화학물을 쓰지 않고 정해진 룰에 따라 경작하는데 3년에 한 해 쉬는 등의 방법이 동원되는 웰빙 커피라고 할 수 있다.

(3) 쉐이드그로운 커피Shade-Grown Coffee

자연적으로 큰 나무들에 의해서 그늘이 형성되어 친환경적인 재배환경에 의한 생산방법으로, 프랜들리 커피Friendly Coffee라 불리기도 한다.

(4) 페어트레이드 커피Fair-Trade Coffee

공정무역마크가 부착된 커피로서, 다국적기업 등의 폭리적인 면을 없애자는 취지로 만들어 지게 되었다.

(5) 에코오케이 커피Eco-OK Coffee

무차별한 경작이 아닌 주변 자연의 생태계까지 보호·유지된 곳의 경작지에서 재배된 생태계유지 커피만이 인증서를 받을 수 있다.

(6) 서스테이너블 커피Sustainable Coffee

재배지와 커피의 품질이 농장과 정재 등의 관리에 의해 앞으로 더욱 좋아질 것이 유력한 커피의 발전가능성이 확인된 커피로 분류하게 된다.

(7) 파트너십 커피Partnership Coffee

농장주와 소비자커피업자서로 간의 신뢰를 바탕으로 한 파트너가 되어 소비자는 투자를 하고 질적 요구를 하며, 생산자는 그에 해당하는 성과에 따른 보상을 받기도 하는 등 서로 상부상조하여 향미 좋은 품질과 원하는 커피를 받을 수 있는 방법으로 릴레이션십 커피Relationship Coffee라 불리기도 한다.자료: 커피N커피, 백산출판사

4. 결점두Defect Bean

커피에도 품질이 떨어지는 생두가 존재하며 이를 결점두라고 부른다. 즉, 결점두는 결점이 있는 생두를 말하며 썩거나, 깨지거나, 덜 익거나, 로스팅 과정에서 변질이 일어난 커피 콩들을 말한다. AA, SHGSrtictly High Grown, SHBStrictly Hard Bean 등 다양한 생두 관련 표준이 있기는 하지만 생두 관련 표준화된 일치가 이루어지지는 않고 있다. SCAA에서 홍보하고 있는 GACCSGreen Arabica Coffee Classification System, 아라비카 생두 분류 체계가 있기는 하지만 널리 보급되고 있지는 않다. 하지만 이 모두가 보다 고품질의 생두를 얻기 위한 노력의 일환이라고 볼 수 있다. 커피 퀄리티에 가장 영향을 주는 요소를 꼽으라고 한다면 단연 결점두이다. 그래서 등급이 높은 커피 원두는 이런 결점두가 300g중에 몇 개만 허용하

는 기준치를 두고 있다. 결점두는 커피를 로스팅하기 전에 골라내야하며 결점두가 많이 포함된 상태로 로스팅이 이루어지면 커피의 맛과 향에 많은 영향을 끼치게 된다. SCAA미국스페셜티커피협회가 정하고 있는 결점두의 종류는 다음과 같다.

1) Black Bean

커피콩의 색이 검게 변한 것으로 주름져있고 부분적으로 크랙이 있다. 너무 늦게 수확되거나, 지표에 떨어져 흙과 접촉해 발효되거나, 성장 과정에서 물이 부족하였거나, 건조 과정에서 습도가 높은 경우의 원인으로 검게 변색이 된 것으로 부패된 냄새나 너무 강한 맛, 또는 잿가루 맛이 난다.

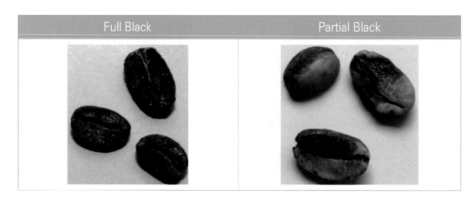

2) Sour Bean

연한 갈색부터 진한 갈색 색상을 띠면서 발효되어 신내가 나는 생두를 말한다. 너무 많이 익거나 과발효 또는 정제과정에서 오염된 물의 사용이 원인이다. 겉은 밝고 속은 갈색 혹은 붉은 빛을 띠며 날카로운 신맛을 지니고 있다.

3) Dried Cherry

마른 체리 껍질에 싸여있는 생두를 말한다. 잘못된 펄핑 또는 탈곡 과정 불량 등으로 생긴다. 발효된 불쾌한 맛이 난다.

Cherry Pod	Cherry Hull / Husk

4) Parchment Bean

커피 콩이 파치먼트 안에 있는 특징을 보이는 결점두이다. 탈곡기의 세팅이 잘못된 경우에 생기며, 맛에 큰 영향을 미치지는 않지만 나무맛 등이 나기도 한다.

5) Floater

가볍고 물에 뜨는 생두로 잘못된 건조나 보관에 의해 생긴다. 발효된 맛이나 흙냄새 등이 난다.

마일드종이 세척과정 중에 수조 또는 이송관내에 지나치게 장시간 머물러 발효가 진행되어 커피콩의 색이 다소 붉게 변한 커피콩을 말하며 주로 미성숙 커피콩과 성숙된 커피콩에서 발생한다.

Parchment	Floater

6) Insect-damaged Bean

생두에 구멍이 나있는 결점두를 말한다. 커피체리 천공충등 벌레가 원인으로 손상정도에 따라 자극적이지 않은 맛에서 부터 타르향과 불쾌한 쓴맛까지 난다.

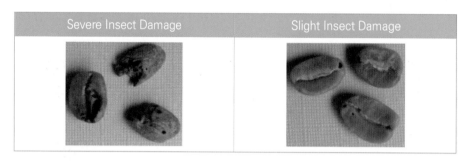

7) Fungus-damaged Bean

곰팡이에 오염돼 생두 표면에 노르스름한 혹은 블그스름한 색으로 변한 생두로 건조불량이나 잘못된 운송 및 오랜 기간 방치 보관 등으로 곰팡이가 생긴 경우이다. 곰팡이 냄새가 나고 불쾌한 냄새와 맛이 난다.

8) Immature

주름진 표면을 가진 연한 회빛깔의 생두로 실버 스킨이 착색되어 있는 듯한 모습을 보이며 다른 생두보다 더 작은 크기로 밀도가 작다. 미성숙 체리, 비옥하지 못한 토양에서 재배된 경우, 녹병이나 영양 부족이 발생 원인이다. 낮은 산도를 가지며 떫은맛, 쓴맛이 난다.

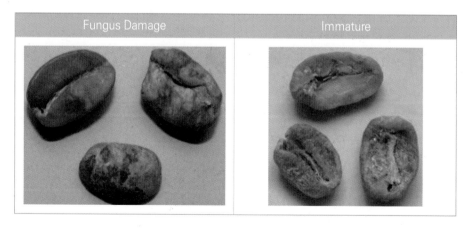

9) Foreign Matter

돌, 나뭇가지, 잎사귀 등 콩을 고르고 선정하는 수확과정에서 이물질을 제대로 제거하지 못한 것들이다. 맛에 미치는 영향은 거의 없지만, 로스팅과 그라인딩시 문제가 될 수 있다.

10) Malformed Bean of Shell

기형적인 형태의 생두를 말한다. 유전적인 원인 또는 성장과정에서 영양 결핍으로 제대로 성숙하지 못해 정상적인 형태를 하지 않고, 조개 모양을 하고 있다. 낮은 산도와 밋밋하고 부족한 맛을 낼 수 있고 불균형한 로스팅의 원인이 된다.

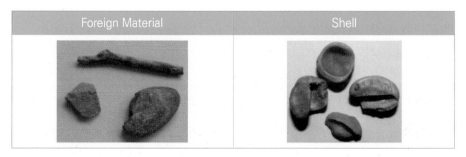

| Foreign Material | Shell |

11) Cut, Broken, Chipped Bean

생두의 외관이 부서지거나, 부분적으로 균열되었거나 눌린 듯한 모습의 결점두를 말한다. 가공 과정 중에 압력을 받아 변형이 일어난 경우와 높은 습도에서 파치먼트를 밀링Milling한 경우에 발생한다.

12) Moldy Bean Fungus

곰팡이가 핀 커피콩을 말하며, 건조가 잘 되지 않았거나 보관 중에 습기가 높은 곳에 보관된 커피콩에서 주로 발생한다.

| Cut, Broken, Chipped Bean | Moldy Bean (Fungus) |

13) Spotted Bean

외관이 일정하지 않고 얼룩진 커피콩을 말하며 부분적으로 발효가 일어나 대부분 향미가 바람직하지 않다.

14) White Bean

수확 후 오랜 기간 방치되어 커피콩 고유의 빛깔을 잃고 흰색으로 탈색된 것으로, 주로 Old Crop을 말한다.

15) Withered Bean

커피콩이 제대로 성숙하지 못하고 체리 내에 시들어버려 외관이 매우 주름지고 검정색에 가까운 녹색을 띤다.

커피의 맛과 건강

1. 커피의 맛과 향

커피를 마실 때 누구나 커피 특유의 향기와 맛을 느끼게 되는데 커피의 맛과 향을 좌우하는 요인은 매우 다양하다. 커피원두의 유전특성, 재배환경, 수확후 관리 등이 영향을 준다. 또한 로스팅 과정에서 급격한 화학적, 물리적 변화가 생기며 이때 커피 특유의 향과 맛이 생성되기도 하며 커피의 가공과정분쇄, 추출을 거치면서 또 다시 새로운 맛과 향이 나타나기도 한다.

1) 커피의 맛

커피의 맛 표현은 신맛, 단맛, 구수한 맛, 쓴맛을 중심으로 감칠맛이나 짠맛으로 표현한다. 추출할 때, 커피와 물이 만나는 조건과 방식을 어떻게 사용하였는지에 따라, 또 추출된 커피를 어떠한 온도와 농도로 즐기느냐에 따라 다르게 나타나는 맛을 표현하는 것이다.

커피의 맛을 4가지 기본 맛쓴맛, 단맛, 신맛, 짠맛으로 구분하여 설명하면 다음과 같다.

첫째, 커피하면 제일 먼저 떠오르는 맛은 쌉쌀한 맛, 즉 쓴맛bitterness이다. 쓴맛은 주로 카페인, 퀴닌 등 알칼로이드가 물에 녹아서 내는 맛으로 커피 원두를 어떤 조건에서 볶아내느냐에 의해 결정된다. 쓴맛에 대한 기호도는 마켓국가/지역 또는 개인에 따라 차이가 난다.

맛있는 커피 음용의 4가지 조건

- 원두의 품질
  커피의 맛을 결정하는 가장 큰 부분을 차지한다. 원두에 따라 맛과 향미가 다르므로 품종이 가장 중요하며, 같은 품종이라도 품질과 블렌딩, 로스팅 및 보관상태에 따라 맛이 달라진다.
- 원두의 신선도
  커피의 향과 맛은 시간이 지날수록 현저하게 떨어지므로, 필요한 만큼만 볶아 마시기 직전에 분쇄하는 것이 가장 좋은 방법이다. 신선한 커피의 기준은 로스팅하고 7일 이내의 커피이다. 길어도 2주 이내에 추출하여 마시는 것이 좋다.
- 물
  커피와 물의 비율은 1~2%대 98% 정도이다. 커피에 사용되는 물은 생수나 정수된 물을 사용하면 된다. 무기질이 많거나 탄산수는 커피의 고유한 맛을 다르게 만든다. 사용되는 물에 따라 신맛이나 쓴맛이 생길 수 있으므로 커피 맛을 결정하는 조건으로 물도 중요하다.
- 커피의 온도
  가장 맛있는 맛을 내는 온도는 60~65℃도 정도이다. 또한 커피 맛은 시간이 지나면서 향미가 떨어지므로 커피는 추출하여 즉시 마시는 것이 가장 좋다. 커피의 온도가 낮으면 탄닌의 떫은 맛이 있고, 온도가 높으면 카페인이 변하게 되어 쓴맛이 생기게 된다.

둘째, 커피의 단맛sweetness는 보통 커피 원두의 품질을 규정할 때 고려되는 요소이다. 긍정적으로 평가되는 맛이다. 이는 커피 자체에서 나는 과일향, 캬라멜향, 초콜렛향과 연관된 맛이라고 볼 수 있다. 단맛 계열은 주로 단맛과 감칠맛, 구수함으로 나누어 표현하는데 신맛과의 조화, 쓰고 거칠며harsh 날카로움pungent과의 관계를 중점적으로 나타낸다.

셋째, 커피에서 나는 신맛sourness은 식초의 주성분인 초산acetic acid과 유사하다. 날카롭고 혀를 찌르는 듯한 커피를 구분해 낼 때 주로 사용하는 용어이며, 발효된 커피를 이를 때에도 신맛이란 용어를 사용한다. 신맛 계열은 Acidity단맛이 살짝 드리우며 가벼운 신맛이 상큼하게 느껴지는 것, Winey와인과 같이 단맛에 좀 더 많은 신맛이 느껴지는 것, Soury신맛만 시큼하게 느껴지는 것를 중심으로 표현한다.

넷째, 커피의 짠맛saltiness은 말 그대로 약간의 소금기가 느껴지는 커피를 의미한다. 짠맛 계열은 다른 맛과 어울려 본래의 맛을 더 잘 느끼게 해 준다. 커피의 바디body, 촉감감과 어우러져 좀 더 부드럽고 은은하게 느껴지게 해준다.

산미는 커피의 맛을 표현할 때는 중요한 역할을 한다. 보통 오렌지 등 감귤류에서 느껴지는 산미를 평가할 때 사용한다. 상쾌한 커피의 맛을 표현하며, 발효된 음식에서 느껴지는 시큼한 맛과는 다르다고 볼 수 있다.

커피의 맛을 표현할 때 각종 맛이 혼합되어 한꺼번에 나타나더라도 어느 맛이 좀더 강하게 나타나는지에 집중하여 언급한다. 예를 들면, '단맛이 풍부하며 침이 고이게 하는 상큼함Acidity이 좋다'든지 '뒤에 남는 여운까지 기분 좋게 만드는 감칠맛이 느껴진다'와 같이 표현한다.

 커피 맛을 결정하는 원두의 조건

- **신선도**

  오래된 생두는 땅콩처럼 묵은내가 나고 수분이 모두 빠져나가서 맛이 없다. 신선한 생두는 맑은 청록색을 띠지만, 오래된 생두는 칙칙한 황색을 띠게 된다. 수확한 지 1년 미만인 콩을 new-crop이라고 하고, 2년 미만인 콩을 past-crop, 2년 이상 된 콩을 old-crop이라고 한다.

- **품종**

  일반적으로 아라비카 종은 로부스타 종보다 좀 더 고급스러운 커피로 간주한다. 맛이 깊고 향이 풍부하기 때문이다. 하지만 로부스타 종도 때때로 좋은 커피가 있으니 무조건적인 편견을 갖지 않는 것이 좋다.

- **로스팅**

  생두는 고유의 맛을 품고만 있다가 볶는 순간부터 맛을 내기 시작한다. 즉 어떻게 볶느냐에 따라 맛이 완전히 달라지기 때문에 로스팅이 중요하다.

- **블렌딩**

  어느 나라의 원두를 몇 퍼센트의 비율로 얼마나 섞느냐, 어떤 품종을 얼마나 볶아서 섞느냐에 따라 커피의 맛은 천차만별이 된다.

- **보관법**

  볶은 커피는 공기와 습기, 온도에 의해서 산패가 빨리 진행된다. 그러므로 커피를 구입할 때는 볶은 지 일주일 이내의 커피를 소량 단위로 구입해야 한다. 또한 볶은 커피를 갈기 전 원두 상태로 구입하는 것이 좋다.

2) 커피의 향

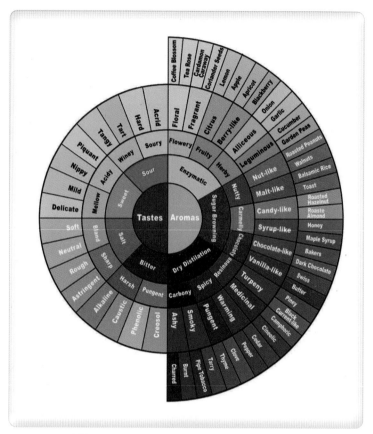

📷 그림1-1 SCAA, Coffee Taster's Wheel

커피의 향기는 커피 한 잔을 마실 때 기체 상태에서 느끼는 것이며, 나머지는 모두 액체 상태에서 느끼게 된다. 커피의 향기는 대략 4단계를 거쳐 느끼게 된다. 커피를 분쇄할 때 느낄 수 있는 분쇄된 커피의 향기Fragrance, Dry Aroma, 분쇄된 커피에 물을 부어 적실 때 올라오는 향기Aroma, Wet Aroma, 음료로 추출된 커피를 마실 때 느끼는 향기Nose, 삼키고 난 뒤 남는 여운의 향기Aftertaste가 바로 그것이다.

이렇게 여러 단계로 느껴지는 커피의 향기는 다양한 용어로 표현된다. 커피생콩이 가지는 고유의 향에서부터 로스팅 단계를 진행하면서 생성되는 향기, 로스팅의 막바지에 다다랐을 때 생겨나는 향기로 나누어진다.

커피 생콩이 가지고 있는 고유의 특성은 크게 꽃향Flowery, 과일향Fruity, 야채와 같은 허브향Herby의 3가지로 구분한다.

커피 원두를 로스팅 하면서 나타나는 향기는 마이야르 반응과 당 갈변화를 통해서 생성된다. 처음에는 고소한 향Nutty을 띠다가 달달한 향이 추가된 카라멜향Caramelly이 나타난다. 그 후 조금 더 로스팅을 진행하면 단향에 쓴향이 살짝 가미된 초콜렛향Chocolaty을 나타낸다. 따라서 커피에서 고소한 향이나 카라멜향이 느껴지면 약하게 로스팅된 것이고 단향과 초콜렛향이 강하게 느껴지면 중간정도 볶은 것이며, 이러한 향들이 모두 느껴지지 않고 쓰게 느껴지면 강하게 로스팅 된 것이다. 로스팅을 오래 더 진행하면, 커피의 후미Aftertaste에서 탄내를 느낄 수 있는데, 송진 냄새Turpeny, 향신료의 톡쏘고Pungent, 정향 같은 매운 내Spicy, 후추, 육두구 같은, 타서 나는 연기 냄새Smoky, 재 냄새Ashy 순으로 나타난다.

커피의 향기는 위와 같이 로스팅을 진행하면서 나오는 향기를 주로 언급하고 있지만, 추출에 관련 하여서는 추출 성분의 고형물물에 녹아나 있는 수용성 물질의 양과 농도에 의해 나타나는 향기 특성과 맛을 연관지어 말하는 것이 일반적이다.

3) 커피의 촉감Body

촉감이란 음료를 마시면서 느껴지는 물리적 감각으로 '부드럽다', '딱딱하다'. '촉촉하다'등의 느낌을 말하는데 이를 커피에서는 바디Body라고 한다. 커피의 촉감은 바디를 통해 평가하게 되는데, 부드러움 정도Butter, Creamy, Smooth, Watery와 풍부함 정도thin, medium, heavy, thick를 함께 구사하며 떫거나 깔끔한 정도Clean로 질감까지 표현한다. 커피의 바디감은 원두 내의 지방, 고형 침전물 등에 영향을 받으며 생두의 종류, 로스팅 정도에 따라 차이가 있다.

결국 입안에 머금은 커피의 농도·점도 등을 바디라고 하는데 '바디가 있는' 커피란 입을 꽉 채우는 듯 맛과 향이 풍부하면서도 상쾌한 커피를 말한다. '바디가 약하다'고 하면 이와 반대라는 의미로, 일반적으로 좋지 않은 커피를 말한다.

4) 커피의 향미를 표현하는 용어

커피의 맛과 향을 평가하거나 표현하는 용어를 SCAA Specialty Coffee Association of America 기준으로 정리하면 다음과 같다.

Acidity 신맛

신맛 또는 '산미'라고도 부르며, 신맛이라기 보다는 새콤한 맛으로도 표현되기도 한다. 사과에서 느껴지는 상쾌한 신맛에 비교되기도 하며, 주로 고급 아라비카 커피의 대표적인 맛으로 평가되기도 한다. 오렌지 등 과일에서 느껴지는 신맛을 지닌 커피를 표현할 때 사용하는 용어이다. 날카로우면서 상쾌한 커피를 말하며 적절한 산미를 가진 커피는 좋은 커피로 평가된다. 그러나 발효된 음식에서 느껴지는 시큼한 맛과는 다르며, 좋은 품질의 커피가 아니다.

After taste 후미

커피를 삼킨 후에 입 안에서 지속되는 커피의 맛과 향을 말한다. 흔히 "이 커피는 에프터가 좋네"라고 말하기도 한다.

Aroma 아로마

향기와 밀접한 관계가 있으며, '드라이 아로마Dry - Aroma와 컵 아로마Cup - Aroma로 구분 된다. 드라이 아로마는 로스팅된 커피원두를 갈았을 때 맴도는 기체의 향을 말하며, 컵 아로마는 추출되었을 때 증발되는 커피의 향을 말한다.

Ashy 재 냄새

재떨이, 벽난로를 청소하고 난 후 손에서 나는 냄새와 비슷한 커피향을 지칭한다. 부정적인 의미는 없으며 일반적으로 로스트의 정도를 표현할 때 사용된다.

Astringency 수렴성

커피를 마시고 난 후 입이 마르는 듯한 느낌을 말한다. 수렴성이 강한 커피는 품질이 낮은 커피로 간주된다.

Bitter 쓴맛

카페인, 퀴닌, 특정 알칼로이드가 녹아 있는 물에서 나는 맛이다. 커피에서 쓴맛은 과하지 않은 수준에서는 필요하다고 여겨지며, 커피원두를 얼마나 로스트 하느냐에 의해 결정된다. 로스팅 과정에서 캐러멜화와 탄화에 의해 쓴맛이 형성될 수도 있으며 로스팅과정이 길어지면 길어질수록 쓴맛이 강해진다.

Bland 싱거운 맛

특별히 어떤 강한 맛이 나타나지 않으며, 밋밋하고도 약한 맛을 표현할 때 사용하는 용어이다.

Bouquet향기

전체적인 향의 뜻으로 향기, 아로마, 플레버, 후미의 총괄적인 개념으로 사용하는 용어다.

Burnt/smokey탄내/스모키

탄 음식과 비슷한 향기를 표현할 때 사용하는 용어다. 이 냄새는 나무를 태울 때 나는 연기의 냄새와 연관돼 있다. 이 용어는 진하게 로스팅된 커피원두를 표현할 때 사용한다.

Caramelly카라멜 향

설탕을 캐러맬화 할 때 나는 냄새와 비슷한 커피향을 지칭하며 카라멜향 Caramelly은 구운 헤즐넛, 당밀, 꿀, 메이플 시럽과 같은 향을 말한다.

중간 정도의 로스팅 과정에서 생산되는 버터사탕, 설탕시럽, 꿀과 같은 종류의 냄새를 표현한다.

캐러맬화는 태우는 것과 다르며, 이 용어를 타는 듯한 냄새를 표현할 때 사용하지 않도록 유의해야 한다.

Carbony탄맛

강한 로스팅 커피에서 느껴지는 탄맛이며, 균일한 로스팅이 되지 못했을 때, 일부 탄 원두 때문에 탄맛이 많이 느껴지는 경우도 있다. 자주 즐겨 마시는 아메리카노나 블렌딩된 커피에서 쉽게 느끼실 수 있는 맛이다.

Chocolaty초콜릿 향

코코아 파우더 또는 초콜릿과 비슷한 향기를 가진 커피를 표현하는 용어로 다크 초콜릿과 화이트 초콜릿의 향도 포함된다. 커피의 달콤한 향기를 표현할 때에도 사용된다.

주로 강한 로스팅이나 묵직한 바디감을 자랑하는 원산지에서 주로 나타나는 초콜릿이나 바닐라 같은 냄새로 후미에서 느껴지는 경우가 많다.

Delicate감미로운 맛

달콤한 맛과 흡사하며 혀끝에서 살짝 느껴지는 맛이다.

Dirty역겨운 맛

흙냄새, 곰팡이 냄새, 텁텁하고 시큼한 맛 등 불쾌한 맛을 표현할 때 주로 쓰

는 용어다. 오래된 생두, 발효된 생두, 썩은 콩 등을 로스팅했을 때 자주 나타나는 맛이다.

Earthy흙내

신선한 흙, 축축한 땅, 부식토의 냄새가 나는 커피를 표현할 때 사용하는 용어다. 곰팡이, 생감자의 향이 나는 커피에도 적용된다. 흙냄새가 나는 커피는 품질이 떨어지는 커피로 간주된다.

Flat빈약한 향미

데드Dead라고 표현되며, 특징 있는 맛과 향이 없거나 맛과 향이 부족한 커피를 표현할 때 사용된다.

Flavor향미

입속에 커피를 머금었을 때 느껴지는 맛과 향의 복합적인 느낌으로 풍부하다 또는 빈약하다고 표현된다.

Floral꽃향기

인동초, 자스민, 민들레, 쐐기풀 등의 꽃에서 뿜어져 나오는 향기가 나는 커피를 표현할 때 사용된다. 과일 또는 풀 향과 함께 맡을 수 있는 경우가 대부분으로, 독자적으로 꽃향기만 나는 커피는 드물다.

Fragrance향기

원두상태에서 발산되는 향기를 코로 직접 들이마셨을 때 느껴지는 향기로 커피 봉투를 개봉할 때 느껴지는 강한 향기라고 생각하면 이해하기 쉽다.

Fruity과일향

과일의 향과 맛이 나는 커피를 말하며, 생두 또는 약하게 로스팅된 신선한 커피에서 쉽게 느낄 수 있다.

감귤류부터 딸기류berry의 맛으로 자주 표현 된다. 이 향은 커피의 산미와 서로 관련이 있다. 따라서 이 용어를 아직 익지 않았거나 너무 익은 커피원두를 표현할 때 사용해서는 안된다.

Grassy풀냄새

녹색/식물향green/herbal 등으로도 표현되며, 막 깎은 잔디밭, 풀밭, 깍지콩, 또는 익지 않은 과일의 풋풋한 향이 나는 커피를 표현하는 용어다. 이런 맛과 냄새는 주로 오래 묵은 생두, 통풍이 잘 안되는 곳에서 장기간 보관했을 경우나 옅은 로스팅을 통해 느껴지는 향기다.

Harshy 거친 맛

거칠고 조화롭지 못한 맛으로 Rioy라고 표현하기도 한다.

Mellow 달콤한 맛

신맛이 없으면서도 부드러운 맛의 표현이다.

Mild 부드러운 맛

쓴맛, 신맛, 단맛, 향미 등 전체적인 커피의 느낌이 부드럽고 조화를 이루는 맛의 표현이다. 커피의 '벨런스'가 좋다고도 한다. 강한 좋은 맛이나 향기가 두드러지게 나타나지 않으며, 맛과 향이 약하거나 불쾌한 느낌도 없는 상태의 표현이다.

Mouthfeel 입안의 촉감

커피를 입 안에 머금었을 때 입 안과 목구멍을 통해 느껴지는 촉감으로 주로 커피의 점성도, 농도와 관계가 있다. 즉 바디와 아주 비슷한 개념이라고 생각하면 된다.

Musty 묵은 냄새

적절치 못한 생두 보관, 충분하지 못한 생두의 건조. 너무 오래 묵은 생두의 로스팅으로 인한 묵은 냄새, 곰팡이와 비슷한 냄새의 표현으로 쓰인다.

Nutty 고소한 냄새

고소한 향Nutty은 땅콩, 월넛, 호두, 맥아, 도토리, 밤 등 견과류 같은 향을 말하며 커피를 삼킬 때 느껴지는 고소한 향미로 주로 땅콩과 같은 볶은 견과류에서 느껴지는 향기이다. 쓴 아몬드는 포함되지 않는다.

Neutral 중성적인 맛

특별히 강한 맛과 향이 없는 맛의 표현으로 사용되지만, 강한 맛과 향의 커피가 혼합되었을 때 그 맛과 향을 부드럽게 해줘 블렌딩 커피에 필요한 베이스 커피의 맛으로 평가된다.

Rancid/rotten 썩은 냄새

여러 종류의 물질이 부식 또는 산화하면서 풍기는 냄새를 말한다. 'Rancid'

는 견과류와 같이 지방이 많은 물질이 산화하면서 풍기는 고약한 냄새를, 'rotten'은 부패한 채소와 같이 비지방성 물질의 불유쾌한 냄새를 지칭한다. 이 용어를 강한 향기를 가졌지만 상해가는 기미가 보이지 않는 커피에 사용해서는 안된다.

Rich 풍부한 향미

맛과 향, 후미 등 커피의 느낌을 평가하는 전체적인 부분에 사용되는 용어이며, 그 맛과 향이 진하고 풍부할 때 '리치'하다고 한다.

Rough 떫은 맛

혀에서 느껴지는 날카로우면서도 소금기가 있는 듯한 메마른 느낌을 표현하는 용어다.

Saltiness 짠맛

약간의 소금기가 느껴지는 커피를 의미한다.

Soft 매끄러운 맛

러프Rough의 반대 개념이다.

Sour 시큼한 맛

식초 또는 식초의 주성분이 초산과 흡사한, 지나치게 날카롭고 혀를 찌르는 듯한 커피를 지적할 때 사용하는 용어다. 발효된 커피를 가리킬 때도 사용된다. 신맛과 비교되는 맛으로 신맛이 강하고 날카로우면서 조금은 무거운 듯하고 유쾌하지 못한 신맛을 표현할 때 쓰는 용어다.

Spicy 향신료 냄새

정향, 계피, 올스파이스 등 달콤한 향을 가진 향신료와 흡사한 커피 향을 표현할 때 사용한다. 후추, 오레가노Oregano 등 다른 향신료의 냄새는 포함되지 않는다. 톡 쏘는 듯, 강하면서도 자극적인 맛으로 카레, 생강, 후추, 쓴 아몬드의 느낌이 날 때 표현하는 용어다.

Sweetness 단맛

자당蔗糖·sucrose 또는 과당果糖·fructose이 녹아있는 액체에서 느낄 수 있는 맛이 나는 커피를 말한다. 과일, 초콜릿, 캐러맬 냄새와 연관돼 있다. 기분 나쁜 맛과 반대되는 개념이다.

Thin연한 맛

너무 연하게 커피를 추출해 새콤한 맛도 없고, 쓱쓱한 뜻 텁텁하며, 향도 적고 바디도 약해 특별한 맛이 없는 커피를 표현하는 용어다.

Winey와인 맛

잘 숙성된 레드와인을 마실 때 느끼는 향기와 맛을 말하며 풀 바디Full Body의 부드러운 맛과 입을 채우는 느낌이 드는 커피를 표현할 때 사용하는 용어다. 신맛과 과일향이 강한 커피에 주로 사용되는데 와인 향을 신 냄새 또는 발효 향과 혼동해서는 안된다. 고급 아라비카 커피 맛으로 평가된다.

Woody나무냄새

목재, 참나무통, 죽은 나무, 마분지와 비슷한 커피의 냄새를 표현할 때 사용된다.

2. 커피의 부재료

1) 물

커피도 음료이며 사람에게 물은 곧 생명이다. 커피 한잔에서 가장 큰 비율을 차지하는 성분이 바로 물이다. 물은 아메리카노 한 잔을 기준으로 볼 때 95% 이상을 차지하고 있다. 매일 마시던 커피가 어느날 갑자기 맛이 달라졌다고 생각되면 물을 의심해 봐야한다.

물은 크게 두 종류로 나뉜다. 첫째, 연수단물, Soft Water : 증류수, 빗물, 수돗물 등을 말한다. 화학적으로 칼슘이온이나 마그네슘이온이 적은 물을 말한다. 둘째, 경수센물, Hard Water : 지하수, 우물물 등을 말한다. 칼슘과 마그네슘 등 각종 미네랄이 풍부하게 녹아있어 운동 전후나 식수로 사용하기에 적합하다. 커피를 만들 때는 유기물질이 많이 함유된 물을 사용하면 좋지 않다. 따라서 연수가 좋다.

생수는 에비앙 등 외국 생수는 경도성분이 높기 때문에 경도 성분이 10ppm 이하인 국산 브랜드가 더 적합하다.

수돗물 자체는 연수이지만 오래된 배수관을 타고 들어오다보면 석회질 등 이물질이 섞여있게 마련이고 소독과정에 사용된 염소에서 강한 냄새가 있기 때문

에 3분 이상 푹 끓여서 사용하면 된다.

정수기는 연수기 필터 상태를 수시로 확인해야 한다. 보통은 푸른색이나 흰색을 띠고 있다가 연수필터가 수명을 다하면 점차 갈색으로 변해간다. 갈색을 띠고 있다면 바로 교체해야 하고 그렇지 않은 경우에도 6개월을 전후해서 주기적으로 교체해 주어야 한다.

에스프레소 머신의 탱크나 관 등에 석회질이 침착되어 스케일이 생길 수 있다. 머신 내에 스케일이 쌓이면 관에서 물이 제대로 배출되지 않거나 물의 온도가 낮아지는 현상이 나타난다. 따라서 에스프레소 머신은 3년정도 사용하면 전문가에게 의뢰해 전체 스켈링을 한번 해야 한다.

2) 우유

우유는 커피를 부드럽게 하고 고소함을 더해 주는 대표적인 찰떡궁합 재료이다. 커피에 어떤 우유를 사용하는냐에 따라 커피의 맛이 크게 달라지기도 한다. 시중에서 파는 대부분의 우유는 열처리 살균과정을 통해 우유속에 함유되어 있는 해로운 세균을 제거한다. 또한 맛, 냄새 등을 나쁘게 하여 상품가치가 떨어지는 미생물이나 효소를 멸균하여 위생과 안정을 확보한 후 유통한다.

우유의 살균법은 3가지가 있다. 첫째, 초고온 순간 살균법Ultra High Temperature이다. 103~135℃도에서 2초간 살균하는 방법으로 대량 생산과 살균효과를 극대화시킨 방법으로 현재 국내에서 가장 많이 이용하는 방법이다. 가열로 단백질이 타게 되어 고소한 맛이 난다. 둘째, 고온 순간 살균법High Temperature Short Time이다. 85℃ 정도에서는 1분 30초, 121℃에서는 15초간 살균한 우유로 이 방식으로 살균하면 원유의 변화를 최소화 하고 좋은 품질의 우유를 대량 생산할 수 있다. 유산균과 단백질이 일부 파괴되지만 유통기한이 길고 제조비용이 적게 든다. 셋째, 저온 장시간살균법Long Temperature Long Time이다. 우유의 풍미와 색, 영양가에 변화를 주지 않고 살균만 하는 방법으로 63~65℃에서 30분간 가열하는 것이 일반적이다. 파스퇴르 우유라고 하며 유산균, 단백질, 비타민이 살아있어 영양성분이 가장 뛰어나지만, 비싸다. 커피에 사용하기 가장 좋은 우유는 초고온 순간 살균법UHT공법으로 만든 우유다. 우유를 데웠을 때 고소한 맛과 단맛이 강하기 때문이다.

우유는 65℃ 내외로 데우거나 거품을 내어 더하는 것이 기본이다. 이 온도에서 고소하고 달콤한 맛이 정점이 되기 때문이다. 우유에는 카제인 등 단백질이 들어 있으며 지방산이 부드러운 감촉과 맛을 느끼게 한다. 우유에는 단백질이 많이 들어 있고 지방산이 포함되어 있어 커피에 크림대신 타서 마시면 크림보다 더욱 부드러운 맛이 나고, 우유에 든 유당으로 단맛까지 난다.

3) 감미료

커피의 발상지인 아라비아 반도에서는 커피에 설탕을 넣어 마시지 않았다. 루이 14세 시절 커피가 유럽에 전해지면서 프랑스 궁정 여자들이 커피에 설탕을 넣어 마시기 시작했다고 알려져 있다. 커피에 설탕을 넣기 시작한 것은 1700년 이후 단맛을 좋아하는 영국인들에 의해서라고 알려져 있다. 커피에 설탕을 넣으면 쓴맛이 감소하고 카페인과 함께 피로를 회복시키는 기능을 한다. 커피 본연의 맛을 즐기고 싶다면 백설탕을, 진한 단맛이나 감칠맛을 추가하고 싶을 때는 무기질이 함유되어 고유의 향이 나는 흑설탕을 넣는다. 이외에도 콜라당이라고 불리는 그래뉴당, 사용이 편리한 각설탕, 과립당, 시럽설탕을 밀가루 처럼 미세하게 분쇄한 슈거파우더가 있다.

4) 초콜릿

다양한 커피 메뉴에서 자주 등장하는 초콜릿은 조각이나 시럽, 코코아 파우더 형태로 이용된다. 원료인 카카오 콩 속에 '테오브로민'이라는 성분이 피로를 풀어주고 산뜻한 기분으로 만들어준다. 주로 시럽 형태로 만들어 크림 위에 얹거나 에스프레소와 섞어 마시지만, 조각 초콜릿을 뜨거운 커피에 담가 조금씩 녹아 나오는 초콜릿의 맛을 음미하는 방법으로도 응용한다. 초콜릿을 많이 첨가한 커피는 카페모카가 유명하다. 첫 맛은 향이 부드럽고 달콤하면서도 뒷맛은 쌉쌀한, 특이한 초콜릿 커피 맛을 즐길 수 있다.

5) 견과류

아몬드, 땅콩, 호두 등을 장식처럼 얹어 먹어도 좋다.

6) 달걀

커피에 프림 대신 달걀을 넣어 마시면 색다른 맛이 난다. 섞어서 풀어 넣거나 노른자만 따로 넣기도 하고 흰자를 거품기로 저어 거품을 많이 낸 후 넣기도 한다. 예전 다방에서는 노른자를 분리해 참기름을 넣어 코팅한 후 커피에 띄우는 일명 '모닝커피'라는 메뉴가 있었다. 단, 커피의 온도가 너무 높으면 덩어리 질 수도 있으므로 커피를 살짝 식혀서 넣는 것이 좋다.

7) 크림

크림을 커피에 넣으면 고소한 맛을 강조할 수 있어 아무 것도 첨가하지 않은 단백한 아메리카노에 어울리며 지방함유량에 따라 저지방크림과 고지방 크림으로 나뉜다. 조금 고형화한 휘핑크림을 만들어 장식을 만들기도 한다. 비엔나 커피 등이 대표적인 예다. 참고로 인스턴트 커피에 넣는 커피크리머는 대개 유지방이 아니라 야자에서 추출한 식물성 지방으로 만든다.

커피에 넣는 크림은 사용한 유지의 종류에 따라 낙농크림dairy cream과 비낙농크림non-dairy cream으로 나눌 수 있다. 낙농크림류는 말 그대로 우유의 지방을 사용한 것을 말한다. 우유와 유당은 단맛을 내는데 이 유지방을 분리해 크림으로 사용하게 된다. 비낙농크림류는 식물성 유지주로 야자유 또는 팜유를 사용한 것이다. 비낙농크림류는 식물성 크림으로 불리기도 하는데 한 때는 프림으로 불렸다. 크림은 진한 커피를 마실 때 위의 부담을 줄여주기 위해 한 두 스푼 첨가하는 것이 좋다. 크림은 유화라는 공정을 통해서 만들어 지는데 이는 물과 기름이 섞일 수 있게 해 주는 것으로 잘 만든 크림은 커피에 넣어도 컵 표면에 기름방울이 뜨지 않는다. 크림류는 형태에 따라 액상과 분말크림으로 분류할 수 있는데 액상제품은 분말제품에 비해 상대적으로 보존기간이 짧아 구입시 유통기한을 꼭확인해야 한다.

액상크림은 동물성 크림으로 지방함량이 매우 높기 때문에 다이어트를 하는 사람들은 피해야 한다. 분말크림은 식물성 크림으로 지방질과 콜레스테롤은 높지 않지만 대신 칼로리가 높다. 또한 인스턴트 커피와는 어울리지만 원두커피와는 어울리지 않는다.

8) 술

서양에서는 커피의 맛과 향이 좋아지도록 일찍부터 알콜올을 첨가해왔다. 주로 위스키나 브랜디 같은 증류주가 애용되고 카페로열이나 아이리쉬커피처럼 커피에 술을 타거나 반대로 칵테일에 커피를 약간 첨가하여 커피 칵테일을 만들 수 있다. 럼 등의 증류수도 많이 쓰이며, 바닐라향의 갈리아노, 약초와 벌꿀향의 드림뷔이, 대표적인 커피 리큐르인 깔루아, 감미로운 약초향의 베네딕틴 등을 이용해 색다른 커피를 즐길 수 있다.

잠이 안 오거나 몸이 추울 때 커피를 탄 후, 위스키 한 두 방울을 떨어뜨려 잘 저은 후 마시면 된다. 적은 수량이기 때문에 취할 정도는 아니지만 체온을 높이고 몸의 긴장을 풀어줘 숙면에 도움을 준다.

이처럼 커피에 술을 넣는 것도 색다른 맛과 향을 즐기는 방법 중 하나이다. 하지만, 지나치게 많은 양을 넣으면 커피도 술도 아닌 애매한 음료가 될 수도 있으니 적정량을 넣는 것이 중요하다.

9) 버터

버터는 열량을 많이 내기 때문에 추운 날 뜨거운 커피에 넣어 마시면 좋다. 커피의 원산지인 에티오피아에서는 소금과 버터를 맛보면서 키피를 마시기도 한다. 버터를 넣는 커피는 프렌치나 이탈리안 로스팅 정도로 강하게 볶아야 고소한 맛이 난다.

10) 이이스크림

커피에 주로 쓰이는 것은 바닐라 이이스크림이다. 대부분 냉커피에 애용되지만 뜨거운 커피에 아이스크림을 띄워 마시는 경우도 있다.

11) 향신료

각종 향신료는 의외로 커피의 맛을 한층 돋워준다. 커피에 향신료를 넣어 마시는 전통은 이슬람에서부터 시작되었다. 이슬람 문화권은 각종 향신료의 천국이라 할 수 있다. 따라서 이슬람인들은 커피를 마시기 시작하면서 부터 향신료를

넣어 마셨다고 한다. 지금도 아라비아, 아프리카, 서아시아에서는 이러한 커피를 즐긴다. 커피전문점에서 파는 메뉴 중에 흔한 향신료는 시나몬, 민트, 오스파이스, 클로브 등이다.

이처럼 식물의 꽃, 열매, 껍질, 잎, 뿌리 등 특이한 향신료도 커피에 쓸 수 있다. 계피시나몬, 넛멕, 박하, 생강, 클로버, 오렌지나 레몬 껍질, 정향, 아니스, 샤프란, 올스파이스 등이 대표적인 커피용 향신료들이다. 향신료는 원두를 분쇄할 때 더해 함께 추출하기도 하고 커피 위에 뿌리거나 곁들이는 방식으로 사용한다.

3. 커피의 성분과 건강

1) 커피의 성분

커피는 커피 고유의 생두성분과 로스팅 후 원두에서 생성된 성분이 서로 어우러져 커피의 독특한 향과 맛을 낸다. 커피가 로스팅될 때 일부 성분이 없어지기도 증감되기도 한다. 현재 커피를 마시면 건강에 유익한 점 혹은 좋지 못한 점 등에 대한 관심이 커지면서 커피 애호가들에게는 커피 한 잔의 건강은 매우 중요하다고 할 수 있다. 커피의 성분은 커피나무의 품종, 재배기후 토양, 수확 및 가공과정 등에 따라 성분과 함량이 다양하게 나타난다.

표 1-6 커피의 성분

성분	아라비카(Arabica)종		로브스타(Robusta)종	
	생두	원두	생두	원두
다당류	50.0~55.0	24.0~39.0	37.0~47.0	-
올리고당	6.0~8.0	0~3.5	5.0~7.0	0~3.5
지방	12.0~18.0	14.5~20.0	9.0~13.0	11.0~16.0
단백질	11.0~13.0	13.0~15.0	4.0~4.5	13.0~15.0
무기질	3.0~4.2	3.5~4.5	7.0~10.0	4.6~5.0
클로로제닉산	5.5~8.0	1.2~2.3	2.0	3.9~4.6
아미노산	2.0	-	1.5~2.0	0
앨러패틱산	1.5~2.0	1.0~1.5	1.5~2.0	1.0~1.5

성분	아라비카(Arabica)종		로브스타(Robusta)종	
	생두	원두	생두	원두
휴민산	-	16.0~17.0	-	16.0~17.0
카페인	09.~1.2	1.0	1.6~2.4	2.0

자료 : 커피N커피 백산출판사

2) 커피와 건강효과

(1) 우리 몸에 미치는 영향

커피와 제2형 당뇨병 간의 관계를 분석한 기존의 연구 결과들을 종합한 논문에 따르면, 커피 혹은 카페인 섭취가 제2형 당뇨병의 발생 위험을 낮춰주는 것으로 나타났다. 이러한 결과에 대한 원인이 아직 명확하게 밝혀지진 않았지만, 커피에 포함되어 있는 클로로겐산, 마그네슘 등의 항산화 물질이 체내의 혈당 조절 능력을 향상시켜 주기 때문인 것으로 추론되고 있다.

최근에는 하루 3~5잔1잔 기준, 150ml 미만의 커피를 마시는 사람이 커피를 전혀 마시지 않는 사람에 비해 관상동맥 석회화 수치가 41% 감소한 것으로 나타났다. 이러한 결과에 대해 연구팀은 커피가 죽상동맥경화증의 주요 위험인자인 당뇨병의 위험을 감소시키며 커피에 들어있는 항산화 물질이 저밀도 지단백 콜레스테롤의 산화 감소 등에 영향을 미치는 것으로 추정했다.

미국 최고의 영양 관련 자문기구인 식생활지침자문위원회Dietaryguideli- nes Advisory Committee에서는 커피를 마시는 것이 제2형 당뇨병, 심장병, 파킨슨병의 위험을 줄이는데 도움이 된다고 하면서, 건강한 성인이 하루 3~5잔의 커피 또는 최대 400mg의 카페인을 섭취하는 것은 건강에 문제가 되지 않는다고 말하였다. 하지만, 커피에 프림, 우유, 당을 첨가하면 칼로리가 높아져 건강에 해로울 수 있음을 경고하였다.

커피의 긍정적 효과	커피의 부정적 효과
폴리페놀(클로로겐)의 황산화 작용	칼슘과 칼륨 등의 손실 초래
• 피로 해소 및 각성 효과 • 이뇨작용을 통한 노폐물 제거, 활성산소 제거 • 항암효과(간암 및 간기능 개선) • 우울증 예방 및 치매 예방 • 혈액순환 촉진을 통한 제2형 당뇨병, 심장병, 파킨슨병의 줄임 효과 • 식욕 억제를 통한 다이어트 효과	• 불안증 • 가슴두근거림증 • 메스꺼움 • 위산과다 • 신경과민과 흥분 • 불면증 • 근육 경련 • 혈압관리가 필요한 질환자(고혈압, 당뇨, 심장병 등)는 주의

우리나라 보다 커피 산업이 발달한 일본의 경우 카페인 외에도 커피에 있는 수많은 성분에 관한 연구가 진행되고 있는데 규수대 의대 연구팀은 커피의 폴리페놀 성분들로 인해 암, 특히 간암 예방과 함께 간 기능 개선 효과가 있다는 연구 결과를 보고했다. 이 성분은 홍차나 녹차, 포도주에 비해 적게는 3배에서 많게는 10배까지도 커피에 포함되어 있다. 또한 서울대 의대 연구팀은 커피가 기억력을 개선해 치매를 예방한다는 연구 결과를 보고한 바 있다. 아울러 당뇨병 개선, 노화 방지 등 커피의 많은 순기능이 여러 연구에서 입증되고 있다. 이처럼 커피는 많은 양을 한 번에 먹지 않고 자신의 체질을 파악하고 마신다면 분명 몸에 이로운, 건강식품이다.

커피가 질병을 예방하는 효과가 있다고 해서, 누구나 커피를 마셔야 하는 것은 아니다. 커피 속 카페인의 생리작용에 반응하는 정도는 연령에 따라 다르며, 같은 연령이라 하더라도 개인차가 있기 때문이다. 카페인을 과잉 섭취할 경우, 신경과민, 흥분, 불면, 불안, 메스꺼움 등이 유발될 수 있고, 위장, 소장, 결장, 내분비계, 심장에 나쁜 영향을 줄 수 있다. 이외에도 많은 양의 카페인이 신체에서 칼슘과 칼륨 등의 손실을 초래한다는 보고가 있어, 어린이가 카페인을 과잉섭취 할 경우 성장 및 발달에 영향을 미칠 수 있다.국민건강지식센터 건강칼럼

(2) 건강하게 마시는 방법

식품의약품안전처이하 식약처에서 정한 우리나라 국민의 카페인 하루 섭취기준은 성인 400mg 이하, 임산부 300mg 이하, 어린이 ·청소년 2.5mg/kg체중 이하 이다. 식약처의 조사에 의하면, 시중에 판매되고 있는 커피 종류에 따

른 1회 제공량당 카페인 평균 함유량은 액상커피캔커피 등 84.41mg, 조제커피커피믹스 47.51mg, 캡슐커피 73.59mg 인 것으로 나타났다. 커피전문점에서 판매하는 커피의 1회 제공량당 카페인 함유량은 카푸치노 137.30mg, 아메리카노 124.99mg, 카라멜마끼야또 118.42mg, 카페라떼 111.55mg 이었다.

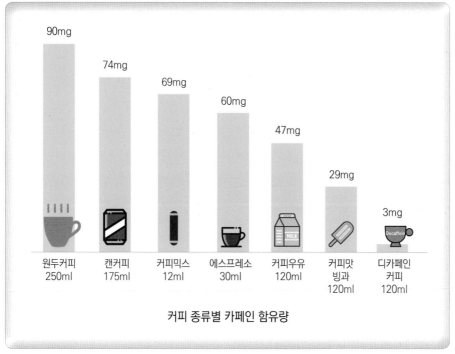

커피 종류별 카페인 함유량

자료: 식품의약품안전처

이 조사결과를 우리나라 성인의 카페인 하루 섭취기준과 비교하면, 액상커피 4.8캔, 조제커피 8.3봉, 캡슐커피 5.4잔, 커피전문점 커피 3.3잔이 하루 섭취권장량에 해당하는 양이 된다. 청소년의 경우에는 액상커피 1.5캔, 조제커피 2.6봉, 캡슐커피 1.7잔, 커피전문점 커피 1잔이 하루 섭취권장량에 해당하는 수준이다.

하지만, 이는 카페인을 기준으로 산출된 수치로 커피를 마심으로 인해 커피 속 다른 성분을 지나치게 섭취할 수 있어 주의해야 한다. 특히, 커피를 통한 당류 섭취를 조심해야 하며, 커피믹스를 마실 때 커피믹스 봉지를 스푼 대용으로 사용하는 경우 커피믹스 봉지를 인쇄할 때 사용한 성분이 용출되어 건강에 해로울 수 있다.국민건강지식센터 건강칼럼

더불어 비만이나 고혈압, 당뇨가 있는 사람에게는 커피 성분이 다 우러나온 커피보다는 거름종이에 지방 성분이 걸러진 핸드드립 커피가 좀 더 맞을 것이다. 또한 커피의 이뇨 작용으로 인해 몸에 칼슘이 빠져나올 수 있으니 청소년이나 장년층에게는 아메리카노보다 우유가 들어간 라테 종류가 더 적합하다.

4. 디카페인 커피

1) 커피와 카페인

커피에 들어 있는 대표적인 화학물질은 카페인으로 사람의 중추신경계에 작용하여 정신을 각성시키고 피로를 줄이는 등의 자극을 준다. 커피를 마신 후에 졸음이 달아나고 약간의 긴장감을 느끼는 것은 카페인의 효력이 실력을 발휘하기 때문이다. 카페인은 이처럼 중앙신경계와 대뇌 혈액순환에 영향을 미치는 흥분제로, 인체의 활력을 높여주는 한편 두통을 감소시키는 효과가 있어서 두통 및 감기약에 두루 포함된다. 소변이 잘 나오도록 하는 이뇨효과, 다이어트와 노화방지 효과, 정신을 맑게 하는 각성효과 및 집중력을 향상시켜 주는 효과도 지녔다.

200㎖ 기준, 한 잔의 커피에 포함된 카페인은 대략 50에서 150㎎ 정도이다. 그러나, 모든 커피에 들어 있는 카페인 양이 다 비슷한 것은 아니다. 커피에 있는 카페인은 커피 콩의 생산지 혹은 커피 콩의 종류나 상태에 따라서 함유량이 다르다. 예를 들어서 에티오피아에서 생산되는 아라비카arabica 커피 콩은 서아프리카나 브라질, 베트남 등에서 생산되는 로브스타robusta 커피 콩보다 카페인 함량이 적다고 알려져 있으며, 에스프레소 커피가 드립커피보다 카페인 함량이 적게 나오는 것으로 밝혀졌다. 또한 커피 한잔에 들어 있는 카페인의 양은 커피의 종류는 물론 볶는 방법, 커피를 내리는 방법에 따라서도 차이가 난다.

'C8h1002N4'라는 화학기호를 가진 카페인은 약한 흰색을 띠고 맛이 쓴 알칼로이드다. 그러나 그 흰색과 쓴맛이 매우 약해서 일반적으로 카페인은 무색무취하다고 말한다. 커피원두의 2~3%가 카페인으로 이루어져 있다. 커피 한 잔에는 일반적으로 60~90㎎의 카페인이 녹아 있다. 로부스타 커피는 고급 아라비카보다 카페인 함유량이 더 많다. 카페인 하면 커피를 연상할 만큼 커피는 카페인과 밀접하게 연관 지워진다. 하지만, 차, 코코아, 콜라 등 60여 가지 식물과 이를 이용한 녹차, 홍차, 코코아, 초콜릿, 콜라 등의 음료에도 상당량의 카페인이 함유되어 있다.

일반적으로 과다한 카페인을 섭취하는 것은 건강에 해롭다고 알려져 있다. 그러나 과연 얼마만큼의 카페인이 '과다한'지에 대해서는 의견이 분분하다. 커피한 모금만 마셔도 불면증으로 고생하는 사람이 있는가 하면, 커피를 마시고 잠자리에 드는 사람도 또한 있다.

2) 디카페인 커피 dedaffeinated coffee

디카페인 커피는 말 그대로 카페인 성분을 줄인 커피로 카페인 프리 커피 Caffeine Free Coffee라고도 한다. 카페인에 민감한 사람들은 저녁 무렵 혹은 심지어 오후에 커피를 마셔도 밤에 잠이 잘 안 올 정도로 카페인의 위력은 대단하기 때문에 커피에서 카페인을 최대한 없애면서 커피의 향과 맛을 유지하려는 시도에서 비롯되었다. 따라서 디카페인 커피는 카페인에 의한 생리작용불면, 심장, 위장 등에 영향을 걱정하는 사람에게 적합하다.

디카페인 커피의 국제기준은 약 97% 이상 카페인이 추출된 커피이다. 그러므로 보통 디카페인 커피 한 잔에도 10㎎ 이하의 카페인이 포함되어 있다. 디카페인 커피는 맛에서 차이는 느끼지 못한다. 그러나 카페인에 민감한 사람은 디카페인 커피라도 카페인이 조금은 들어 있을 수 있다는 사실을 알아야 한다. 왜냐하면 저녁에 마신 디카페인 커피 한잔으로도 본의 아니게 한 잠도 잘 수 없는 사람도 있기 때문이다. 하지만 개인의 특성에 따라 카페인에 강하고 약한 정도가 다르고, 몸에 맞는 사람도 있으니 무조건 나쁘다는 생각보다 적절히 조절하는 것이 좋을 것이다.

3) 카페인 제거

카페인을 제거하는 방법에는 여러 가지가 있다. 물을 이용한 추출법, 용매를 이용한 추출법, 초임계 이산화탄소 추출법 등이다.

(1) 물을 이용한 추출법

스위스에서 1930년대에 개발된 물을 이용한 카페인 제거법을 간단하게 설명하면 카페인이 물에 잘 녹는 성질을 이용한 것으로 커피 원두를 용매에 직접 접촉시키는 대신 물과 접촉시켜 카페인을 없애는 방법이다.

커피 생두 일정한 양을 물에 불리고 담가 놓는다. 그러면 카페인을 포함한 수용성 화학물질은 물에 녹아서 우러난다. 카페인은 실온에서 물 100㎖에 약 2.2g이 녹는다. 끓는 물에서는 카페인은 약 30배 정도 더 잘 녹는다. 그러므로 뜨거운 물로 커피 생두를 우려내면 그 물용액에는 카페인은 물론 많은 수용성 화학물질이 동시에 녹아있는 용액이 된다. 그 용액을 활성탄소activated charcoal를 채운 관을 통과시켜서 카페인을 분리하고 빼내면, 나머지 성분은 그대로 포함된 용액이 된다. 이런 과정을 거쳐 최종적으로 제조한 용액에는 커피 향이나 맛을 결정짓는 많은 화학물질은 그대로 녹아 있고 카페인만 없다. 새로운 커피 콩을 이 용액에 일정한 양을 담그면 카페인만 선택적으로 녹아 나오게 되어 있다. 왜냐하면 카페인을 제외한 나머지 화학물질들은 이미 용액에 포화된 상태로 녹아 있으므로 그런 성분들은 더 이상 녹아 나오지 않는다. 그 용액에 없는 카페인만 커피 콩에서 추출되는 것이다. 이런 과정을 거친 후에 커피 콩을 말리고 볶은 것이 카페인 없는 커피의 원두이다. 안전성이 높고 커피 원두가 상대적으로 열에 의한 손상을 적게 받기 때문에 널리 사용한다.

(2) 용매를 이용한 법

커피 콩을 증기로 찐 후에 용매이염화메탄dichloromethane, CH2Cl2 혹은 에틸아세테이트ethyl acetate, C4H8O2로 여러 번에 걸쳐서 커피 콩을 씻어낸다. 이렇게 하면 커피에 포함된 다른 화학물질들은 그대로 놔두고 카페인만 빼 낼 수 있다. 카페인을 추출한 커피 콩은 여러 시간 동안 수증기로 씻어서 잔류 용매를 제거하는 과정을 거친다. 그래도 남아 있던 용매는 커피 콩을 볶는 과정에서 증발하기 때문에 용매가 건강에 해를 끼칠 확률은 0에 가깝다.

(3) 초임계 이산화탄소 추출법

최근에는 친건강 친환경 카페인 추출 용매로 이산화탄소를 사용한다. 초임계 상태supercritical state의 이산화탄소는 아주 좋은 용매이다. 이산화탄소 용매로 카페인을 추출을 하면 커피 콩에 남아 있던 이산화탄소는 커피를 볶는 과정에서 혹은 실온에서 기체로 증발되어 사라진다. 이산화탄소의 초임계 상태는 비교적 낮은 온도와 압력31oC, 73 기압에서 만들 수 있다. 이산화탄소는 초임계 상태에서 마치 액체의 특성을 나타내는 유체fluid처럼 변한다. 이를 초임계 유체라고 하는데, 다양한 물질을 녹일 수 있는 용매로 사용할 수 있다. 특히 이산화탄소는 다른 기체와는 달리 용매로 사용해도 독성이 거의 없고, 추출되는 화학물질과 분해 반응도 쉽게 일어나지 않는다. 이것이 이산화탄소 초임계 유체가 추출용매로 각광을 받는 이유이다.

5. 커피의 보관

1) 커피의 산패

커피는, 로스팅을 하게 되면 시간이 지남에 따라 공기중의 산소와 결합하여 산화로 인하여 향기가 소실되고 더 나아가 맛의 변질이 진행되는데 이것을 산패라고 한다. 로스팅된 커피가 공기중의 산소와 결합하여 유기물이 산화되어 유리지방산이 발생하기 때문에 황산화 물질이 감소하고 향이 사라지면서 맛이 떨어지게 되는 것이다.

산패는 다음의 3단계 과정을 거친다.

1단계, 증발Evaporation : 로스팅 중에 생성되었던 커피의 휘발성 물질향기성분이 저장중 탄산가스와 함께 증발하여 감소하기 시작한다.

2단계, 반응Reactin : 로스팅된 커피 내부의 여러 가지 휘발성분향기성분들끼리 저장중 화학적으로 서로 반응하면서 원래의 향미를 잃어가고 유쾌하지 못한 냄새가 발생하기 시작하는 단계다.

3단계, 산화Oxidation : 본격적인 산화작용 과정으로 공기중 산소와 결합된 커피 내부 성분이 변질되어 향기 성분이 변하게 된다.

이러한 산패요인은 커피의 향기 성분간의 상호작용과 산소에 의한 산화작용이다. 산패를 막기 위해서는 건냉암소乾冷暗所에 보관하는 것이 좋다.

🌏 표 1-7 산패의 요인

요인	산패진행
산소	• 공기중의 산소는 원두의 산화를 촉진하는 가장 큰 요인이다. 일정시간이 지나게 되면 포장내 소량의 산소만 존재하여도 커피는 완전 산화다. 커피도 씨앗 작물의 특성상 내부에 상당히 많은 지방질을 포함하고 있으므로 산소와 접촉하게 되면 산화가 일어나게 되는 것이다.
습도	• 커피를 로스팅하면 원두 내의 조직은 부피가 늘어 다공질화 된다. 속이 스펀지처럼 되어 주위의 습기를 잘 흡수하여 신선도를 떨어뜨리는 동시에 나쁜 냄새까지도 흡수하므로 습기가 많은 곳은 피해야 한다. • 상대습도가 100%일때 : 3~4 일 • 상대습도가 50%일때 : 7~8 일 • 상대습도가 0%일때 : 3~4주부터 산패가 진행된다 • 상대습도가 낮으면 공기중에 수증기가 적어서 증발이 잘되고 높으면 수증기가 많으므로 증발이 안되고 물방울이 생긴다.
햇빛	• 햇빛은 원두의 온도를 상승시켜 산소의 결합을 가속화시킨다.
온도	• 보관온도가 높으면 산화속도가 더욱 촉진된다. 커피는 낮은 온도로 보관하는 것이 유리하다. 하지만, 냉장고에 보관할 경우 냉장고의 습도를 원두가 흡수하므로 산패가 빨리 진행될 수도 있다. • 온도 10℃ 상승시 마다 2~3배씩 향기 성분이 빨리 소실된다.
로스팅	• 강한 로스팅 일수록 함수율(수분이 얼마나 있느냐를 %로 나타낸 것)이 낮으며 오일이 베어 나와 있고, 더 다공질(미세한 구멍이 많음) 상태가 되어 오일은 급격히 산화되고, 공기와 접촉하는 표면적이 넓어지게 되며 세포벽의 파괴로 탄산가스의 방출이 빠르게 되므로 약한 로스팅에 비해 산패가 빨리 진행된다.
분쇄입자	• 원두의 분쇄입자가 작을수록 공기와의 접촉이 많으므로 산화가 촉진된다. 분쇄 상태의 커피는 원두보다 5배 더 빨리 산패가 진행된다
발열	• 원두 분쇄시 칼날과의 마찰열은 산화반응을 촉진시킨다.

* 상대습도 : 한정된 공기중에 얼마만큼의 수증기가 포함될 수 있는데, 그 최대 한도량에서 얼마만큼이 포함되어 있나를 %로 나타냄

2) 커피 향미에 영향을 미치는 인자

(1) 온도

온도는 두 가지 측면에서 성분 변화에 기여한다. 아레니우스식에 따르면 화학 반응의 속도는 온도에 비례한다. 또한, 보일 - 샤를 법칙에 따라서 온도가 높을수록 기체의 압력은 커진다. 결국 온도가 높아질수록 커피 내 향미성분은 더 빨리 변화_{산패} 반응하거나 또는 더 빨리 방출된다.

로스팅 공정을 생각해 보면, 최종 단계인 냉각공정은 로스팅 중의 화학반응이 정지되는 온도까지 커피의 온도를 낮추는 것을 목표로 한다.

Cappuccio 등2001은 실온에서 수 주 동안 원두를 방치할 경우 향 물질이 60% 사라지는 데 비해 원두를 냉동한 경우에는 향 물질 손실이 1%에 불과했으며 Vitzthum, 1979, 온도가 높아 질수록 물질의 동적 상수가 높아진다 Nicoli, 1993 고 소개하고 있다. 즉, 원두커피는 서늘한 곳에 저장하는 것이 좋다.

(2) 수분

원두커피의 수분은 높은 편은 아니지만 로스팅 및 냉각 공정에 따라 1% 이상의 수분 함량을 나타낼 수 있다. 기본적으로, 수분이 높은 원두는 수분 활성도가 높은 상태로서 휘발성 성분의 방출이 빨라질 수 있다.

외부의 수분 또한 변수가 될 수 있다. 원두커피는 로스팅 중 세포 팽창의 결과 작은 구멍이 수없이 만들어져 있다. 이는 곧 원두커피의 계면은 생두에 비해 상당히 넓어진 상태로서, 각종 기체성분의 흡착이 용이해 수분을 빨아들여 이 공간을 채우게 된다. 원두는 수분과 함께 주변에 있는 좋지 않은 냄새도 같이 흡수하게 되어 커피의 향미변화를 촉진시킨다.

(3) 산소

산소는 휘발성 성분을 이루는 지방산이 산소와 결합하여 산패되는 것과 관련되어 있다. 이는 향 성분이 산화되어 없어지는 것과, 산화를 통해 불쾌한 향을 내는 산패 성분이 생성되는 것 두 가지로 나타난다. Labuza 등2001은 원두의 보관기간에 미치는 영향 인자 중 온도의 영향력이 낮고, 산소의 영향력이 크다고 언급하고 있다.

(4) 시간

생두는 로스팅 과정에서 많은 방향성 물질이 만들어지고, 조직 내부에 많은 공간이 발생한다. 로스팅 과정에서 발생한 방향성 물질은 시간이 지남에 따라 점차 감소하게 된다.

(5) 햇볕

원두가 햇볕에 노출되면 자외선에 의한 산화반응이 촉진된다. 또한 햇볕에서 발생하는 열은 커피의 맛과 향을 변하게 한다.

3) 커피의 포장 방법

로스팅 후 냉각과정 수냉식 또는 공랭식을 거친 커피는 최종적으로 포장packing에 들어간다. 커피가 컵에 담겨 그 효과를 발휘하기까지 본래의 특성들을 간직할 수 있도록 하는 것이 포장의 목적이자 관건이다. 그렇지 못할 경우 아무리 잘 가공된 커피도 순식간에 맛을 잃어버리게 되고 만다. 볶은 커피는 공기 중에 노출되면 원두가 지니고 있는 향이 이산화탄소와 함께 휘발성이 되고, 공기에 포함되어 있는 산소와 습기에 노출되면서 산화되기 마련이다. 원두의 신선도를 오래 지속시키는 포장재료가 갖추어야할 조건으로는 보향성, 차광성, 방기성, 방습성이 있어야 한다. 커피의 포장방법으로는 밸브포장valve packing, 진공포장vacuum packing, 질소포장nitrogen packing등 3가지 기술이 주로 사용되고 있다.

표 1-8 커피의 포장방법

구 분	포장방법	보존 기간
공기포장	일반봉투에 공기와 함께 포장	가장 짧음
밸브포장	커피에서 나오는 가스는 밖으로 배출되고 산소는 안으로 들어오지 못하게 하는 밸브(Aroma Valve & One-way Valve)가 부착된 지퍼백 포장	김 가장 많이 사용
진공포장	분쇄된 커피를 진공처리하여 필름 포장	김
질소포장	질소를 가압하여 캔에 포장	가장 김

(1) 밸브포장

밸브포장은 커피 제조 및 유통 과정에서 가장 보편적으로 사용되는 방식이다. 아로마 밸브aroma valve, 프레시 밸브fresh valve라고 말하지만, 공기가 한 방향으로만 이동할 수 있다는 의미에서 원웨이 밸브one way valve라고 부르기도 한다. 커피 포장지에 이 밸브를 달아 놓으면 밸브구멍을 통해 내부의 기체는 외부로 나올 수 있는 반면 외부의 공기는 내부로 들어갈 수 없게 된다.

(2) 진공포장

진공포장眞空包裝은 금속제 용기에 분쇄된 커피를 진공으로 포장하여 신선도를 오래 보존하는 방법으로 가장 오랫동안 써온 포장방식이다. 최근에는 금속제 용기 대신 가스가 투과하지 못하는 복합 필름을 많이 사용한다. 진공포장에서는 내부공기를 얼마나 완벽하게 빼내고 차단하느냐 하는 진공도가 가장 중요한 관건이 된다.

(3) 질소포장

포장재 속의 공기를 없애고 질소가스nitrogen gas를 채우거나 내부의 공기 자체를 질소로 치환하여 보존기간을 늘린 방법을 질소포장窒素包裝이라고 한다. 질소포장을 할 때에는 내부의 산소함량이 1.0% 미만이 되도록 완전하게 치환하는 것이 중요하다.

불활성 기체인 질소가스는 산소의 유입을 근원적으로 차단하기 때문에 원두의 산화를 최대한 억제할 수 있지만 알루미늄 캔을 주로 사용하므로 비용이 많이 든다.

4) 올바른 커피 보관법

원두커피를 즐기는 이유는 순수한 커피의 맛과 천연의 커피향을 즐기기 위해서다. 하지만 보관이나 취급과정의 실수로 이러한 즐거움을 잃어버릴 수 있다. 생두Green Bean는 일반적으로 1~2년 정도 장기보관이 가능하다. 로스팅을 마친 원두커피는 2주 정도 보관이 가능하고 분쇄된 가루커피의 경우 12시간이 지나면 커피의 향미는 대부분 잃게 된다.

따라서 커피콩은 생두 상태로 보관하는 것이 가장 좋다. 하지만, 커피를 추출하려면 로스팅과 분쇄과정의 긴 시간이 필요하기 때문에 편리를 위해 일반적으로 원두로스팅을 마친 콩 상태로 보관하여 사용하게 된다. 원두커피의 올바른 보관법은 다음과 같다.

(1) 원두는 2주 이상 보관하지 않는다.

로스팅된 원두는 2주를 넘기면서 대부분의 좋은 향기를 잃기 때문에 2주 이상 보관하지 않는다. 커피 원두를 구입할 때 2주 마실 분량만 구매한다. 시중 마트나 대형 프랜차이즈에서 파는 커피원두는 대부분 유통기한을 1년 혹은 2년으로 표시하고 있다. 하지만 커피원두는 한 달 이상이 지나면 제가 가진 좋은 맛과 향은 모두 날아가 버리고 잡스런 맛과 향만 남아있게 된다. 또한 오래된 커피원두에는 유리지방산이 증가하는데 이 지방산이 변질되었을 경우 식중독을 일으킬 수도 있다.

(2) 보관용기는 산소, 습도, 햇볕을 차단할 수 있는 밀폐용기가 좋다

커피의 3대 적은 산소, 습도, 햇볕이다. 따라서 커피를 담아놓는 용기는 완전 밀봉이 가능한 커피전용 봉투나 밀폐용기가 좋다. 불투명한 유리병이나 도자기병에 보관한다. 프라스틱 용기나 주석 용기의 경우 원두와 화학반응을 일으키기 때문에 보관에 적절한 용기가 아니다.

(3) 그늘진 선선한 곳에 보관한다. 냉장고 보관은 좋지 않다

보관은 그늘진 선선한 곳에 보관한다. 원두는 온도가 높으면 산패가 촉진되기 때문이다. 온도가 낮은 냉장고에 보관하는 것이 좋을 것으로 생각하지만 냉장고에 원두를 보관하는 경우 커피향은 뺏기고 냉장고 내부에서 발생하는 잡내를 원두가 흡수할 수 있어 원두 본연의 향이 망치는 경우가 발생한다.

(4) 갈지 않고 홀빈Whole Bean 상태로 보관한다.

커피원두는 갈면 산소와 접촉하는 표면적이 넓어져 빨리 산화가 진행된다. 홀빈 상태의 원두의 경우 산소와 습도, 햇빛을 피해 잘 보관하면 한 달까지 맛과 향이 유지가 되지만, 갈아서 보관할 경우 3일 정도면 커피의 모든 맛과 향이 달아난다. 그래서 커피는 홀빈 상태로 사서 마시기 직전에 바로 갈아서 추출하는 것이 좋다.

(5) 원두의 장기 보관은 냉동고를 사용한다.

부득이하게 원두를 장기 보관해야 될 경우에는 냉동고를 사용한다. 하지만 해동 과정에서 더 빠른 산화작용이 나타나기 때문에 취급에 주의를 기울여야 한다.

또한 한번 해동했던 원두는 다시 냉동하지 않는다. 냉동고에 장기 보관을 하는 경우 1회 분량씩 포장하여 사용하는 것이 좋다. 또한 냉동고에서 꺼낸 원두는 바로 사용하지 않고 상온으로 해동되는 시간 동안 기다렸다가 사용한다.

(6) 로스팅이 강하게 된 커피일수록 보관기일이 짧다.

로스팅이 강하게 되면 커피내부가 다공질이 되어 산소와 접촉하는 면이 넓어지게 된다. 따라서 검게 혹은 강하게 볶인 커피 일수록 빨리 소비하는 것이 좋다.

 원두의 신선도

원두를 구입할 때 가장 중요한 것이 바로 신선도다. 볶은 원두는 1년이 돼도 상하지 않지만 2~3주가 지나면 맛과 향이 급속히 떨어진다. 이는 원두의 지방 성분에 산패가 일어나기 때문이다. 산패가 된 원두는 기름에 쩐 맛이 날 수 있고 커피 고유의 향미를 잃어 본연의 매력을 주지 못한다. 그래서 신선한 원두를 공급하는 업체일수록 배전일(커피를 로스팅한 날)부터 수 일 안에 판매를 마치고, 1주일 이상 지난 원두는 판매하지 않기도 한다.

일반인도 눈으로 쉽게 확인할 수 있는 방법 중 하나는 포장지를 살펴보는 것이다. 포장지가 팽팽하면 신선한 원두라 할 수 있다. 로스팅한 원두에서는 가스가 발생하는데 이 가스를 제거하지 않으면 포장지가 부풀어 터져버린다. 이를 방지하기 위해 아로마밸브를 다는데 포장지가 쪼그라져 있다면 아로마밸브가 제대로 작동하지 않아 변질됐을 가능성이 크다.

원두의 신선도를 확인하는 또 다른 방법은 핸드 드립 시 얼마나 잘 부푸는가를 보는 것이다. 원두에 뜨거운 물이 닿으면서 거품이 나는 보글보글 부풀어 오르는 것이 신선하다는 증거다. 원두가 부푸는 것은 원두 안에 가스 때문에 생기는 현상으로 볶은 후 날짜가 지날수록 가스의 양은 점차 줄어들게 된다.

따라서 볶은 지 2주 이상 지난 원두에서는 부푸는 현상이 현저히 감소하는 것이다. 이 가스 때문에 에스프레소용은 2~3일 정도 지난 원두를 쓰라고 한다. 에스프레소는 강한 증기압을 이용하는 것이므로 원두에서 가스가 발생하면 오히려 추출하는데 방해가 되기 때문이다.

세계의 커피

1. 세계3대 희귀 커피

1) 게이샤Geisha 커피

　1931년 에티오피아의 남서쪽 카
파지역 게이샤라는 숲Geisha에서
최초로 아라비카 커피나무 변종이
발견 되었다고 한다. 게이샤Geisha
커피는 일반 커피와는 달리 가늘
고 긴 체리열매와 커피콩이 특징
인데, 벌꿀향이 나는 가벼운 바디

📷 그림1-2 일반 커피콩과 '게이샤' 커피콩

감과 감귤 맛이 도는 전체적인 향미가 특징이다.

　게이샤Geisha 커피는 파나마의 Esmeralda 농장의 이름을 딴 '파나마 에스메랄
다 게이샤'의 이름으로 널리 알려져 있는데, 이 농장은 1964년 미국 BOABank Of
America의 사장이었던 루돌프 패터슨이 은퇴후를 염두에 두고 수백 헥타르의 농
장을 구입한 것으로 2003년부터 본격적으로 게이샤 커피를 생산해 최고의 커피
로 자리잡게 되었다.

　파나마의 보케테Boquete지역의 에스메랄다Esmeralda 농장의 게이샤가 2004년
온라인 커피 경매에서 1파운드454g에 21달러라는 당시로는 경이적인 가격을 기
록 했다. 그 후 SCAA미국스페셜티커피협회가 주관한 커피 품평회에서 2005년부터

2007년까지 3년 연속 우승을 차지하면서 전 세계 스페셜티 커피 시장의 왕좌로 등극했다.

세계적인 커피헌터인 미국의 제프 와츠는 이 커피를 맛보고 마치 한 줄기의 빛이 쏟아져 나오는 것 같나고 말했으며, 2006년에는 파나마 커피 대회에서 놀랍게도 100점 만점에 95.6점을 기록 했다. 또한 2007년 경매에서는 파운드당 130 달러라는 커피 경매 역사상 최고 낙찰가를 기록 했다. 루왁 커피가 비싼 이유가 희소성 때문 이라면, 파나마 에스메랄다 게이샤의 비싼 이유는 커피 맛이 최고이기 때문일 것이다. 에스메랄다 게이샤는 꽃과 감귤의 향이 절묘하게 배합되어 온갖 종류의 훌륭한 달콤함으로 가득하다. 깔끔하고 신선하며 기분 좋은 여운은 입안을 풍부하게 하고 과일향이 두드러질 뿐 아니라 고급스런 아로마향를 느낄 수 있다. 다 마시고 컵에 남은 잔향을 맡아 보면 이 커피의 깊이를 느낄 수 있다.

게이샤Geisha 커피는 부드러움 속에 감춰진 강렬한 꽃향과 재스민 향기와 같은 아로마, 섬세하면서도 독특한 산미와 균형감, 화이트와인과 같은 경쾌함, 딸기, 망고, 파파야, 귤 등의 맛으로 표현된다.

2) 세인트헬레나 커피

나폴레옹의 유배지로 알려진 세인트헬레나St. Helena 섬에서 나는 세인트헬레나는 나폴레옹이 사랑한 커피로 임종의 순간까지도 이 커피를 찾았다는 일화가 있다. 아프리카 대륙 서안에서 약 1,900km 떨어진 남대서양에 위치한 세인트헬레나 섬은 인구 6,000명으로, 공항도 국제선도 없이 1년에 25번 운항되는 로얄 메일 쉽으로 외부 세계와 연결되는 세계에서 가장 고립된 섬이다.

1733년 그린 팁 브루본 커피Green Tipped Bourbon Coffee 씨앗들이 예멘, 모카로부터 들어와 섬 주변 다양한 위치에 식재되면서 세인트 헬레나 섬의 커피 역사가 시작된다.

나폴레옹 사후 몇 년 동안 파리에서 잠깐 인기를 얻었던 세인트헬레나 커피는

1839년 런던 커피 무역상 'Wm Burne & Co.'에 의해 '우수한 품질과 맛'의 커피라고 소개됐고 1845년 런던에서 파운드 당 1달러에 판매되어 세계에서 가장 비싸고 독점적인 커피가 되었다.

그리고 1851년 크리스탈 궁전에서 개최된 런던만국박람회에서 샌디베이에의 밤부 헤지Bamboo Hedge 지역에서 자란 커피아직도 활동적인 커피 농장가 프리미어상을 수상했다. 그 이후 1950년대에 최고 성적을 거둔 이후 쇠퇴의 길을 걷게 된다.

1994년 10월 영국에 살던 세인트헬레나 사람 데이비드 헨리David Henry가 커피 산업을 다시 일으키기 위해서 돌아오게 되면서 커피 생산이 다시 활기를 되찾게 된다. 밤부 헤지 커피 농장 경영권을 인수했지만 확장 계획이 없던 데이비드는 자신이 가지고 있던 세계 커피업계 연락처들을 이용 해외 영업을 확고히 하고자 했다.

1990년 말 18 에이커의 커피 경작지 2만 여 그루의 나무에서 연간 12톤의 생두를 생산하고 연간 3톤을 수출한 것으로 추정되었지만 2005년 커피 수확 종부들과의 분쟁 이후 2006년 곤경에 빠지게 되었다. 데이비드 헨리는 2008년 세인트헬레나를 떠났고 그 해가 끝나갈 무렵 생산 가능한 남은 커피 경작지는 2에이커밖에 남지 않게 된다.

세인트헬레나 섬의 정보 사이트에 따르면 세계 그 어디에서도 이 커피를 찾는 다는 것은 도전이 될 수 있다고 한다. 2015년 8월에는 영국에 있는 유일한 아웃렛인 헤롯런던에 100g 당 60파운드에 판매 되었다고 한다.

세인트헬레나 커피의 경우에는 그 희귀성이 다른 커피에 비해 매우 높다 할 수 있는데 그도 그럴것이 세인트헬레나 섬 전체에서 품질이 우수한 등급의 경우 연간 생산량이 약 200kg 내외이기 때문이다.

스타벅스가 2016년 9월 1일부터 파운드당 145달러에 세인트헬레나 커피를 판매한다고 밝히면서 이 섬이 커피로 다시 주목을 끌기 시작했다. 스타벅스는 총 220파운드를 로스팅했는데 이는 이 섬 전체 수확량의 3분의 1에 해당한다고 한다.

3) 코피루왁 Kopi Luwak

코피루왁은 인도네시아의 대표적인 커피로 로부스타와 아라비카 커피 열매를 먹은 사향고양이의 배설물에서 커피 씨앗을 채취하여 가공하는 커피이다. 즉, 인도네시아 사향고향이가 잘익은 커피 열매를 먹고 위액 속에서 발효된 후 배설된 배설물에서 추출한 커피를 가공하여 만든 커피로 그 희귀성 때문에 비싼 가격에 거래되고 있다.

참고로 코피루왁의 코피는 인도네시아말로 커피, 루왁은 사향고양이를 뜻한다. 일반적으로 향은 캐러멜, 초콜릿, 풀냄새 등의 특성이 있고 쓴맛이 덜하고 신맛이 적절하게 조화를 이루며 깊고 중후한 바디를 가진 것으로 알려져 있다

이 밖에도 베트남의 다람쥐 똥 커피, 브라질의 Jacu Bird 커피새 똥 커피, 태국의 코끼리 똥 커피인 블랙 아이보리 등 일련의 동물 배설물 시리즈 커피들이 있다. 블랙 아이보리는 코피루왁보다 두 배의 가격으로 거래되고 있지만, 생산량이 매우 적어 현지에서만 판매되고 있다.

2. 세계3대 스페셜 커피

1) Blue Mountain

카리브해의 푸른 바다빛이 반사되어 '푸른산'이라고 이름 붙여진 블루마운틴이다.

자메이카 커피생산협회의 엄격한 품질관리를 통해, 재배지 고도 1,100m 이상, 스크린 사이즈 17~18의 원두만이 '블루마운틴 no1'이라는 등급을 받게 된다. 고산 기후로 완숙 시기까지 성장속도가

느리고, 높은 산비탈의 좋은 재배지역에서 열매를 수확하다보니 생산량이 많지 않아 가격이 비싸고 희소가치가 높다.

블루마운틴 1등급 커피는 일반 생두 대비 최고 10배에 이르는 가격대를 형성하고 있다. 일반 마트에서 판매되고 있는 2~3등급 블루마운틴 커피는 세계 3대 커피와는 거리가 멀다고 보면 된다. 따라서, 포장방법도 다른 생두들과 달리 마대자루가 아닌 오크통에 담겨있다.

커피의 황제라는 별칭을 갖고 있는 블루마운틴 1등급 커피는 영국 엘리자베스 여왕이 사랑하는 커피로 여왕의 커피라고도 한다. 커피의 맛은 쓴맛, 단맛, 신맛이 아주 조화로워 블렌딩이 필요없을 만큼의 좋은 밸런스를 가지고 있다.

2) Hawaii Kona

천혜의 자연 지역조건으로 유명한 하와이의 빅아일랜드 서쪽 코나 해안지역에서 재배되는 커피를 말한다.

하와이안 코나 커피는 천혜의 자연 조건으로 유명한 하와이의 빅아일랜드 서쪽 코나 해안의 Mauna Loa 산 해발 1,800~2,000피트약 600m에서 재배되는 세계 3대 커피 중 하나이다.

1810년대 관상수로 호놀룰루 지역에 들여와 큰 인기를 얻지 못하고 벌채를 당하던 아라비카 나무는 1828~9년경 선교사 Samuel Ruggles에 의해 코나 지역 산기슭에 커피나무로 경작되기 시작하면서 하와이의 효자식물로 다시 태어나게 되었다.

적당한 비와 서리가 없는 기후 조건과 풍부한 화산재로 이루어진 비옥한 토양, 배수가 잘 되는 화산암, 오전에 내리쬐는 뜨거운 태양, 한낮에는 구름이 적당히 태양을 가려 커피 나무에 쾌적한 그늘을 제공하는 천혜의 자연조건을 기반으로 세계 3대 커피로 성장하게 된 것이다.

코나커피는 하와이에 가면 반드시 사오는 커피 중 하나로 신맛산미이 강하면서 부드러운 맛이 일품이며 향기도 매우 좋다. 원두의 크기에 따라 등급을 정하는데 특유의 진한 맛과 향기가 나는 가장 큰 7oz 짜리 'Royal Kona EstateExtra Fancy' 등급이 좋다.

3) Yemen Mocha

예멘 모카 마타리는 네덜란드 인상주의 화가 빈센트 반 고흐가 광적으로 사랑했던 커피로 유명하다. 특히, 고흐의 작품 '아를르의 포름 광장의 카페테라스'에서 마타리에 호밀빵을 곁들여 즐겨 마셨다고 한다.

예멘 커피 중에서도 베니 마타르 지역에서 생산하는 최고급 등급의 커피만을 '모카 마타리'라 칭한다. 다크초콜릿, 향긋한 과일의 묵직한 향미가 환상적인 조화로 다가오는 매력적인 커피이다.

3. 국가별 원두의 특성

1) 브라질 산토스 Brazil Santos

브라질 산토스 커피는 부드러운 풍미와 적당한 쓴맛, 중성적인 커피라는 점이 특징이다. 브라질은 세계 커피 생산량의 30%를 차지하는 커피의 최대 재배국가로 다양한 브랜드의 베이스 역할을 한다고 해도 과언이 아닐 정도로 어떤 산지 커피와도 잘 어울리는 커피이다. 브라질 커피는 로스팅이 균일하게 이루어져 부드러운 맛과 신맛과 쓴맛의 밸런스가 좋아 가장 무난한 커피라고도 한다.

19세기 중반부터 세계 최대 생산국의 위치를 지켜온 브라질은 커피의 대명사라고 해도 과언이 아니다. 기계로 일괄적으로 수확하기 때문에 품질의 편차가 큰 편이다. 생산량이 많은 만큼 브라질 커피의 특색을 요약하기는 어렵지만, 버터향과 밀크초콜릿 향, 견과류 향을 내는 낮은 산미를 가지고 있는 점이 매력이다.

2) 콜롬비아 수프리모 Colombia Supremo

콜롬비아 수프리모 커피는 중량감 있는 맛과 진한 향기, 균형잡힌 산도가 특징이다. 콜롬비아 수프리모는 약배전, 중배전, 강배전 등 어떤 강도의 로스팅에도 좋은 맛을 내는 고급 커피라는 평을 받고 있다.

콜롬비아 커피는 지리적 특성인 고도와 지형에 따라 산뜻한 산미를 지닌 품종

은 물론 견과류 향이나 초콜릿 향, 열대의 강렬함을 지닌 품종까지 다양한 아라
비카를 만날 수 있다.

3) 코스타리카 따라쥬Costa Rica Tarrazu

코스타리카 커피는 1989년부터 로부스타종 생산을 금지하고 '마이크로 밀 운
동Micro-mill Revolution, 소규모 커피 가공시설을 도입해 커피의 품질을 높이고자 한 운동을 실행
하여 커피의 질을 높이고자 했다. 바디감은 강한편이며 단맛과 쓴맛에 비해 특히
신맛이 좋은데 모카 계통의 신맛과 달리 상큼한 신맛을 가지고 밸런스가 잘 잡
혀 있다.

4) 과테말라 안티구아 SHBGuatemala Antigua SHB

과테말라 안티쿠아 커피는 스모키한 맛과 격조 높은 풍미가 일품인 고급 커피
로 정평이 나있다. 중부 고지대에서 재배되는 커피는 신맛이 매우 강할 뿐만 아
니라 감칠맛이 난다고 한다. 쵸코릿 같은 달콤함과 연기가 타는 듯한 스모키한
향이 나타나는 독특한 커피로 바디와 신맛이 강해 드립용 커피로 많이 이용된다.

과테말라 재배 품종은 아라비카 종으로 전체적으로 부드러우면서 강한 바디감
을 가지고 있는 가운데 스모크 한 향이 배어 있다. 이 향기는 30년마다 있는 화
산 폭발에서 나온 질소를 커피나무가 풍부하게 흡수해서 만들어 진다. 주요 생산
지역은 동부의 산타 로사 와 서부의 산마르코스이며 생두의 특성은 저지대는 바
디가 약하고 고지대 커피는 바디가 강한 것으로 평가된다.

5) 멕시코Mexico

커피 재배는 대부분 남부에서 이루어지며, 멕시코에서도 과테말라와 마찬가지
로 최고급 스페셜티 커피가 생산되지만, 대부분 미국으로 수출된다. 남부에서 재
배한 커피에서는 초콜릿 향과 캐러멜 향, 부드러운 과일 향이 나며, 북부로 올라
갈수록 바디감이 가볍고 시트러스 향이 나는 커피로 알려져 있다.

6) 페루Peru

페루는 주로 고지대에 위치한 소규모 농장의 유기농 토양에서 생산된다. 일반

적으로 페루 커피는 가볍고 밝으며 산뜻한 단맛을 내지만, 강렬한 과일 향은 부족한 경우도 있다.

7) 엘살바도르El Salvador

엘살바도르 커피는 주로 고지대에서 생산되며 수확량이 많지 않은 토착 버번종이 내는 달콤하고도 상큼한 맛이 엘살바도르 커피의 상징이다.

8) 도미니카공화국Dominican Republic

도미니카공화국은 카리브해 제도 국가 중 1인당 커피 소비량이 가장 많은 국가이며 아이티와 국경을 맞댄 중서부 지역에서는 부드럽고 화사한 꽃 향을 특징으로 하는 커피가 생산되기도 한다.

9) 자메이카Jamaica

블루마운틴 커피를 재배하는 자메이카의 블루 마운틴 지역은 세계에서 가장 유명한 커피 재배지이다. 생산량은 많지 않으며, 맛은 깔끔하고 견과류 향이 나며, 큰 특징은 없다.

10) 베트남Vietnam

베트남은 세계 2위 커피 생산국이다. 주로 저품질의 로부스타 종이 생산되고 전체 생산량의 5% 정도가 아라비카 생산량이다. 아라비카의 생산 고도를 충족할 만한 북부 고지대에서 드문드문 생산되긴 하지만 고품질의 아라비카 원두를 기대하기는 어렵다. 주로 인스턴트 커피에 많이 사용된다. 아프리카나 남미산보다 풍미가 약할 수 있지만 바디감 만큼은 뒤지지 않는다.

11) 케냐 AAKenya AA

케냐 AA는 와인 향과 과일 같은 상큼한 신맛이 특징인 프리미엄급 커피로 평가받고 있다. 케냐 AA는 안정된 품질로 양질의 산미, 깊은 맛이 높게 평가되고 대부분 고산지대에서 자라 독특한 쌉쌀한 맛이 일품이다. 달콤한 과일 향이 강하고, 신맛과 밸런스가 잘 맞는 고급 커피이다.

케냐 커피는 향보다 질로 승부한다. 과즙이 풍부한 검붉은 색의 케냐 커피는 산뜻한 산미로 유명하며, 주로 중부와 서부에 위치한 커피 농장에서 재배된다. 아프리카의 커피 생산국가 중 가장 합리적인 방식으로 재배, 가공, 판매가 이루어지는 나라로서 쌉쌀한 맛이 일품이며 향이 강하고 신맛이 좋으며 전체적인 밸런스가 잡힌 뛰어난 커피로 평가받고 있다.

12) 에티오피아 예가체프 Ethiopia Yirgacheffe

에티오피아 커피도 와인처럼 풀 향기, 꽃 향기를 느낄 수 있는 커피이다.

과실 향과 꽃 향기가 나고 부드러운 신맛이 뛰어난 것이 특징이지만 그만큼 바디가 약한 단점이 있다. 깔끔하면서도 부드러운 신맛, 그리고 중후한 맛이 뛰어난 커피이다.

아라비카 커피의 원산지인 에티오피아는 아프리카 최대의 커피 생산국이며 커피의 발상지 답게 수천 가지에 이르는 타이피카 토착 병이종으로 만든 훌륭한 커피를 맛볼 수 있다. 주요 생산 지역은 시다모 Sidamo와 하라 Harrar와 김비 Gimbi 이다. 향긋한 꽃 향, 달콤한 시트러스 향, 초콜릿 향, 톡 쏘는 야생 베리 향, 심지어 아쌈 홍차의 부드러운 향까지 다양한 향미를 느낄 수 있다.

13) 탄자니아 AA Plus Tanznia AA Plus

탄자니아 커피는 균형잡힌 산미의 개성강한 커피이다. 킬리만자로 커피로 더 유명한 탄자니아 커피는 아프리카의 커피답게 맛이 진하며 떫은 맛이 약한 대신 신맛이 뛰어나고 풍부하면서도 부드러운 뒷 맛을 가지고 있다.

탄자니아 커피는 해발 5,895m로 아프리카 최고봉인 킬리만자로 산의 화산지대에 있는 모시 지방을 중심으로 한 산악 초원 지대와 호수 접경 지역에서 커피를 재배하고 있으며 강한 신맛과 개성 있는 맛과 향, 그리고 중간정도의 바디감을 가진 아프리카를 대표하는 커피이다.

14) 인도네시아 만델링 Indonesia Mandheling

인도네시아 만델링은 막 구워낸 비스캣과도 같은 고소한 향의 커피이다. 중남미 커피에 비해 부드러우면서도 강한 농도를 가지고 있다. 수마트라섬의 특별한 토양으로 인해 쵸코렛 맛이 나는 특징이 있으며 매우 고소하고 달콤한 향을 지니고 있다. 아라비카 커피 중 가장 강렬한 바디를 가지며 풍부한 향을 가진 커피라고 한다.

인도네시아 커피는 역사적으로 예멘에 이어 세계에서 두 번째로 커피를 상업적으로 재배한 국가다. 인도네시아에서 생산되는 아라비카는 현지에서 길링 바사Giling Basah라고 부르는 일종의 펄프드 내추럴 방식으로 정제되는데, 깊은 흙향과 낮은 산미로 에스프레소 블랜드에 어울린다. 술라웨시에서 재배되는 워시드 정제커피는 커피 특유의 묵직한 바디감을 잃지 않으면서도 향신료 향과 과일향을 낸다.

15) 예멘Yemen

예멘은 커피를 세계에서 가장 오래 상업적으로 재배해온 국가로, 대부분 커피나무가 500그루도 안 되는 소규모 농장에서 생산된다. 예멘 커피에는 '모카'라는 단어가 유독 많이 등장하는데, 모카는 커피의 수출을 담당하던 예멘의 항구도시 이름이다. 예멘 커피에서는 내추럴 정제식 커피 특유의 맛과 과일 향미를 느낄 수 있다.

4. 나라별 커피 음용법

1) 터키Turkey

터키식의 커피는 달임법으로 손잡이가 있는 금속용기인 'Cezve체즈베'에 질 좋은 커피를 곱게 분쇄하여 넣고 달여서 만든다. 이렇게 만든 커피를 작은 잔에 따르고 가루가 가라 앉으면 윗물만을 마신다.

터키 사람들은 모닝커피 마시는 것을 커피 의식이라고 표현할 정도로 커피를 좋아한다. 그리고 커피에 거품이 없는 것은 예의가 아니라고 여겼으며, 거품을 능숙하게 낼 수 있어야 신부가 될 자격이 있다는 전통과 함께, 커피를 마시고 난후 찌꺼기로 운세를 점치는 문화도 있다.

정향, 계피, 카르다몸, 아니스anise와 같은 향신료를 커피 끓일 때 첨가하기도

한다. 터키식 커피에는 Sade사데 : 단맛이 전혀 없는, 'Orta오르타 : 단맛이 아주 살짝 나는', 'Az sekerrli아즈 세커를리 : 단맛이 약간 나는', 'Cok sekerli초크 세커를리:아주 단맛' 등이 있다.

2) 그리스Greece

그리스 사람들은 아침, 오후 3시와 5시 하루에 3번 정도 커피 또는 홍차를 마신다. 점심을 끝내고 나서 2~3시간 낮잠을 자고 커피타임을 갖는다. 커피에 우유를 넣어 마시며 데미타스잔에 담아 마시는 습관이 남아있다. 터키와 마찬가지로 다 마시고 나면, 잔을 접시에 엎어 커피가 그리는 모양으로 자신의 앞날을 예측하는 커피 점占도 자주 행해진다. 커피와 함께 소프트 케이크, 치즈, 파이 등을 먹는다.

3) 이탈리아Italy

잠자리에서 일어난 후 가장 먼저 커피를 마시는 사람들이 바로 이탈리아인이다. 가정에서 많이 사용되는 기구는 모카포트이다. 강하게 볶아 쓴맛이 강한 커피를 데미타스에 따라 마신다. 이태리 커피문화를 이해하려면 선채로 Espresso를 마시는 Espresso bar에 가야 한다. 에스프레소에 거품낸 우유를 더한 카푸치노, 그리고 설탕, 브랜디, 초콜릿을 넣은 잔에 커피를 넣고 휘핑크림을 얹은 카페 베니치아, 계란을 사용한 카페 이탈리아노 등등 커피를 즐기는 방법도 여러 가지이다.

4) 프랑스France

이탈리아식 Espresso나 소형 압력기구를 이용한 방법과 여과법을 이용하여 강하게 볶은 진한 커피를 즐기며 프랑스에서는 어디에서나 크고 작은 로스팅 가게를 찾을 수 있다. 아침 메뉴인 수프를 대신하는'Cafe au lait'를 즐긴다. 카푸치노에 그림을 연출하기도 하며 데미타스가 나올 때에는 코냑이나 리큐르 같은 알코올이 든 음료를 마시기도 하고 노르망디 지방에서는 커피에 칼바도스를 채워 한 잔을 만들어서 사탕을 넣고 달게 하여 마시는 방법도 있다. 프랑스 커피에는 핸드캡이 있다. 아프리카의 자국 식민지에서는 로부스타가 주로 생산되었기 때문에 법률로 정해 의무적으로 로부스타를 음용토록 하였으며 로부스타와 마찬가지로 치커리Chicory차를 무절제하게 사용해서 사람들의 미각을 변형시켰다. 따라서 치커리차의 떫은 맛에 길들여져서 진하고 쓴 로부스타에도 만족하게 되었다.

5) 오스트리아Austria

이태리인들의 2배 이상의 커피를 소비하는 오스트리아 사람들은 '슈바르츠 Schwarz:검은' 또는 'Mocha'라고 불리는 블랙커피를 물과 함께 즐겨 마신다. Mocha는 에스프레소와 같다 하여 실제 Espresso라고 부른다. 비엔나 커피라 불리는 크림 커피 Eins panner처럼 지리적 특징으로 인해 우수한 유질의 크림 을 생산하므로 크림 커피가 발달하였다.

6) 폴란드Poland

음료대용으로 식사 때 주로 마신다. 커다란 잔에 굵게 분쇄하여 대략 10g 정도 넣어 위에 뜨거운 물을 부어 커피가 가라 앉으면 마시고, 다 마시면 그 위에 또 커피와 물을 넣고 다시 가라 앉으면 마신다. 커피 찌꺼기가 잔에 가득 찰 때까지 이렇게 반복하여 마신다. 외출 시에도 커피와 보온병에 뜨거운 물을 가져가 이런 방법으로 마시곤 한다.

7) 러시아Russia

산출국에서 멀고 항구가 적은 이 나라는 독특한 방법으로 커피를 마신다. 커피 에 크림, 우유를 넣거나 레몬조각이나 아이스크림을 넣는 것, 또는 설탕 대신 잼 을 넣는 것 등으로 다양하다. 코카서스 지방에서는 터키식 커피를 고수하고 있기 도 하다. 한편 러시아 특유의 커피라 할 수 있는 'Russian coffee'가 있다. 이것 은 코코아가루에 커피를 붓고 설탕을 넣은 것이다. 카페 아라투우스는 레몬으로 풍미를 곁들인 강하게 볶은 블래커피이며, 큰 펀치볼에 커피를 넣고 그 위에 사 과나 배를 잘게 저며 넣고 코냑을 부어 마시기도 한다. 최근에는 레몬이나 사과 등의 과일을 둥글게 잘라 장식한 커피가 유행하고 있다.

8) 아일랜드Ireland

2차 세계대전 직후 시논 공항의 한 술집 주인이 만들기 시작한 '아이리시 커피

Irish coffee'는 세계 어느 곳에서나 맛볼 수 있게 되었고, 아일랜드 위스키와 세계 최고의 유질을 자랑하는 크림을 만든다는 자부심이 대단하다. 스푼으로 크림과 커피를 섞는 일은 신성 모독과도 같은 일로 여긴다.

9) 브라질 Brazil

세계 커피 생산국 1위이다. 그만큼 커피에 대한 자부심과 사랑은 대단하며 생활 그 자체인 음료이다. 더운 나라임에도 불구하고 뜨겁고 진한 커피를 즐긴다. '카페지뉴'는 에스프로소처럼 작은 잔에 마시는 진한 커피다. 물과 설탕을 넣고 끓이다 커피 분말을 넣고 같이 끓인 후 이것을 걸러서 마시는 방식이다. 하루 20잔씩도 마실 정도로 커피 애호가들이 많다.

10) 에티오피아 Ethiopia

커피 최초의 발견지며 세계커피 5대 생산국 중 하나이다. 자국소비가 많은 것으로도 유명한데 마치 동양의 다도문화와 같은 커피 의식을 가지고 있다. '분나 마프라트'라고 불리는데 특히 손님이 왔을 때 손님에 대한 최고의 예로 치러지는 경우가 많다. 손님이 오면 먼저 향을 피운 후 음식을 준비한다. 생두를 깨끗이 물로 씻은 후 프라이팬에 올려 볶는다. 거의 까만색이 날 정도로 강하게 볶은 후 절구로 원두를 빻는다. 빻은 원두는 주전자 같은 그릇에 넣어 끓인다. 끓으면 이 커피를 조그마한 커피 잔에 따라서 온 식구들과 손님들이 돌려 마신다. 보통 3잔을 제공하는 것이 기본이다. 첫 번째 잔은 우애를, 두 번째 잔은 평화를, 세 번째 잔은 축복과 안녕을 기원하며 긴 시간동안 친목을 다지는 성스러운 의식이다. 커피는 그냥 마시기도 하고 설탕이나 소금 또는 생강이나 버터 등을 넣어 여러 가지 맛으로 즐기기도 한다.

관광바리스타

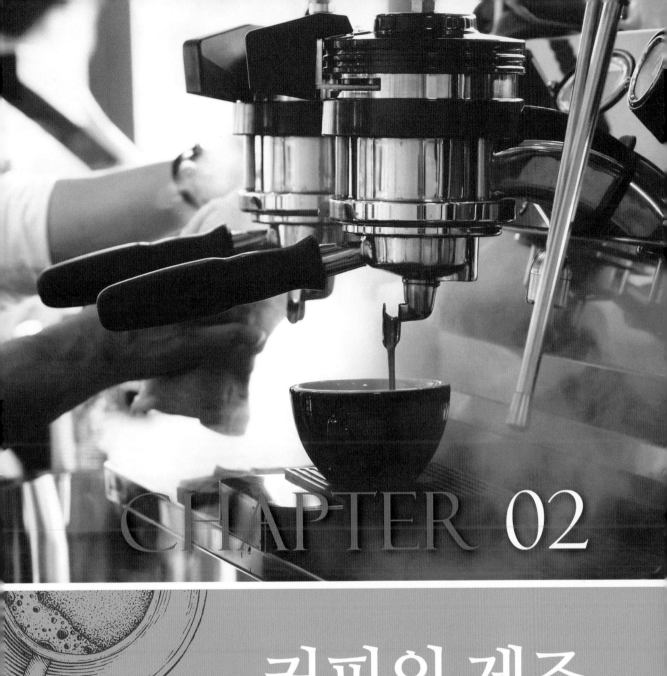

CHAPTER 02

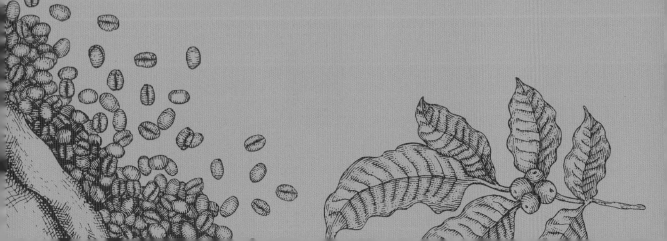

커피의 제조

커피 블렌딩
(Coffee Blending)

1. 블렌딩의 정의

커피 블렌딩은 각각의 원두가 지닌 특성을 적절하게 배합하여 균형 잡힌 맛과 향기를 내거나 단종스트레이트, Straight커피에서는 느낄 수 없는 좀 더 깊고 조화로운 새로운 커피 향미를 창조해 나가는 과정을 말한다. 이상적인 블렌딩 조합은 몇 가지 원두를 혼합하더라도 각각의 원두가 가진 각기 다른 개성과 향미가 사라지지 않고 잘 어우러지면서도 창조적이고 안정적인 맛을 내도록 하는 것이다.

최초의 블렌딩 커피는 인도네시아 자바 커피와 예멘, 에티오피아의 모카 커피를 혼합한 모카 자바Mocha-Java로 알려져 있다. 고급 아라비카 커피는 스트레이트Straight로 즐기는 것이 보통이지만 원두의 원산지, 로스팅 정도, 가공방법, 품종에 따라 혼합 비율을 달리하면 새로운 맛과 향을 가진 커피를 만들 수 있다. 또, 질이 떨어지는 커피도 블렌딩을 통해 향미가 조화로운 커피로 만들 수 있다. 즉 커피 블렌딩은 각각의 원두가 지닌 특성을 적절하게 배합하여 균형 잡힌 맛과 향기를 내는 과정을 뜻한다. 따라서 커피 블렌딩을 위해서는 원두의 특징, 블렌딩 결과에 대한 경험과 이해가 필요하다.

2. 커피블렌딩의 방법

커피 블렌딩에서는 생두의 원산지, 생산 년 수, 함수율, 크기, 밀도 등을 꼭 확인하고 원산지 명칭을 사용하는 경우 베이스가 되는 원두는 적어도 30%이상 섞어주어 안정되고 지속 가능한 맛과 향을 지향하는 것이 중요하다. 유사한 맛과 향을 가진 원두끼리 배합하면 특색이 없어지므로 베이스가 되는 원두와 산미가 풍부한 원두를 블렌딩하는 것이 커피의 맛과 향을 복잡 다양하게 표현할 수 있다. 그렇다고 맛이 좋은 원두끼리만 섞거나 많은 수의 원두를 섞는다고 꼭 좋은 맛이 탄생하는 것은 아니기 때문에 가급적 많은 사람의 기호에 맞는 배합을 찾는다. 다만, 혼합되는 원두의 가짓수가 너무 많지 않도록 3~5가지 안의 범위에서 선택하는 것이 좋다. 커피 블렌딩 방법에는 크게 2가지가 있다. 로스팅 전 블렌딩Blending Before Roasting과 로스팅 후 블렌딩Blending After Roasting이다.

또한 두 가지 방법을 모두 사용하는 경우도 있는데 각각의 생두가 수분함량, 밀도, 로스팅 포인트가 많이 차이가 나는 경우는 생두를 먼저 섞은 다음 로스팅을 한 후에 차이가 많이 나는 원두를 따로 로스팅한 후 블렌딩하는 방법이다. 아라비카와 로부스타를 블렌딩하는 경우 이러한 방법이 많이 사용되는데 로부스타가 아라비카보다 로스팅 속도가 느려서 병행기법으로 사용하고 있다. 대형로스터기를 사용해야하는 공장이나 커피업체의 경우는 커피의 고른 색상과 질이 낮은 생두를 적당히 배합해도 맛과 향의 중화 작용을 기대할 수 있으며, 일의 효율성을 높이기 위해서 로스팅 전 블렌딩 방식을 많이 이용하고 있다.

1) 로스팅 전 블렌딩Blending Before Roasting

기호에 따라 미리 정해 놓은 생두를 혼합하여 동시에 로스팅하는 방법이다. 한 번만 로스팅하므로 재고 부담이 적으면서 편리하고, 블렌딩된 원두의 색이 균형적이다. 그러나 생두의 특징이 고려되지 않기 때문에 정점 로스팅 정도를 결정하기 어려운 단점이 있다.

2) 로스팅 후 블렌딩Blending After Roasting

각각의 생두를 로스팅한 후 블렌딩하는 방법이다. 각 생두가 가진 최상의 맛과

향을 내는 로스팅 포인트로 배전된 원두가 서로 혼합되어 풍부한 맛과 향을 얻을 수 있다. 그러나 혼합되는 가짓수만큼 일일이 로스팅을 해야 하고, 생두에 따라 로스팅 정도가 다르므로 블렌딩 커피의 색이 불균형하다. 또한, 각각의 다른 특성을 가진 원두의 맛과 향을 알아야 활용 가능하므로 많은 로스팅 경험이 필요하다.

 블렌딩의 3대 법칙

- 생두의 성격을 잘 알고 있어야 한다.
  사용하고자 하는 생두의 특성과 장단점을 잘 파악하고 단점을 보완해줄 수 있는 생두를 선택하는 안목이 필요하다. 또 각각의 생두를 사용해서 얻을 수 있는 효과의 정도를 명확히 예측할 수 있어야 한다.
- 안정된 품질을 기본으로 삼는다.
  블렌딩의 기본이 되는 생두는 브라질, 콜롬비아 등 품질이 안정된 것을 사용하는 것이 좋다. 공인된 컵테스트를 통해 인정을 받은 생두를 사용하는 것도 한 방법이다.
- 개성이 강한 것을 우선으로 한다.
  개성이 강한 생두를 주 재료로 삼고, 섬세한 맛을 보완해줄 수 있는 생두를 보충재로 활용한다.

3) 블렌딩 단계별 절차

1단계	생두특성 파악	산지별 원두의 특성을 파악, 스크린 사이즈, 밀도, 함수율, 수확연도 및 향기, 맛, 바디감 등 커피 본연의 맛과 향에 대하여 데이터자료를 구축하고 분석한다
2단계	로스팅 후 커피 파악	블렌딩에 사용할 원두를 로스팅하여 각각의 맛과 향을 체크한다. 맛과 바디감을 체크하여 다른 성질을 가진 커피를 블렌딩하여 균형감있는 커피를 만들어본다.
3단계	스트레이트 커피 파악	원두 본연의 맛을 가장 잘 살릴 수 있는 피크로스팅 포인트를 점검한다.
4단계	블렌딩 후 맛과 향을 파악	블렌딩은 각각 원두의 조합으로 맛과 향의 상승효과를 위한 것이다. 블렌딩 후 특색 없는 커피맛과 향이라면 다시 비율 점검을 한다.
5단계	기본이 되는 원두 찾기	베이스에 사용되는 원두는 보통 에스프레소용으로 많이 쓰이기 때문에 강배전과 잘 어울리는 브라질, 케냐, 탄자니아 등 밀도가 단단한 생두를 많이 쓰고 있다. 콜롬비아 수프리모, 브라질 산토스 등 잔잔한 맛과 향을 주는 베이스 커피에 독특한 맛과 향을 가진 원두를 섞어주면 균형잡히면서 특색 있는 커피 맛을 만들어 낼 수 있다.

3. 커피맛과 블렌딩

어느 나라의 원두를 몇 퍼센트의 비율로 얼마나 섞느냐, 어떤 품종을 얼마나 볶아서 섞느냐에 따라 커피의 맛은 천차만별이 된다. 이것이 바로 블렌딩이다. 맛있는 커피를 찾는 사람들은 늘 블렌딩에 관심을 둔다. 신맛 나는 커피에 향을 더할 수도 있고, 쓴맛이 주인 커피가 단맛이 되는 마법 같은 과정이기 때문이다. 약하게 볶은 커피를 섞어 신맛을 강화하고, 아프리카 커피를 넣어 향을 더한다면 새로운 맛의 커피를 만들 수 있을 것이다.

가장 널리 알려진 향미에 따른 블렌딩 비율과 로스팅 정도를 소개하면 다음과 같다.

향미	원두	비율	로스팅
신맛과 향기로운 맛	콜롬비아 엑셀소	40%	시티 로스트 (City Roa)st
	멕시코	20%	
	브라질 산토스	20%	
	예멘 모카	20%	
중후하고 조화로운 맛	브라질 산토스	40%	풀 시티 로스트 (Full-city Roast)
	콜롬비아 엑셀소	30%	
	예멘 모카	30%	
달콤하고 약간 쓴맛	브라질 산토스	30%	풀 시티 로스트 (Full-city Roast)
	콜롬비아 엑셀소	30%	
	인도네시아 자바	20%	
	탄자니아 킬리만자로	20%	
쓰고 약간 달콤한 맛	브라질 산토스	30%	풀 시티 로스트 (Full-city Roast)
	콜롬비아 엑셀소	30%	
	엘살바도르	20%	
	인도네시아 자바	20%	
단맛이 있는 에스프레소	브라질 산토스	40%	프렌치 로스트 (French Roast)
	콜롬비아 수프레모	40%	
	과테말라 SHB	20%	

자료: 두산백과

제2절

커피 로스팅
(Coffee Roasting)

1. 로스팅의 유래와 정의

커피콩이 언제부터 로스팅이 시작되었는지는 확실하지 않지만 커피나무가 자생지에서 산불로 커피콩들이 자연스럽게 로스팅되면서 좋은 향을 내뿜어서 이를 갈아 마셨다는 설도 전해지고, 커피 생두 유출을 막기 위해 가공을 하여 수출을 하는 과정에서 로스팅이 발견되었다는 설과 커피열매를 갈아 달여서 마시는 과정에서 수분이 과도하게 증발하여 커피가 구워졌다는 설이 내려오기도 한다. 1454년 이후 일반 이슬람 교도들이 로스팅된 커피를 추출해 마시고 있었다는 사실로 볼 때 아마 그 이전에 보편화된 것으로 추정된다.

로스팅이란 생두Green Bean에 열을 가하여 볶는 것으로 커피 특유의 맛과 향을 생성하는 공정이다. 생두에 열을 가해 조직을 최대한 팽창시켜 생두가 가진 여러

성분수분, 지방분, 섬유질, 당질, 카페인, 유기산, 탄닌 등을 조화롭게 표현하는 일련의 작업을 말한다. 즉, 커피의 산지, 품종, 밀도, 가공방법, 보관기간 등에 맞게 생두에 열을 가해 물리적, 화학적 변화탄수화물, 지방, 단백질, 유기산 등의 세포조직을 분해 및 파괴를 일으켜 다양한 맛과 향을 지닌 원두의 색상, 맛, 향미 성분들이 제대로 발산하도록 하는 과정이다.

커피는 생두 상태에서는 아무 맛이 없고 그저 딱딱한 씨앗에 불과하다. 음용 가능한 커피를 만들기 위해서는 로스팅 단계를 거쳐야 하고 생두의 수확시기, 수분함량, 조밀도, 종자, 가공방법 등 생두의 특성을 파악하는 것이 중요하다. 같은 품종의 생두 일지라도 자연환경의 변화, 보관 상태 등에 따라 조건이 달라서 최상의 커피 맛과 향을 생성하기 위해서는 숙련된 기술을 가진 로스터Roaster; 커피 볶는 사람의 노력이 필요하다.

생두에 있는 성분들이 최고의 맛과 향을 갖게 되도록 하는 로스팅의 정도를 정점 로스팅Peak-Roasting, 피크 로스팅이라 한다. 로스팅이 길어질수록 생두의 색상은 진해지고, 크기는 커지며팽창, 캐러멜 향에서 신향을 거쳐 탄 향이 짙어진다.

2. 로스팅 과정과 원리

2,000가지가 넘는 물질로 구성된 생두는 일반적으로 220~230℃의 온도에서 30분 정도 볶는 로스팅 과정을 통해서 700~850가지의 향미를 낼 수 있는 성분을 가진 원두Coffee Bean가 된다.

로스팅의 원리는 열전달에 있다. 전도Conduction, 대류Convection, 복사Radiation에 의해 공급된 열이 생두를 가열하면서 일어나는 반작용이다.

로스팅은 '시간과 온도에 의존하는 공정Time Temperature Dependent Process'이다. 커피생두의 물리화학적 변화와 함께 구조적 변형이 로스팅에서 시작되고 완성된다. 수분이 증발되고, 이산화탄소가 생성되어 방출되며, 여러 휘발성 향기성분이 생성되고 손실된다. 부피는 약 2배까지 증가하고 조직이 다공성으로 바뀌면서 밀도는 반 이하로 감소한다. 로스팅 정도에 비례해서 감소하는 커피의 성분으로는 트리고넬린Trigonelline, 클로로겐산Chlorogenic Acid이 있는데, 이들의 함량

을 측정하여 배전정도를 파악하기도 한다.

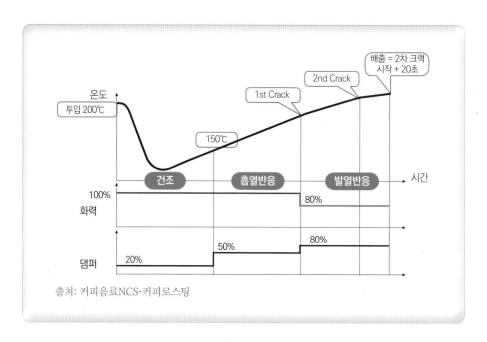

출처: 커피음료NCS-커피로스팅

1) 초기 과정 : 예열과 생두 투입

로스터를 사용할 때에는 사용하기 20~30분 이전에 예열을 하게 된다. 이는 기계 내부의 열흐름을 안정시키고 생두 투입 시 최적의 조건을 만들어 주기 위함이다. 예열은 낮은 온도로부터 시작하여 약 210℃ 까지 천천히 온도를 올려주는 방식으로 진행된다.

로스팅의 초기 단계로 가열된 드럼에 선별된 생두를 투입해 생두의 표면온도가 상승되면서 100℃가 될 때까지 수분이 서서히 증발하는 과정이다. 생두의 색은 밝은 녹색에서 황록색으로 점차 변화되고, 생두가 단단하고 수분함량이 많을수록 풋내가 오래 지속되며 수분 증발이 늦게 나타난다.

2) 건조과정Drying Phase : 옐로Yellow 시점

이 과정에서 생두는 황록색을 거쳐 노란색으로 바뀌며, 풋내는 고소한 빵 굽는 향으로 바뀌게 된다. 생두가 열을 흡수흡열반응하면서 70~90% 가까운 수분이 소실되고, 드럼의 온도가 서서히 증가한다. 댐퍼Damper; 배기 송풍 조절기를 통해 드럼 내부의 열량과 기압공급이 균일하도록화력은 통상 210℃를 넘지 않도록 하고 댐퍼는 닫거나 30-50% 개방하고 드럼회전속도 40-50회 정도가 적당하다.

로스팅 초기에는 흡열반응이 일어나고, 생두 자체의 온도가 서서히 올라가면서 수분의 증발이 이루어진다. 생두의 자체온도가 190℃에 도달하면 열을 방출하는 발열반응이 일어나면서 내부 온도가 급속하게 상승한다. 커피의 향기성분이 본격적으로 생성되기 시작하는 시점이다.

3) 1차 크랙1st Crack

생두 내부 온도가 180~195℃정도로 상승하면서 내부의 수분이 팽창하고 팽창압력을 견딜 수 없을 때 터지게 되는데 이때를 1차 크랙이라고 한다. 열을 가한 생두는 이 시기에 탄수화물이 산화되면서 화학반응은 점차 활발해지고 생두 세포 내부의 수분이 증발하면서 수증기 압력은 매우 강해져 생두의 센터 컷Center Cut이 탁탁 갈라지는 소리가 들리는 1차 크랙이 발생한다. 이후부터는 생두 내부에서 여러 가지 화학반응과 함께 외부로 열이 방출된다. 이처럼 생두 내부 온도가 상승하면 원두의 표면은 보다 팽창되고 색은 갈색에 가까우며 표면의 실버스킨도 이 과정 중에 활발하게 제거되어 매끈해진다. 또 신향의 발산이 강한 시점으로 불필요한 신향을 줄이고 싶다면 댐퍼를 열어둔다. 통상 이 시점에는 열의 방출로 인해 내부온도가 짧은 시간 동안에도 급격히 올라가기 때문에 생두의 특성에 따라 적절하게 열량을 조절하여야 한다.

4) 2차 크랙2nd Crack

로스팅을 계속하게 되면 원두 온도에 의한 열 팽창으로 원두 내부에 있던 이산화탄소가 방출되면서 소리가 나게 되는데 이때를 2차 크랙이라고 한다. 2차 크랙 이후부터 원두 내부의 오일 성분이 원두의 표면으로 올라오게 된다. 설정된 로스팅 포인트에 맞춰 로스팅을 중단하고 신속히 냉각시켜 가열반응을 끝낸다.

원두는 점차 갈색에서 진한 갈색으로 바뀌며 원두의 표면은 1차 크랙 때 보다 더 팽창한다. 열분해로 인해 탄화된 느낌의 향미가 나타나면서 바디감이 형성된다. 대략 이 시점을 풀 시티 로스팅Full City Roasting 단계라고 하며 가열로 인한 캐러멜화로 신맛 보다는 단맛이 섞이게 된다. 2차 크랙 이후부터는 신맛과 단맛은 거의 없어지고 쓴맛이 강해지는 프렌치 로스팅French Roasting, 이탈리아 로스팅Italian Roasting 단계가 된다.

5) 로스팅 완료와 냉각 및 보관

로스팅이 완료되면 즉시 로스터에서 원두를 배출시킨다. 로스터 내부의 온도 때문에 원하는 단계보다 더 진행될 수 있기 때문이다.

냉각과 정선과정불순물 제거을 거친 후 통상 10시간 정도는 밀폐된 상태에서 원두 속에 남아 있는 탄산가스를 방출한다. 탄산가스는 커피의 산패를 지연시키는 데 도움을 주고 원두의 신선도를 나타내는 지표가 되기도 한다. 그 후 외부 공기가 유입되지 않도록 밀봉하여 서늘하고 어두운 장소에 보관하는 것이 좋다.

3. 로스팅 후 변화

1) 로스팅의 물리적 변화

원두가 그린색에서 검은색으로 변하고 크기가 150~180% 커지게 된다. 온도의 상승으로 원두의 실버스킨이 분리되고, 세포 내 성분은 겔상으로 유동화 상태로 변한다. 수분함유량이 12%에서 1% 내외로 줄어 들고, 생두에 함유되어 있는 이산화탄소가 방출된다. 카페인의 양과 생산지 고유의 특성에는 변화가 없다. 즉, 생두의 로스팅이 진행됨에 따라 무게, 밀도, 수분은 감소하고 부피, 가용성 성분, 휘발성 성분은 증가한다.

표 2-1 로스팅 전·후 성분 변화

로스팅 전		로스팅 후	
물	12%	물	1%
당분	10%	당분	2%
섬유소	4%	섬유소	25%
카페인	1.1~4.5%	카페인	1.1~4.5%
지방질	12%	열복합 글루시드	30%

로스팅 전		로스팅 후	
염기성 산	6.8%	지질	14%
질소성분	12%	트리고넬린	0.5%
비질소성분	18%	염기성 산	4.5%
재	4.1%	용해성 추출물	24~27%
		재	4.5%

표 2-2 로스팅 물리적 변화표

	Yellow 단계	1차 크랙		2차 크랙		
반응	흡열반응		발열반응			
색깔	녹색	노란색	시나몬	옅은갈색	중간갈색	진한갈색	검은색
맛	로스팅이 진행될수록 신맛은 감소하고 쓴맛은 증가					
형태	생두	수축		팽창		지속적 팽창	팽창 멈춤
중량				12~14%		15~17%	18~25%

* 크랙(Creck) : 로스팅 진행 시 생두의 내부 안에 있는 수분이 증발하면서 나타나는 내부 압력에 의해 1차 크랙이 발생하고, 이산화탄소의 생성에 의해 2차 크랙이 발생한다.

2) 로스팅의 화학적 변화

커피 원두에는 다량의 탄수화물이 포함되어 있으며, 이 중 5~10%의 당분이 존재한다. 그 대부분은 자당설탕이고, 그 밖에 포도당 및 과당 등이 있다. 로스팅 공정을 통해 이 당분들의 일부가 캐러멜화하여 단맛 성분으로 남고, 나머지는 쓴맛과 향 성분으로 분해된다.

커피의 신맛은 로스팅 과정과 많은 상관관계가 있으며, 수용성水溶性 산이 최대치를 나타낸 뒤 계속 가열하면 함유량이 점점 떨어진다. 그래서 약하게 볶은 커피에 많은 산이 함유되어 있다. 또 추출과정에서도 미묘한 차이가 날 수 있으며, 커피 신맛에 영향을 주는 성분들은 지방족 산들이다.

커피의 떫은맛을 내는 타닌은 뜨거운 물에서 분해되거나 변질되어 저온에서 잘 녹는 성질이 있다. 그래서 두 번, 세 번 가열해 추출하면 카페인의 양은 현저히 줄어드는 대신 타닌이 많이 나와 떫은 맛이 강해진다.

카페인 등의 알칼로이드 물질, 클로로겐산 등 폴리페놀류, 미네랄칼슘, 마그네슘, 그리고 탄수화물당분, 전분과 섬유질 등은 로스팅 온도가 높아짐에 따라 캐러멜화하

여, 이들이 물에 녹아 커피 특유의 쓴맛을 구성한다. 일반적으로 신맛이 강한 커피는 쓴맛이 감추어지고 쓴맛이 강한 커피에서는 신맛이 부족하기 쉽기 때문에, 두 가지 맛의 절묘한 조화가 필요하다. 쓴맛의 경우 볶는 시간, 강약, 그리고 추출 시간 및 온도 등에 영향을 받는 매우 복잡한 맛이라고 표현할 수 있다

(1) 수분함량

가공된 생두의 수분함량이 8~12%일 때, 로스팅 진행시 배전도에 따라 원두의 수분함량은 0.5~3.5%까지 감소하게 된다.

(2) 가용성 성분

생두의 당분, 담백질, 유기산 등은 갈변반응을 통해 가용성 성분으로 변한다. 로부스타는 아라비카보다 가용성 성분이 약 2%가 많으며, 고온 단시간 로스팅 진행시 저온 장시간 로스팅 진행보다 약 2~4%가 증가하게 된다.

(3) 향기성분

당분, 아미노산, 유기산등이 로스팅 과정을 거치며 갈변반응을 통해 향기 성분으로 바뀐다. 로스팅이 진행되면서 풀시티 로스트까지 향기성분은 증가하나 프렌치, 이탈리안 로스트에 이르면 오히려 감소한다. 여러 향기성분은 아라비카 종이 로부스타 종보다 많이 함유하고 있다.

3) 맛의 변화

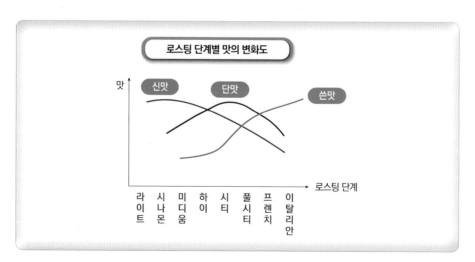

커피의 맛 성분은 신맛, 단맛, 쓴맛이 대표적이며 주로 가용성으로 끓은 물에서 약 18~22% 추출되는 게 좋다.

4) 향미 Flavor

① 우리가 커피를 마실 때 느낄 수 있는 커피의 향기(Aroma)와 맛(Taste)의 복합적인 느낌을 플레이버(Flavor), 즉 '향미'라고 한다.

② 로스팅 시 당의 갈변반응에 의한 향기

   약배전 - Nutty, 중배전 - Caramelly, 강배전 - Chocolaty

③ 생두 효소에 의한 향기

   꽃향기 Flowery, 과일향기 Fruity, 허브향기 Herby

④ 부케 Bouquet

   전체 커피 향기를 총칭하며, 커피 가루 향기 Fragrance=Dry Aroma, 추출 커피에서 맡을 수 있는 향기 Cup Aroma, 마실 때 느껴지는 향기 Nose, 마시고 난 다음 입 뒤쪽에 느껴지는 향기 After Taste의 종류들이 있다.

⑤ 향기의 강도

   향기는 강도에 따라 Rich 풍부하면서 강한 향기, Full 풍부하지만 강도가 약한 향기, Rounded 풍부 하지도 않고 강하지도 않은 향기, Flat 향기가 없을 때 네 종류가 있다.

4. 로스팅 단계별 분류

커피 로스팅의 단계별 명칭은 대표적인 것이 미국 스페셜티 커피 협회 SCAA, Specialty Coffee Association of America의 SCAA분류법과 국내와 일본에서 주로 사용하는 기계적으로 측정한 L값 명도의 전통적인 8단계 분류법이다. SCAA는 에그트론 Agtron 사의 M-basic이라는 기계를 이용해 측정한 원두의 컬러 색상 값을 #숫자로 총 8단계로 분류한다. 그리고 로스팅 정도를 눈으로 확인해 볼 수 있도록 Tile #95~#25까지 8단계로 분류된 Color Roast Classification System을 소개하고 있다. 8단계 분류법의 명칭은 나라마다 선호하는 로스트 스타일에 따라 나라나 도시 이름을 따서 붙여졌다.

표 2-3 로스팅 단계별 명칭, 색, 맛

배전도	SCAA (Agtron)		Tile #	L 값	맛
최약배전	Light	Very Light	Tile #95	L30.2	신향 강한 신맛
약배전	Cinnamon	Light	Tile #85	L27.3	다소 강한 신맛 약한 단맛과 쓴맛
약강배전	Medium	Moderately Light	Tile #75	L24.2	중간 단맛과 신맛 약한 쓴맛, 단향
중약배전	High	Light Medium	Tile #65	L21.5	단맛 강조 약한 쓴맛과 신맛
중중배전	City	Medium	Tile #55	L18.5	강한 단맛과 쓴맛 약한 신맛
중강배전	Full City	Moderately Dark	Tile #45	L16.8	중간 단맛과 쓴맛 약한 신맛
강배전	French	Dark	Tile #35	L15.5	강한 쓴맛 약한 단맛과 신맛
최강배전	Italian	Very Dark	Tile #25	L14.2	매우 강한 쓴맛 약한 단맛

1) 라이트 로스팅 : 최약 배전 Light Roasting

감미로운 향기가 나지만 이 단계의 원두를 가지고 커피를 추출하면 쓴맛, 단맛, 깊은 맛은 거의 느낄 수 없다. 생두를 로스터에 투입해 생두가 열을 흡수하면서 수분이 빠져 나가도록 하는 초기단계로 이때 생두는 누런색으로 변화된다.

2) 시나몬 로스팅 : 약 배전 Cinnamon Roasting

뛰어난 신맛을 갖는 원두이며 그 신맛을 즐기고 싶다면 이 단계의 원두가 최적이다. 누런색이던 원두가 계피색을 띠게 된다. 커피 생두의 외피 Silver skin가 왕성하게 제거되기 시작한다.

3) 미디엄 로스팅 : 약강배전 Midium Roasting

아메리칸 로스트라고도 한다. 신맛이 주역인 아메리칸 커피는 이 단계의 원두

가 최적이다. 식사 중에 마시는 커피, 추출해
서 마실 수 있는 기초 단계이며 원두는 담갈
색을 띤다.

4) 하이 로스팅 : 중약배전High Roasting

여기서부터 신맛이 엷어지고 단맛이 나기
시작한다. 가장 일반적인 단계로 갈색의 커
피가 된다.

5) 시티 로스팅 : 중중배전City Roasting

저먼German로스트라고도 한다. 균형 잡힌 강한 느낌을 준다. 맛과 향이 대체로
표준이며 풍부한 갈색을 띠게 된다.

6) 풀 시티 로스팅 : 중강배전Full City Roasting

신맛은 거의 없어지고 쓴맛과 진한 맛이 커피 맛의 정점에 올라서는 단계이다.
아이스 커피 용도로 사용할 수 있다. 크림을 가미하여 마시는 유럽스타일. 원두
의 색깔은 짙은 갈색으로 변하여 에스프레소 커피Espresso Coffee용의 표준이다.

7) 프렌치 로스팅 : 강배전French Roasting

쓴맛, 진한 맛의 중후한 맛이 강조된다. 기름이 표면에 끼기 시작하는 단계, 원
두는 검은 갈색이 된다.

8) 이탈리안 로스팅 : 최강배전Italian Roasting

쓴맛과 진한 맛의 최대치에 달한다. 원두에 따라서 타는 냄새가 나는 경우도
있다. 예전에는 이 로스팅Roasting이 에스프레소Espresso용으로 많이 선호되었으
나 점차 줄어드는 경향을 보이고 있다.

5. 로스팅 시 생기는 여러 가지 반응

1) 갈변반응Sugar-browning

식품을 조리하거나 가공할 때 효소적 및 비효소적인 작용에 의하여 갈색으로 변색되는 현상을 말한다.

2) 캐러멜화

당을 가열할 때 생두에 5~10% 포함되어 있는 Sucrose자당의 캐러멜화를 말한다.

3) 마이야르 반응Maellad Reaction

비효소적 갈변반응으로 로스팅할 때 생두에 포함되어 있는 미량의 아미노리Amino-group와 환원당인 카보닐기Carbonyl-group와 작용하여 갈색의 중합체인 멜라노이딘Melanoidine을 만드는 반응을 말한다.

4) 클로로제닉산Chlorogenic Acid에 의한 갈변

고분자의 갈색색소는 Chlorogenic Acid류와 단백질 및 다당류와의 반응으로 형성된다.

6. 로스터기의 종류

1) 직화식 로스터기

화력도시가스이 직접 드럼 내부에 전달되어 로스팅 하는 방식이다. 로스터의 개성을 발휘 할 수 있지만, 생두의 겉은 익고 내부는 잘 안 되는 경우가 발생하기 쉽다. 드럼 내부의 공기 흐름과 열량을 조절하는 장치인 댐퍼Damper의 조절이 중요하다.

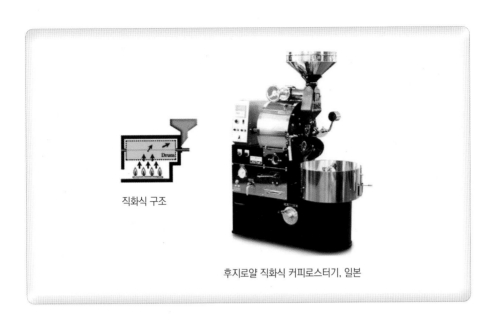

직화식 구조

후지로얄 직화식 커피로스터기, 일본

2) 열풍식 로스터기

뜨거운 공기가 드럼의 뒷부분을 통해 원두에 열풍을 가하여 볶는 방식이다. 열 풍식 로스터기의 큰 장점은 균일한 로스팅이 가능하다는 점과 손쉽게 로스팅 표 준화 작업이 가능하다는 점이다. 한국의 제네카페 로스터기는 유리드럼과 회전 뒤틀림 교반 방식이라는 매력이 특징이다.

열풍식 구조

제네카페 열풍식 커피로스터기, 한국

3) 반열풍식 로스터기

안정된 복사열과 열풍을 이용한 로스팅 방식으로 풍부한 향미를 실현한다. 직화식 드럼에 비해 열 전달이 균일하여 로스팅을 처음 하는 경우라도 부담 없이 좋은 결과물을 얻을 수 있다. 태환에서 생산되는 반열풍식 로스터기는 댐퍼 조절로 배기량을 정밀하게 제어할 수 있으며, 열효율의 극대화로 로스팅이 10분대에 가능한 것이 특징이다.

반열풍식 구조

태환 반열풍식 커피로스터기, 한국

제3절

커피 그라인딩
(Coffee Grinding)

1. 그라인딩의 이해

1) 그라인딩의 정의

　그라인딩_{분쇄}은 그라인더를 사용해, 커피의 표면적을 최대한 넓혀서 커피 추출이 잘 일어날 수 있도록 형태를 바꾸는 과정이다. 단단한 원두 상태로는 추출이 어렵기 때문이다. 즉, 로스팅 과정을 거친 커피 원두의 성분들이 더욱 잘 추출될 수 있도록 물과 닿는 접촉면을 늘려주기 위해 각각의 추출 방법에 적합하게 작은 조각_{가루}으로 분쇄하는 것을 그라인딩이라고 한다.

2) 그라인딩_{분쇄}과 추출시간 및 맛의 관계

　커피 전문가들은 로스팅과 추출 기술뿐만 아니라, 분쇄 기술에 의해서도 상당한 커피 맛의 차이가 발생할 수 있다고 한다. 분쇄된 커피가루가 뜨거운 물과 만나면 세포조직 사이에 있던 가스가 빠져나가고, 입자 내부에 갇혀있던 수많은 물질들이 물에 용해된다. 커피에 있는 다양한 물질들은 용해도와 함유량에서 서로 차이가 있으며, 그 중 맛에 영향을 주는 주요 화학물질들의 복합작용이 커피의 최종적인 맛을 결정하게 된다. 이 때문에 물과 커피가루가 만나는 시간에 따라서 향미가 달라지는 것이다. 일반적으로 추출시간이 길어질수록 좋은 향과 맛은 감소하고, 불쾌한 맛과 쓴맛이 증가한다. 반대로 추출시간이 짧은 경우 커피의 화학물질들이 충분히 녹아나오지 않아, 커피의 향미를 느낄 수 없게 된다.

여기에서 커피의 추출시간은 커피원두의 분쇄도와 밀접한 관련이 있으므로 커피 맛과 향미를 결정하는 데 중요한 역할을 한다고 할 것이다. 원두가 잘게 분쇄될수록 표면적이 늘어나고, 물과의 접촉 면적도 넓어진다. 이는 짧은 시간에도 많은 추출이 일어나는 것을 의미하며, 투과율이 낮아져 실제 추출시간 역시 길어지게 된다.

3) 그라인딩 적정 시점

완벽한 한 잔의 커피에는 이제 막 그라인딩한 원두 사용이 필수이다. 미리 커피를 분쇄해 놓은 경우는 빠른 속도로 향이 날아가 버리는 동시에 빠른 속도로 산화가 진행이 된다. 원두 껍질은 커피 기름이 새어 나가는 것을 방지해 그 향과 맛을 유지하는데 도움을 준다. 그런데 원두를 작은 크기로 분쇄된 입자는 산소와 맞닿는 접촉 면적이 커 산소와 반응이 용이하게 일어나게 된다. 산화가 잘 일어나며, 제습재로 쓰일 만큼 수분과 냄새를 잘 빨아 들이는 성질을 갖게 된다.

그러므로 되도록이면 커피를 추출하기 직전에 바로바로 갈아서 써야 커피의 풍부한 맛과 향을 느낄 수 있다. 미리 갈아 놓고 보관하게 되면 기름이 빠지게 되면서 향과 맛을 잃게 된다. 원두 껍질이 파괴되면 산화가 진행되고 그 과정 중에서 대략 60%의 아로마를 잃게 된다. 또한 공기 중 수분과 접촉하게 되면서 커피 오일 추출에 안 좋은 영향을 미치기도 하고 껍질 속에 보관되어 있던 이산화탄소가 빠져 나오면서 최적의 커피 맛을 내는데 방해가 되기도 한다. 이러한 이유로, 좋은 커피 한 잔을 위해서는 추출 직전에 그라인딩을 진행하는 것이 비법이라고 할 수 있다.

2. 커피입자의 조절

다양하게 평가될 수 있는 커피를 누구나 공감할 만큼 객관적인 조건의 커피를 추출하기 위해서는 사용하는 추출도구에 따라 커피입자의 굵기 정도가 알맞아야 한다. 그래야 커피 추출 시 커피의 좋은 성분은 최대로 추출하고, 좋지 않은 성분은 최소화시킬 수 있다.

고온 고압을 이용해 20~30초 만에 추출을 완료하는 에스프레소머신의 경우 가장 미세한 약 0.56㎜메쉬사이즈 30 이하로 분쇄하고, 보통 2~3분 사이에 추출이 완료되는 커피메이커나 핸드드립과 같은 경우 중간 수준 약 0.6~1.25㎜메쉬사이즈 16~30으로 분쇄한다. 4~5분 이상을 추출하는 프렌치프레스의 경우 가장 굵은 1.43~2㎜메쉬사이즈 10~14정도로 분쇄된 커피가루를 사용한다.

또한, 공기 및 대기 습도에 따라 이상적인 그라인딩 환경을 맞춰주어야 한다. 건조한 기후일 때는 고운 분말, 습한 기후일 때는 거친 분말로 분쇄해야 한다.

커피 추출 방식에 따라 입자가 큰 순서대로 나열을 하자면, 프렌치프레스 > 핸드드립 > 융드립 > 사이폰 > 모카 포트 > 에스프레소용 순이며, 이러한 입자의 굵기는 각 추출기구로부터 추출되는 시간 동안 입자가 받는 압력과 물의 온도와 같은 상관관계를 고려하여 정해지게 되는데, 물의 온도와 커피의 굵기가 상황에 따라 바뀔 수 있다.

추출 방식 테크닉적 요소	Espresso 에스프레소	Moka 모카포트	French Press 프렌치프레스	Drip 드립식	Turkish 터키식
커피 한잔 투입량(g)	6~7	5~7	8~10	9~10	4~6
물의 온도(℃)	88~92	110	92~96	92~96	92~96
수압(Bar)	9	1.1	1.1	1	1
커피입자/ 탬핑의힘 (kg)	가는분쇄 (fine) 0.5mm 이하	조금 가는분쇄 (medium fine) 0.8mm	중간분쇄 (medium) 0.7~1.0mm	굵은분쇄 (coarse) 1.0mm이상	아주 가는분쇄 (very fine) 0.3mm이하
	18~20	5			
커피 한잔 용량(ml)	25~30	40~50	80~190	150~190	40~60
추출시간(Sec)	20~30	60~80	180~300	360~480	180~300

3. 그라인더의 분쇄 원리와 구조

커피 원두를 작은 가루로 만들기 위해서는 커피 원두에 힘을 가해 조각으로 부쉬 주어야 한다, 커피는 탄성체이기 때문에 원두가 특정한 힘을 받아서 한계치에 도달하게 되면 미세한 균열이 일어나고, 이러한 균열이 급속히 퍼져 나가 파괴되고 조각난다. 즉, 분쇄의 1단계는 이렇듯 균열 이후 파괴되어 조각나는 것이다. 이런 조각을 원하는 사이즈size로 분쇄하는 것이 2단계의 메커니즘이다. 커피 원두를 분쇄하는 방법은 크게 충격식 분쇄와 간격식 분쇄로 나뉜다.

표 2-4 그라인더의 분쇄 원리와 날의 형태

분쇄 원리	그라인더 날의 형태		
충격식 (Impact)	칼날형(Blade): 칼날이 회전하며 분쇄, 가격은 저렴하나, 고른 분쇄 어려움(가정용) 열 발생률 높음		
간격식 (Gap)	버형 (Burr)	코니컬형(Conical burr) : 핸드밀(열발생률 적음), 날의 수명이 짧고, 잔 고장이 있으나, 분쇄입자 균일, 소음도 낮음. 커피 전문점에서 많이 사용	
		평면형 (Flat burr)	그라인딩 방식(Grinding mill) : 드립용 그라인더(맷돌방식)
			커팅방식(Cutting mill) : 에스프레소용 그라인더
	롤형(Roll cutters) : 대량 생산 시 사용, 산업용 그라인더, 고가(高價)		

| 칼날형 | 코니컬형 | 플렛버 평면형 |

1) 충격식 분쇄기 Impact Grinder

칼날형 분쇄기로 몇 쌍의 칼날이 고속으로 회전하여 부딪히는 커피 원두에 충격을 가하여 부수는 원리이다. 보통 제작이 쉽고 가격이 저렴해 가정용 분쇄기에 많이 적용되고 있다.

2) 간격식 분쇄기 Gap Grinder

간격식은 일정한 간격을 두고 칼날이 돌아가는 원리로 칼날 사이에 커피 원두를 통과시켜 분쇄하는 방식이다. 간격식 그라인더는 크게 매장에서 사용하는 버 Burr 형과 공장에서 사용하는 롤 Roll Cutter 형으로 나누어진다.

버 Burr 형은 코니컬형 원뿔형과 플랫형 평면형으로 구분되며 플랫형에는 주로 드립용 그라인더로 사용되는 그라인딩 Grinder Mill 방식과 에스프레소 추출용 그라인더로 사용되는 컷팅 Cutting Mill 방식으로 나누어진다.

(1) 플랫형 분쇄기 Flat Burr Grinder

매장용 그라인더에서 사용되는 칼날 방식으로 분당 1,400~1,600rpm으로 회전한다. 아래쪽 칼날이 회전하며 위쪽 칼날과 맞물려 원두를 자른다. 회전수가 많고 평면 형태이므로 고른 분쇄가 가능하다는 장점이 있지만 마찰열이 약간 높다는 단점이 있다.

① 그라인드 방식

평면 날에 돌출한 톱니가 으깬 후 커팅하는 방식으로 드립용 원두 분쇄에 많이 쓰인다.

② 커팅 방식

원두를 자르는 방식으로 분쇄도가 균일하다. 주로 에스프레소용 원두 분쇄에 많이 쓰인다.

(2) 코니컬형 분쇄기 Conical Burr Grinder

핸드밀 분쇄기에서 많이 사용되고 있는 방식이다. 열발생률이 적고 분쇄입자가 균일 하며 소음도도 낮다는 장점이 있지만, 날의 수명이 짧고 잔 고장이 많다는 단점이 있다. 핸드드립 커피 전문점에서 많이 사용되고 있으며, 가정용 분쇄기에도 쓰이고 있다.

4. 그라인더의 종류 및 구조

그라인딩은 좋은 커피를 위한 바리스타 테크닉의 기본요건이자 전제조건이다. 아무리 훌륭한 테크닉을 가지고 있는 바리스타도 적절하게 분쇄되지 않은 커피로 좋은 커피를 뽑아 내기란 어렵기 때문이다.

바리스타는 그라인더의 구조와 역할, 작동법에 대한 이해가 필요하다. 또한 청소와 점검 등 관리 요령에 관한 이해와 숙지도 요구된다. 특히 그라인더 관리법은 에스프레소의 맛과 향을 좌우하는 결정적인 요소가 될 수 있기 때문에 반드시 알아 둬야 한다. 커피 전문점에서 주로 사용하는 업소용 전자동 그라인더는 제조회사와 브랜드에 따라 구조와 작동법에 약간의 차이가 있다. 그러나 기본적인 특성은 거의 같으므로 기계적인 면을 이해하는 데는 무리가 없을 것이다.

1) 커팅식 그라인더

가정에서 가장 쉽게 커피를 분쇄 할 수 있는 방법으로, 저렴한 가격으로 구입할 수 있다. 날개 모양의 날이 돌아가면서 커피가 분쇄되는 방법으로 원두를 균일한 굵기로 분쇄할 수 없으며 제각각의 입자로 커팅이 된다. 소량의 커피를 쉽게 분쇄할 수 있는 장점이 있지만, 분쇄 날이 작동하면서 원두에 많은 열이 전달되어 향에도 나쁜 영향을 미치기 때문에 많이 사용하지 않는 추세이다.

커팅식 그라인더

2) 핸드 밀hand mill

추출하고자 하는 커피 기구에 따라 알맞은 커피 입자를 조절할 수 있으며, 어느 정도 균일한 굵기로 원두를 갈 수 있다. 맷돌의 원리를 이용한 것으로 나무 몸체 위에 손잡이가 있으며 원두를 투입한 후 손잡이를 돌리면 원두가 분쇄되어 나무 몸체 아래에 있는 서랍으로 떨어지는 원리이다. 가격이 저렴하며 분쇄하는데 시간과 노력이 오래 걸린다는 것이 커팅식 그라인더에 비해 불편한 점이다.

핸드밀

3) 전동식 그라인더

주로 카페, 커피전문점이나 테이크아웃 매장에서 많이 사용되고 있으며, 가격도 비싼 편이다.

전동식 그라인더의 종류

톱니모양 두 개의 날이 맞물려 커피분쇄 시 원하는 분도대로 정확히 분쇄할 수 있으며, 특히 에스프레소의 커피입자처럼 아주 미세한 분쇄를 일정하고 빠르게 분쇄할 수 있는 장점이 있다. 이는 에스프레소 추출 시 고른 커피의 입자가 맛과 향에 큰 영향을 미치기 때문에 전문적으로 커피를 뽑고자 할 때는 반드시 전동식 그라인더를 이용하여 분쇄를 하는 것이 좋다.

4) 전동식 그라인더의 구조

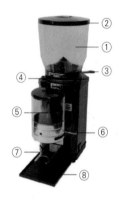

1	Hopper	커피 원두를 담는 곳
2	Hopper Lid	호퍼의 뚜껑
3	Locking silde	원두 분쇄량 내림 조절
4	분쇄도 조절	원두의 굵기 조절
5	Doser	커피가루 담기는 곳
6	Dosing Lever	커피가루 배출 손잡이
7	포타필터 지지대	
8	그라인더 트레이	커피가루 받침

5. 그라인더의 관리

정기적인 청소는 좋은 커피 맛을 내기 위해서 뿐만 아니라 그라인더의 유지관리를 위해서도 필수다. 매일 도징 컨테이너를 비우고 지방질 잔여물을 붓으로 털어내지 않으면 산패한 냄새가 나게 된다.

커피가 들러 붙을 수 있는 토출구도 정기적인 청소가 필요하다. 그렇지 않으면 막힘과 같은 고장이 발생할 수 있다. 분쇄 날이 계속해서 원두를 분쇄하더라도 산패한 잔여물이 남아 있다면 맛 좋은 커피를 만들 수 없다.

분쇄 날, 도징 컨테이너, 토출구를 매일 털어 주어야 하기 때문에 브러시는 무척 중요하다. 그리고 호퍼는 매일 마른 수건으로 닦아서 지방과 기름기를 제거해 주어야 한다. 손에 딱 들어오는 크기의 노즐 달린 청소기가 있다면 그라인더 청소에 매우 용이할 것이다.

그라인더 날을 최적의 상태로 유지시켜 고품질의 그라인딩으로 더 높은 생산성을 가질 수 있도록 하고, 과열되지 않도록 한다.

일반적으로 플랫 분쇄 날의 경우 400~600 킬로의 원두를 분쇄한 후에 교체해주어야 한다코니컬 분쇄 날의 수명이 좀 더 길다. 날이 무뎌지면 원두를 균일하게 분쇄하지 못하고, 원두를 짓누르거나 으깨게 된다. 이 경우 그라인딩 시간이 길어지고, 과도한 발열이 발생하고 맛에도 부정적인 영향을 끼친다.

반자동 커피 - 도징 그라인더일 경우, 도징 기구와 분말 커피가 과열되지 않도록 도징 기구를 50%정도만 채운다. 도징 기구에 들어있는 커피가 과열되는지 점검하고, 그라인딩할 때 발생하는 소음에 어떤 변화가 있는지 점검한다. 소음이 평소와 다르다는 것은 그라인더가 크게 마모되었음을 의미하는 것이다. 커피 도징 그라인더의 호퍼에 있는 원두와 전에 갈아놓은 커피를 섞으면 안된다. 왜냐하면

- 품질 : 항상 새롭게 갈은 커피라야 제 맛이 난다.
- 기술적인 문제 : 그라인더 디스크가 망가질 수 있다.
- 위생적인 문제 : 호퍼 벽에 기름때로 인하여 더러워진다.

제4절

다양한 커피 추출법

커피 추출이란 가공된 원두를 각 추출방식_{달이기, 우려내기, 여과식, 압력방식 등}에 따라 알맞은 크기의 입자로 분쇄한 후 물을 이용하여 추출하는 방법으로 결과적으로 개인이 선호하는 맛을 즐기기 위한 마지막 단계라고 볼 수 있다. 추출된 커피의 맛과 향은 커피를 어떤 방식으로 추출해 마시느냐와 마시는 사람이 어떻게 느끼느냐 하는 주관적인 기준에 따라 달리 평가될 수 있다.

📷 그림 2-1 추출방식에 따른 기구

1. 드립식 커피 Drip Coffee

필터filter식 또는 드립식 커피는 오늘날 가장 널리 사용되는 커피 추출방식으로, 특히 미국과 독일에서 애용되고 있다. 여과 추출방식인 드립추출은 상업용으로 사용하는 커피 브루어Coffee Brewer나 가정용으로 사용하는 전기 커피메이커, 그리고 주전자를 이용해 손으로 직접 물을 부어 가며 추출하는 핸드드립으로 크게 나눌 수 있으며, 핸드드립은 다시 크게 넬융드립과 페이퍼드립으로 나눌 수 있다.

1) 기계식 드립

상업용 커피 브루어   가정용 전기 커피메이커

기계식 드립은 장착되어 있는 드립퍼의 크기에 맞는 종이 필터를 장착하고 커피입자를 담아 정수된 뜨거운 물을 분사하여 뽑아내는 형식의 기계이다. 커피 브루어는 상업용으로 많이 쓰이며 대용량의 커피를 뽑을 수 있고, 온열 유지판이 여러개 장착 되어 있어 미리 추출해 놓은 여러 잔의 커피를 따뜻하게 보관할 수 있다. 상업용 브루어는 주로 일반 커피숍이나 편의점, 놀이공원, 극장, 패스트푸드점 등 여러 사람이 모여드는 곳에서 유용하게 쓰인다. 커피메이커는 일반 가정에 한 대씩은 가지고 있을 정도로 많이 사용되고 있으며, 물을 직접 분사하지 않

고 물을 담아 놓은 뒤 끓으면 증기가 위로 올라가면 결루가 형성되어 모아서 떨어지는 경로로 커피가 나온다.

2) 핸드 드립

넬(Nell) 드립   페이퍼 드립

넬융드립과 페이퍼드립은 맛에서 큰 차이를 보이는데, 넬융드립은 페이퍼드립에 비해 부드럽고 걸쭉한 반면, 페이퍼드립은 깔끔하고 산뜻한 느낌을 준다. 이러한 차이를 보이는 원인은 필터지의 재질 차이 때문인데, 융천의 일종은 커피 오일이 그대로 잔속으로 다량 추출되지만 페이퍼필터는 커피오일이 페이퍼 필터에 흡수되어 커피 오일이 거의 추출되지 않아 입안에서 감도는 커피의 느낌이 확연히 구분이 된다.

필터링에 따라 차이를 보이기는 하지만 대부분의 핸드드립 방식은 최소한의 찌꺼기와 오일지방만이 걸러져 나오기 때문에 풍미를 갖고 있으면서도 깔끔한 맛을 즐길 수 있다. 다른 추출방식 보다 추출하는 사람의 숙련된 기술과 정성이 상당히 요구되며 로스팅 결과에 따라서도 달리 평가된다. 커피 본연의 맛을 즐기기 위한 다양한 추출법 중에서 가장 적합한 추출방식으로 스트레이트단종 커피를 사용하는 것이 가장 좋다.

3) 핸드 드리퍼의 종류와 특징

(1) 칼리타Kalita

일반적으로 많이 사용하는 드리퍼이다. 추출구멍이 3개가 나 있으며 물이 필터 안에서 머무는 시간이 짧아 중배전시나몬·미디엄·라이트 로스팅 정도의 원두를 사용하여 가볍고 산뜻한 느낌의 커피를 즐기는데 적합한 드리퍼이다. 만들어 지는 재질에 따라 그 맛이나 느낌이 달라지는데, 일반적으로 내열성 플라스틱, 도자기, 동으로 만들어진다. 플라스틱은 가벼우면서 경제적인 이유로 많이 이용되나 내열 지속력이 떨어지는 단점이 있다. 도자기는 열 보존률이 좋아 맛있는 커피를 내리는데 필요한 온도를 유지하기에 적합하나 깨지기 쉬워 주의력을 요한다. 동으로 만들어진 드리퍼는 플라스틱과 도자기의 단점을 보완하여 만들어 졌으나 가격이 비싸다는 단점이 있다.

재질에 따른 Kalita Driper

(2) 멜리타Melita

현재는 칼리타에 밀려 몇 안되는 커피숍에서나 만나볼 수 있는 드리퍼이다. 칼리타보다 납작한 모양을 갖고 있으며 깊이가 얕은 편이다. 추출구멍이 1개여서 추출 시 물이 필터 안에서 머무는 시간이 길어 추출 속도가 느리다. 물이 커피에 머무는 시간이 긴 이유로 추출시 붓는 물은 되도록 짧은 시간 안에 정량을 뽑아 낼 수 있는 양의 물을 붓는 것이 중요하다. 이러한 특성 때문에 중후한 느낌을 주는 커피가 추출되므로 이에 맞게 원두도 강배전하이·이탈리안·프렌치 로스팅된 커피를 사용하는 것이 좋으며 추출 시 사용되는 원두도 칼리타에 들어가는 양보다 약간 더 많이 넣어 추출 하도록 한다.

(3) 고노Kono

멜리타와 같이 추출구멍이 1개이지만 양면 경사가 V자 계곡 모양을 하고 있는

멜리타와는 달리 고노는 고깔모양의 원뿔 형태를 하고
있으며 구멍의 크기도 크다. 칼리타와 멜리타의 보완차
원에서 나왔으며 진한 커피를 즐기는데 적합하다.

(4) 융 Nell

융이라는 천을 삼받이에 받치거나 서버에 둘러 커피
가루를 담고 물을 부어 뽑아 내리는 형식으로 일회용 식
인 페이퍼드립과는 달리 몇 번이고 사용이 가능하다. 커
피 오일이 다량으로 추출되기 때문에 바디감이 풍부하
며 진하고 향이 풍부한 커피를 즐기는데 용이하다. 하지

만 천이 마르면 안되기 때문에 보관하는 데에 있어 세심한 주의가 필요하며, 몇
번이고 사용하는 것이므로 깨끗한 상태를 유지하도록 하는 것이 중요하다.

(5) 케멕스 Chemex

다른 핸드드립 도구에 비해 두꺼운 필터를 사용해
깔끔한 맛을 살리는 것이 특징이다. 뛰어난 기능과 세
련된 디자인으로 사랑 받는 케멕스는 겉으로는 심플
해 보여도 오랜 연구와 실험을 거쳐 탄생한 과학적인
커피 도구다.

일반 핸드드립 도구와 달리 드리퍼와 드립서버가 일
체형이기 때문에 사용 및 보관이 쉽다는 장점이 있다.

첫째, 필터 접기. 케멕스용 필터는 일반 종이 필터
와는 달리 직접 접어 본체에 장착한다. 미세한 성분까지 걸러내기 때문
에 원두 본연의 깔끔한 맛과 향을 즐길 수 있다.

둘째, 린싱하기. 린싱 Rinsing 이란, 추출 전 물로 필터를 헹궈내 필터의 잔맛을
제거하는 중요한 작업이다. 케멕스 전용 필터는 일반 필터에 비해 두껍
기 때문에 린싱이 필수로 진행된다.

셋째, 원두준비 및 추출하기. 원두는 핸드드립 굵기인 '중간굵기'로 준비한다.
적당량을 추출할 때까지 서두르지 말고 몇 차례에 나누어 물을 부어준다.

케멕스는 추출되는 물의 양과 상관없이 거의 일정한 추출시간을 유지할 수 있어 누구나 쉽게 추출이 가능하다.

4) 핸드드립 추출

준비물

① 드리퍼(Kalita)
② 원두서버
③ 여과지
④ 계량스푼
⑤ 드립용 주전자
⑥ 커피 10g(1인 기준)

- 드립을 하기 전에 미리 컵을 따뜻하게 데워 놓는다.
- 커피가루를 담고 살짝 흔들어 평평하게 만든다. 1인분:10g, 2인분:18g, 3인분:25g
- 첫 번째 추출은 92℃도의 더운물을 포트에 담아 가는 줄기로 중심부터 붓기 시작한다.
- 맛있는 커피를 추출하기 위해 부풀어 오르는 시간 동안 뜸을 들인다. 40초 전후
- 두 번째 추출은 더운물을 커피가루의 표면에 천천히 붓는다. 붓는 양과 밑으로 떨어지는 양이 같아 지도록 페이퍼 필터 안의 물의 양을 일정하게 유지한다. 드립할 때 페이퍼에 물이 직접 닿지 않도록 한다.

- 신선한 커피일수록 잘 부풀고 미세한 거품이 많이 생긴다. 오래된 커피는 잘 부풀지 않고 거품도 적다. 신선한 커피 일지라도 약배전한 커피이거나 미지근한 물로 드립을 하면 잘 부풀어 오르지 않는다.

- 세 번째 추출은 둥글게 부풀었던 가루 층이 오목하게 들어가고 페이퍼 필터 안의 커피 액이 서버로 다 떨어지기 전에 다시 물을 붓기 시작한다.

- 물줄기는 두 번째 보다 조금 굵게 하고 천천히 부으며 페이퍼에 물이 직접 닿지 않도록 주의 한다.

- 네 번째 추출은 조금 빨리 진행한다. 세 번째 까지 커피의 성분은 다 추출 되었다고 생각할 수 있으며 네 번째 부터는 커피의 농도와 양을 조절하는 단계로 보아야 한다.

- 다섯 번째 추출도 조금 빠르게 진행한다. 그렇지 않으면 탄닌등이 추출되어 아리고 떫은 맛이 나오는 원인이 된다. 물줄기는 1~2cm굵게 한다.

- 다섯 번째 드립을 할 때는 본인이 원하는 양이 몇 cc인지 확인을 정확히 한다. 드립을 할때도 농도의 차이로 서버와 드립퍼를 분리시키는 타이밍이 중요하다.

- 드립퍼의 추출액이 남아있는 상태에서 추출을 멈추고 서버와 드립퍼를 분리시킨다. 그림과 같이 추출 흔적이 남으면 잘 된 것이다.

- 칼리타 서버는 1인분에 120cc기준으로 제작되었기 때문에 맛이 진하다고 생각되는 경우 1인분을 150cc로 계산해 2인분에 300cc를 추출하면 된다. 대략 추출하는 총 시간은 3분 정도 걸리고 추출하는 시간이 너무 많이 걸리면 좋지 않은 맛이 함께 추출되므로 주의해야 한다.

2. 모카포트 Moka Pot

모카포트는 1933년 알폰소 비알레띠 Alfonso Bialetti가 발명한 것으로 이때 나온 팔각형 알루미늄 재질의 포트는 지금도 출시되고 있는데 이후 이탈리아를 중심으로 많은 업체들이 생겨났고 재질도 알루미늄에서 스테인레스, 도자기 등으로 다양해 졌다.

이 추출 방식은 북부 이탈리아에서 크게 유행한 것으로 에스프레소 커피를 손쉽게 뽑을 수 있는 도구이다. 이러한 장점 때문에 현재 이탈리아 전역의 대부분의 가정에서 널리 사용되고 있다. 일명 카페띠에라Cafettiera, 모카 프레스Moka press라고도 한다. 모카 포트는 이태리의 비알레티Bialetti사가 대표적이며, 모카 익스프레스, 브리카, 무카 익스프레스 등 다양한 제품이 있다.

대부분의 포트는 알루미늄이나 스테인레스 스틸로 만들어져 있으며 상·하단이 분리되어 있어 돌려서 열고 닫기 편리하게 되어있다. 하단에 위치한 포트의 물이 끓어 압력에 의해 수증기가 올라가 커피가루를 통과한다. 수증기 압력에 의해 상단에 있는 포트로 커피가 역류되어 추출된다.

모카포트는 가압방식의 에스프레소 머신이 내는 맛과 가장 근접하기 때문에 에스프레소 뿐만 아니라 시중에서 파는 다양한 종류의 커피메뉴를 가정에서도 만들 수 있는 장점이 있다.

1) 추출법

📷 그림 2-2 모카 익스프레소로 에스프레소 추출 기구

📷 그림 2-3 모카 익스프레스 커피 추출과정

- 바스켓에 커피가루 3인분에 15g를 넣어 계량 스푼으로 눌러준다.
- 가루를 너무 누르면 에스프레소의 생명인 크레마가 생기지 않으므로 가볍게 눌러준다.
- 플라스크에 뜨거운 물100ml=3인분을 붓는다. 찬물부터 시작하면 데워지기까지 시간이 너무 걸려 엑기스를 순간적으로 추출하는 것이 어렵기 때문에 뜨거운 물을 붓는다.
- 가루를 넣은 바스켓을 아래 쪽 하부 플라스크에 끼워 넣는다.
- 양손을 사용하여 상부포트와 하부 플라스크를 셋팅한다. 열기와 더운물이 흘러나오지 않도록 확실히 조여 준다.
- 가스불 위에 올려 가열한다. 기구를 놓고 강한 불로 순간적으로 데운다.
- 하부 플라스크의 물이 올라와 바스켓의 커피를 통과해 상부의 포트에 품어져 나온다. 액이 올라오면 불을 낮춘다. 가열할 때는 절대 뚜껑을 열지 않아야 한다.
- 커피가 상부의 포트에 전부 올라오면 거품이 없어지기 전에 컵에 따른다.

3. 사이폰 커피Siphon Coffee

1) 사이폰 커피의 특징과 개념

사이폰 커피의 매력은 시각적인 효과가 뛰어나다는 점에 있다. 알코올램프에 불을 붙이는 것도 그렇고, 유리구가 가열되면서 물이 끓어 오르는 모습은 과학실험실의 모습을 연상케 한다. 물이 저절로 오르락 내리락 하면서 커피가 추출되는 모습은 다른 기구에서는 느낄 수 없는 즐거움이다. 최근에는 안전상의 이유로 알코올 램프가 아닌 할로겐 빔원적외선 빔 히터를 사용하기도 하는데, 붉은 광원에 물든 사이폰은 독특한 분위기를 만들어낸다.

2) 사이폰 커피의 유래

사이폰은 1830년대 독일에서 선보이기 시작했고, 1838년 프랑스의 리차드 Madame Jeanne Richard에 의해 개발됐다. 이후 1842년 프랑스의 배쉬Madame

Vassieux가 두 개의 둥근 유리관으로 이뤄진 현대적인 모습의 사이폰French Balloon을 개발, 특허를 내면서 1846년 본격적인 상업화를 시작하게 되었다.

또 다른 형태의 사이폰 기구인 밸런싱 사이폰Balancing Syphon은 1840년 영국의 나피엘Robert Napier에 의해서 개발됐다. 원리는 같지만 두 개의 유리관또는 사기 재질이 양쪽에 균형Balncing을 맞추듯 달려있다. 루이 가베Louis Gabet와 터멜Turmel을 거쳐 현대의 밸런싱 사이폰으로 자리 잡게 된다.

1900년대에 이르러 미국에서 사이폰 기구의 개발이 활발해진다. 과거에 비해 높은 온도에서 긴 시간 견딜 수 있는 내열·강화유리Silex가 등장하고, 많은 유리 제조 회사들이 다양한 디자인의 사이폰 기구를 선보이게 된다. 또한 추출과정 동안 자동으로 열원을 조절하는 장치, 자동차나 배에서 사용할 수 있는 휴대용 사이폰 기구가 개발되기도 했다.

'사이폰Syphon'이라는 이름은 1925년 일본의 고노Kono사가 사이폰 기구를 상품화 하면서 널리 알려지기 시작했다. 현재는 고노와 하리오를 비롯해 많은 회사에서 사이폰 기구를 생산 중에 있으며, 특히 화려한 모습의 밸런싱 사이폰은 인테리어 소품으로도 인기가 높다.

3) 사이폰 커피추출의 원리

물이 담긴 아래쪽 플라스크와 커피가루가 있는 위쪽 플라스크를 밀착 연결한다. 물이 끓으면서 아래쪽 플라스크 내 압력이 커지고, 압력에 밀려 물은 위쪽 플라스크로 이동하여 커피가루와 접촉한다. 부글거리며 끓는 커피를 대나무 주걱이나 막대로 저어준다. 커피에 허연 거품이 일 때쯤 불을 끄면 아래쪽 플라스크의 기압이 내려가고, 커피는 아래쪽 플라스크로 이동한다.

즉, 사이폰은 하단 유리구에 압력이 차게 되면 물이 위로 빨려 올라가진공 흡입 커피가루를 적시면서 커피가 추출되는 것이다. 이 때, 커피가루가 물에 충분히 잠기기 때문에 침지식 추출법이라고 할 수 있다.

완성되면 아래쪽 플라스크를 분리해 잔에 커피를 따르면 된다. 커피가루의 분쇄도는 핸드드립과 프렌치프레스의 중간 굵기인 1.5mm정도로 분쇄하는 것이 일반적이며, 분쇄도에 따라 추출정도가 달라지면서 맛 조절이 가능하다. 1~2인용 기준으로 물은 240ml, 커피의 양은 24g 정도로 10:1의 비율이 일반적이다. 추출 시 온도차가 커지게 되면 향미를 제대로 즐길 수 없으므로, 추출 전 뜨거운 물을 약간 부어놔 플라스크와 필터를 충분히 예열해준다.

4) 사이폰 커피의 맛과 향

사이폰은 진공 흡입 시 올라가는 물의 속도가 빠르고, 추출시간Brewing Time도 짧은 편으로 부드럽고 깔끔한 맛을 갖고 있는 것이 특징이지만, 반면에 깊고 진한 맛을 즐기기는 쉽지 않다. 증기압 조절화력에 주의를 기울이지 않으면 자칫 과다 추출이 되기 쉽다. 한편 사이폰 커피는 추출자가 직접 커피 향미에 개입할 수 있는 부분이 적기 때문에 일정한 추출과정을 꾸준히 연습한다면 어떤 기구보다도 편차가 적은 결과물을 얻을 수 있다. 물이 끓으면서 플라스크 위쪽 로트로 다 올라 왔을 때 나무 막대로 커피가 잘 섞이도록 저어 주게 되는데, 막대 스틱으로 젓는 과정이 커피 맛과 밀접한 관계가 있다. 너무 많이 저으면 맛이 텁텁해지므로 가볍게 톡톡 저어 준다. 또한, 사이폰 커피는 우려내는 과정을 볼 수 있으며, 우려내는 동안 구수한 커피 향을 맡을 수 있다는 점이 매혹적이다. 이처럼, 사이폰으로 추출한 커피는 무엇보다 향이 뛰어나 아로마 커피 추출법으로도 분류된다. 사이폰으로 끓이는 커피의 농도는 원두의 양, 물의 양, 추출시간을 통해 쉽게 조절 할수 있다. 진하게 마시려면 추출 시간을 30초 늘리거나 원두양을 늘린다. 그리고 물을 줄여도 커피가 진해 진다.

4. 프렌치프레스 French Press

1) 프렌치 프레스의 특징

커피를 우려내는 추출방식인 프렌치 프레스French Press는 프랑스인에 의해 처음으로 발명 되었다고 해서 붙여진 명칭이며, 멜리어Melior또는 플런저 포트

Plunger press라고도 한다. 대표적인 특징은 커피와 뜨거운 물을 섞은 전체 혼합액을 일정시간을 두고 우려낸 다음 커피 찌꺼기를 프레스로 눌러 내려 커피액만 따라내는 방식의 추출 기구이다. 일반 드립 방식의 커피보다 농밀한 깊은 커피 맛을 갖고 있어 저녁식사 후에 어울리며 간편한 구조체여서 이동시에도 뜨거운 물만 있으면 어디서나 추출이 가능하다는 점이 장점이다.

2) 프렌치프레스 커피의 맛과 포트 구조

커피 전문가들도 애용하는 프렌치프레스는 종이필터로 추출해 낸 드립식 커피보다 지방이나 콜로이드 성분이 상당히 많이 포함되게 되는데, 이러한 성분들의 영향으로 커피는 바디감이 풍부해지게 된다. 그래서 일부 커피 전문가들은 '커피를 씹어 마실 수 있다' 할 수 있을 만큼 풍미가 좋다고 평가되기도 한다.

프렌치프레스 포트의 구조는 가늘고 긴 원통 모양의 포트와 뚜껑 안쪽에 포트 사이즈에 딱 맞는 펌프처럼 생긴 가는 망으로 플런저 원판이 붙어있다. 이러한 구조를 갖고 있어 커피 추출 외에도 차를 우릴 때도 사용되며 카푸치노와 같은 거품이 올려져 있는 커피를 만들때 우유거품을 내는 용도로도 활용 되고 있다.

5. 이브릭Ibrik

1) 이브릭 커피의 특징

터키식 커피Turkish Coffee는 이브릭Ibrik 또는 체즈베Cezve라는 기구를 이용하는데, 미세하게 갈린 커피가루를 물과 함께 이브릭에 넣은 다음 반복적으로 끓여내는 방식이다. 약재를 달이는 것과 유사한 방식으로, 세계에서 가장 오래된 추출법이자, 원초적

인 추출법이라고 할 수 있다. 포트는 주로 전도율이 높은 동 재질로 제작되며, 전통적인 디자인을 취하는 경우가 대부분이다. 그러나 최근 철이나 법랑 같은 다양한 재질의 제품들이 출시되고 있으며, 색상이나 디자인도 현대적 감각으로 입혀진 제품들도 속속 선보이고 있다.

추출이 끝난 후 커피가루를 바닥에 가라앉힌 뒤, 위쪽의 맑은 커피만 따라내 먹는 것도 때로는 귀찮지만, 이브릭만의 번거로운 즐거움이라고 할 수 있다. 게다가 터키에서는 남은 커피가루의 모양을 보고 점을 치기도 한다.

2) 이브릭 추출 커피의 맛과 향미

커피가루를 물에 넣고 끓이듯 만들어 내는 이브릭은 여과식 커피와는 또 다른 매력을 갖고 있다. 반복적으로 끓어 오르면서 커피 성분이 계속 추출되기 때문에, 상당히 진하고 묵직한 맛을 즐길 수 있다.

또한, 이브릭의 매력은 다양한 재료를 첨가하는 것에 있다. 그래서 이브릭을 카페라떼나 카페모카 같은 베리에이션과 블렌딩의 시초라고 하기도 한다. 특히 이브릭 특유의 쓴맛을 중화하기 위해 커피가루, 물과 함께 설탕을 넣는 게 일반적인 레시피라고 할 수 있다. 그 밖에도 나라에 따라서 설탕 외에도 향신료 등을 넣어 색다른 커피를 즐기기도 한다.

이브릭 커피는 진하고 걸쭉하고 달달한 것이 특징이지만, 끓임을 마치고 커피 잔에 추출시 드리퍼와 종이 필터를 이용하면 좀 더 깔끔한 커피를 즐길 수 있으며, 융 필터를 이용 한다면 보다 풍부한 향미를 즐길 수 있다.

3) 이브릭 추출의 방법

이브릭은 기구에 직접 열을 가해 커피를 추출하기 때문에 열원이 필요하다. 카스버너나 인덕션 스토브도 사용가능하다. 커피가루의 입자는 에스프레소용이나 그보다 미세한 굵기로 분쇄한다.

이브릭 포트에 커피가루20g와 물120ml, 설탕15g을 함께 넣고 젓는다. 커피가루가 뭉치지 않도록 골고루 섞어주는 것이 중요하다.

커피가 끓어 오르면서 거품이 발생하기 시작하면 너무 끓어 올라 넘치지 않도록 잠시 불에서 분리하여 5~10초정도 식힌 뒤 다시 불 위로 올려서 끓인다. 이 동작을 3~5회 정도 반복하게 되는데 이 횟수에 따라 커피의 향미가 진해지게 되므로 자신의 기호에 맞춰 횟수를 조절한다.

끓어오른 거품이 포트의 입구 둘레에 들러 붙어 타게 되면 쓴 맛을 낼 수 있으므로 커피 상태를 주시하면서 신속하게 식혀 거품이 넘치지 않도록 한다.

끓이는 과정이 끝나게 되면 잠시 바닥에 두어 커피원두를 바닥에 가라앉히고 맑은 부분만 잔에 따라 내면 된다.

6. 퍼콜레이터 Percolator

1) 퍼콜레이터란?

퍼콜레이터는 직접 기구를 가열하여, 내부의 파이프를 통해 뜨거운 물을 순환시키면서 커피를 추출하는 기구이다. 퍼콜레이터는 '여과하다, 여과기'의 의미를 가지는 것으로 200년 전에 발명된 아주 오래된 커피추출 기구 중 하나이다. 서부영화를 보면 야영할 때 모닥불 위에 올려놓고 커피를 내려먹던 주전자처럼 생긴 추출 기구가 퍼콜레이터이다.

그림 2-4 퍼콜레이터 기구

2) 구조와 추출방식

퍼콜레이터는 용기 안의 물이 끓으면서 여러 번 위 아래로 순환하며 커피가 추출되는 방식이다. 구조를 살펴보면 먼저 물이 직접적으로 닿는 용기포트와 용기 바닥과 뚜껑까지 연결되어 있는 관, 관 위쪽에 붙어 있는 원두가 담기는 바스켓, 바스켓을 덮는 망으로 구성되어 있다.

퍼콜레이터 원리는 용기에 물을 담고 직화로 포트를 끓이면 포터 안의 물이 비등점까지 도달하게 되어 위로 연결되어 있는 관을 통해 물이 올라가며 물과 분리되어 있는 바스켓에 담긴 원두 위로 분수처럼 뿌려지게 된다. 그런 과정에서 추출이 이루어 지며 용기에 있는 물 안으로 조금씩 커피가 추출된다. 용기 안으로 커피가 추출되면서 끓는 물은 계속해서 관을 통해 대류에 의해 위로 올라가고 내려오길 반복하면서 원하는 커피의 농도가 될 때까지 퍼콜레이터 내부에서는 커피가 흐르게 되어 있다.

퍼콜레이터에 사용하는 원두의 분쇄도는 필터에 걸러질 정도로 굵게 분쇄하고 물 100ml 당 원두 10g정도의 비율로 추출하는 것이 적당하다.

3) 기본 추출 요령

- 불에 직접적으로 닿는 용기포트에 물을 넣는다. 물의 양은 커피 바스켓에 닿지 않을 정도로 담는다.
- 용기포트 안에 필터와 관을 준비한다.
- 바스켓을 덮는 망을 열고 가운데 관 구멍으로 원두가루가 들어가지 않게 구멍 옆으로 준비한 원두를 잘 담는다.
- 물이 담긴 용기에 원두가 담긴 필터와 관을 장착하여 넣어준다.
- 용기에 뚜껑을 닫고 불 위에 올려준다.
- 적당한 농도가 되었을 때 불을 끄고 커피를 잔에 따라 마신다.

4) 퍼콜레이터 커피의 특징

퍼콜레이터의 커피 맛은 강한 바디감과 구수함을 가지며 기존 여과식 커피와는 다르게 필터로 커피의 성분을 걸러 내지 않기 때문에 커피의 질감을 그대로 느낄 수 있는 장점이 있다.

또 하나의 장점은 누구나 쉽게 커피의 농도를 조절할 수 있다는 점이다. 즉 원두커피 필터위로 분사되는 커피의 색으로 농도를 조절할 수 있고, 포트를 불에서 내려놓는 것만으로도 추출을 멈출 수 있다는 이점이 있다.

하지만 물을 끓이며 추출하기 때문에 커피의 향기가 날아가 버리고, 탁해지기 쉬우며, 쓴 맛과 탄 맛이 많이 나기도 하는 단점이 있다.

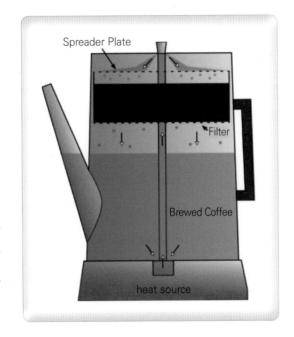

지금은 가정이나 매장에서 퍼콜레이터를 사용하는 모습을 거의 볼 수 없지만 아웃도어 캠핑족의 증가와 함께 산행과 캠핑의 멋과 운치를 더하는 아이템으로 각광 받고 있다. 또한 카페에서도 아메리칸 커피나 리필용으로 사용한다면 커피 메이커보다 훨씬 멋스럽게 사용할 수 있다.

7. 콜드브루Cold Brew = 더치커피Dutch Coffee

1) 콜드브루더치커피의 의의 및 특징

콜드브루 커피는 분쇄한 원두를 상온이나 차가운 물에 장시간 우려내 쓴 맛이 덜하고 부드러운 풍미를 느낄 수 있는 커피를 말하며, 네덜란드의 식민지였던 인도네시아 자바 섬에서 커피를 운반하던 네덜란드인들에 의해 고안된

커피로 알려져 있다. 차갑다는 뜻의 '콜드Cold'와 끓이다, 우려내다는 뜻의 '브루Brew'의 합성어로 더치커피Dutch Coffee라고도 한다. 더치커피는 네덜란드풍Dutch의 커피라 하여 붙여진 일본식 명칭으로 일반적으로 동양권에서 사용하며, 서구권에서는 콜드브루 또는 워터드립Water Drip이라고 부른다.

통에 가득한 물이 한 방울씩 천천히 커피가루 위로 떨어지면서 추출이 진행되는 콜드브루는 '커피의 눈물'이라는 별칭을 갖고 있다.

2) 콜드브루더치커피 **추출 방식**

추출 방식은 전용 기구에 분쇄한 원두를 넣고 찬물 또는 상온의 물에 짧게는 3~4시간, 길게는 8~12시간 정도 우려내 커피 원액을 추출한다. 추출하는 방식에 따라 점적식點滴式과 침출식浸出式으로 구분한다. 점적식은 용기에서 우려낸 커피가 한 방울씩 떨어지게 하는 방식으로, 이 때문에 콜드브루더치커피를 '커피의 눈물'이라 부르기도 한다. 침출식은 용기에 분쇄한 원두와 물을 넣고 10~12시간 정도 실온에서 숙성시킨 뒤 찌꺼기를 걸러내 원액을 추출하는 방식이다.

3) 콜드블루더치커피의 맛과 음용법

상온의 물에서 오랜 시간에 걸쳐 천천히 추출되기 때문에 독특한 풍미를 지니게 되는데, 뜨거운 물로 짧은 시간에 추출한 일반 커피에 비하여 쓴맛이 덜하며 순하고 부드러운 풍미를 느낄 수 있다. 이때 원두의 분쇄 정도와 물의 맛, 추출 시간이 중요한 작용을 한다.

추출된 커피 원액은 밀봉해서 냉장 보관하는데, 하루 이틀 정도 저온 숙성하면 풍미가 더 살아나 와인과 같은 숙성된 맛을 느낄 수 있다.

콜드블루 커피는 원액을 그대로 마시는 것보다는 입맛에 따라 우유나 시럽 또는 물을 타서 희석하거나 얼음을 넣고 마시는 것이 일반적이다.

콜드블루더치커피는 에스프레소에 비해 카페인 함량은 낮은 반면 항산화물질

폴리페놀의 함량은 높아 일반 커피에 비해 건강에 더 이롭다고 알려져 있다. 폴리페놀 성분은 우리 몸의 활성산소를 제거해서 세포의 노화를 막고 심혈관계질환, 암, 골다공증, 신경퇴행성질환, 당뇨병 등을 예방하는데 도움이 된다. 하지만, 카페인 성분 때문에 하루 3잔 이하로 마시는 것이 좋다.

관광바리스타

CHAPTER 03

에스프레소(Espresso)

에스프레소의 이해

1. 에스프레소란?

미세하게 분쇄한 커피 원두에 고온 고압의 물을 투과시켜 추출한 후 데미타세demitasse, 작은 커피 잔에 담겨져 제공되는 고농축 커피를 에스프레소라 한다.

앞에서 다룬 여러 추출방식에 의해 추출된 커피는 다양하고 독특한 맛과 향을 갖는다. 그 중에서도 기계적 압력, 즉 고압9bar에 의한 추출 방식으로 뽑아낸 에스프레소Espresso는 커피의 심장이라 불려 질 만큼 혀끝으로 느껴지는 진한 맛과 향이 다른 커피와는 확연하게 다르다는 느낌을 갖게 한다.

에스프레소Espresso의 어원은 '빠르다'라는 의미인 Express라는 단어가 출처이며, 그에 걸맞게 에스프레소의 기본사항인 '즉석에서 신속히 추출하는 커피'라는 점을 잘 나타내 주는 단어이다.

원래 터키 커피를 신속하게 추출하기 위해 고안된 방법으로, 증기로 뽑는 모습이 기관차를 연상시킨다 하여 Express를 뜻하는 이탈리아어에서 유래된 것이다. 호주, 뉴질랜드에서는 쇼트 블랙Short Black이라고도 하는데, 이는 커피에 물을 타는 카페 아메리카노와 다르게 물에 커피숏트 블랙를 타는 롱 블랙Long Black에 넣어지기 때문이다.

초창기 에스프레소는 20세기 초반 이탈리아 밀라노 지역에서 개발되었다. 당시 에스프레소는 순수하게 수증기의 압력으로 추출되었다. 1940년대 중반 스프링 피스톤 레버 머신이 개발되어, 오늘날 우리가 알고 있는 형태의 에스프레소 커피가 제조되기 시작하였다. 오늘날에는 대개 대기압의 9~15배의 압력을 가해 에스프레소를 추출한다.

에스프레소의 가장 큰 특징은 드립 커피보다 농도가 짙다는 것이다. 같은 부피를 놓고 비교해 봤을 때 드립 커피보다 일정 부피 안에 용해된 고형체의 양이 많다. 그러나 흔히 생각하는 것과는 달리 카페인의 함유량이 적은데, 커피를 빠른 시간에 뽑아내기 때문이며, 에스프레소용 커피 원두가 드립용보다 카페인이 낮은 경우가 대부분이기 때문이다.

에스프레소용 커피는 주로 보통 내려 먹는 커피보다 강하게 볶은강배전 커피 원두를 쓴다. 마실 때는 향을 먼저 맡고 크레마를 맛 본 다음 두 번에 나누어 마시거나 단번에 마시는 것이 좋다. 기호에 따라 레몬을 넣어 마시기도 한다.

에스프레소를 데미타세demitasse라는 잔에 정량인 1oz=30㎖를 최상의 조건으로 추출하기 위해서는 다음의 몇 가지 추출조건을 갖추어야 한다.

① 7~9g의 커피의 양
② 미세한 커피입자를 만들어 낼 수 있도록 조절해 놓은 그라인더 날의 상태
　밀가루 보다는 크고 설탕가루 보다는 가는 정도
③ 9기압=9bar의 압력
④ 약 90~95℃인 물의 온도
⑤ 20~30초 이내의 추출시간
⑥ 30㎖=1oz를 추출

2. 에스프레소 머신의 이해

1) 에스프레소 머신Machine의 종류

한 잔의 맛있는 에스프레소를 만들기 위해서는 에스프레소 머신의 성능이 아주 중요하다. 음식 맛은 '사람의 손맛'이 최우선으로 좌우되는 사항이겠지만, 실제로 커피를 추출하는 것은 머신의 몫이기 때문에 바리스타는 머신 사용 시 필요한 기본적인 작동법과 이상이 있을 때 대처할 수 있는 간단한 응급조치를 할

수 있는 능력을 갖추어야 한다. 에스프레소머신은 기능에 따라 수동식, 반자동식, 전자동식으로 나뉜다.

(1) 수동식 에스프레소 머신

초창기에 만들어진 에스프레소 머신을 현대식으로 변형시켜 만들어진 머신이다. 지렛대의 원리를 이용한 것으로 긴 손잡이를 잡아당겨 실린더의 압력으로 뜨거운 물을 밀어내어 에스프레소커피를 추출한다. 에스프레소가 추출되기까지의 전 과정을 사람이 직접 해야 한다. 고풍스런 디자인으로 인해 주로 매니아 층에서 아직도 인기를 끌고 있다.

수동식 머신은 레버의 지렛대 원리를 응용한 피스톤식 기계라고 할 수 있다. 아래쪽의 필터바스켓에 커피가루를 담은 상태에서 레버를 위로 당겨주면 용수철이 압축되면서 피스톤이 들어 올려지고 그 하부의 공간에 보일러의 뜨거운 물이 유입된다. 이때 지렛대와 용수철의 힘을 이용해 레버를 단번에 눌러 내리면 피스톤이 아래로 빠르게 내려가면서 유입된 뜨거운 물이 압축되고 그 압력에 의해 커피가 빠르게 추출된다.

이 수동식 에스프레소 머신은 편리성과 시각적이고 퍼포먼스적인 효과를 바탕으로 유럽의 고급 카페를 중심으로 각광을 받았다.

그러나 한꺼번에 많은 사람이 몰릴 경우 빠른 대응이 어려운데다 사람의 손과 힘에 의존하여 추출하기 때문에 일정한 커피 맛을 내기 어렵다는 한계를 지니고 있다. 이런 이유로 편리성과 스피드를 개선한 반자동 방식의 에스프레소 커피머신이 개발되면서 수동식 커피머신은 빠르게 퇴출되고 있다.

아직도 일부 제품이 유통되고 있기도 하며, 유럽의 카페 중에는 이 수동식 커피머신을 고집하는 곳도 있지만 대다수는 장식품으로 쓰이고 있다.

(2) 반자동 에스프레소 머신

그라인더와 머신이 분리되어 있는 방식으로 전동 그라인더로 원두를 분쇄하여 사용하는데, 입자의 크기 조절과 기계의 성능 관리 여부에 따라 에스프레소의 수준이 판가름 난다. 개발 초기에는 수동식에 더 가까울 만큼 손이 많이 가는 기계들이 위주였으나, 요즈음에는 디지털 방식의 프로그래밍에 의해 포타필터를 장착하고 버튼만 줄러주면 되는 자동식이 주류를 이루고 있다.

기계가 스스로 커피의 추출시간과 양을 스스로 제어하므로 항상 일정한 맛을 유지한 커피를 추출하며, 기계가 고장 날 확률도 적다. 커피 원두를 담은 포타필터를 기계에 장착하고 잔 분량에 따라 분리되어 있는 버튼을 누르기만 하면 자동으로 작동되어 커피를 추출하고 스스로 멈춘다.

반자동 머신은 또한 연속추출 버튼을 누르는 동작으로 커피의 추출시간과 양을 조절할 수 있기 때문에 바리스타가 어떠한 방식으로 관리하고 사용 하느냐에 따라 에스프레소가 발현되어지는 바가 천차만별이다. 그래서 바리스타의 역량이 잘 표현되는 기계라 할 수 있으며, 주로 숙련된 바리스타들이 선호한다. 그 장단점을 나열하면 다음과 같다.

◎ 반자동 에스프레소 커피머신의 장점

- 그라인더와 에스프레소 머신이 분리되어 있어서 원두에 열이 가해지지 않으므로 양질의 에스프레소 커피 추출에 유리함
- 전문 바리스타용 커피머신으로 다양한 에스프레소 메뉴 커피를 만들기가 용이함
- 바리스타의 능력에 따라 다양한 에스프레소 커피를 추구할 수 있음
- 기계적인 매커니즘이 비교적 단순하기 때문에 잔고장이 적음
- 관리하기가 용이하며 기계 구입비용이 전자동 커피머신에 비해 적음

◎ 반자동 에스프레소 커피머신의 단점

- 장비에 대한 이해와 다루는 기술이 필요함
- 뽑는 사람에 따라 맛의 차이가 있을 수 있음
- 설치공간이 넓고, 전문성이 요구됨

(3) 전자동식 머신

원두를 머신에 넣어주고 메뉴 버튼만 눌러주면 원두의 분쇄부터 에스프레소 추출까지 자동으로 다 해주는 기계이다. 우유거품을 자동으로 만들어 주는 기계도 있으며, 크기와 종류가 다양하며, 프로그래밍에 의해 누가 작동해도 일정한 커피 맛을 내주는 제품이라는 것이 강점이다. 최근에는 터치식 컨트롤 판넬을 적용한 첨단 커피머신도 유통되고 있다. 초기에는 주로 에스프레소 전용 제품으로 개발되었으나, 요즈음에는 카페라테, 카푸치노 등 기본메뉴를 자동으로 추출해주는 제품도 속속 출시되고 있다. 그 장단점은 다음과 같다.

◎ 전자동 에스프레소 커피머신의 장점

- 커피를 추출하기가 쉽고 간편함
- 블랙커피 추출에 특히 유리함
- 여러 사람이 각자 추출해도 비슷한 맛의 커피추출이 가능함
- 작은 공간에도 설치가 가능하며, 설치방법도 비교적 간편함

◎ 전자동 에스프레소 커피머신의 단점

- 원두를 내부의 호퍼에 담기 때문에 커피 소모량이 적을 경우 맛의 변화가 생기기 쉬움

- 디지털 기술을 적용, 잔고장이 많은 편임
- 반자동 커피머신에 비해 상대적으로 비싸기 때문에 초기 구입비가 상대적으로 높은 편임
- 다양한 맛의 변화를 추구하기가 어려움

2) 에스프레소 머신 부분 명칭

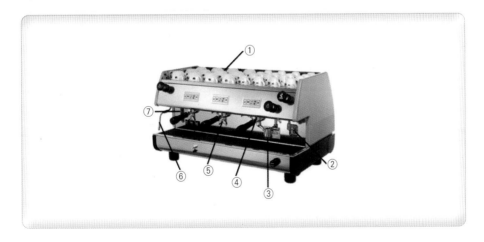

(1) 보일러 Boiler

대부분의 커피머신의 보일러는 주로 동으로 제조된 것이 많이 사용되며, 내부는 보통 열교환식인 이중구조이며, 한 개의 보일러는 커피 추출용으로, 다른 한 개의 보일러는 스팀 및 온수 공급용으로 설계되어 있다. 물의 온도는 90~96℃이

며, 스팀압력은 보통 1bar로 설정 되어있다. 기계에 보일러가 몇 개나 설치가 되어 있느냐에 따라 성능이 달라진다.

(2) 압력 게이지 Gauge

보통 두 가지의 압력을 표시하게 되어 있으며, 하나는 펌프의 압력9bar을 나타내며 다른 하나는 보일러압력1bar을 표시한다. 게이지를 수시로 체크하며 적정 수준을 유지하고 있는지 머신의 이상 유무를 자주 확인해 줘야한다.

(3) 워터노즐 Water nozzle

뜨거운 물이 나오는 곳으로 온도는 90~95℃이다.

(4) 그룹헤드 Group head

포타필터를 장착하는 부분을 말하며, 물의 온도를 유지하며 커피가루에 골고루 용해하여 원활한 추출을 돕도록 하는 역할을 갖는다. 양질의 에스프레소를 얻기 위해서는 자주 청소해주어 깨끗한 상태를 유지하는 것이 좋다.

(5) 포타필터 Porta Filter

커피가루를 담아 그룹헤드에 장착시키는 손잡이가 달린 포타필터를 말하며, 1잔One Spout과 2잔Two Spout량의 포타필터로 나누어진다. 포타필터를 얼마나 깨끗하게 관리하느냐와 그룹 헤드에 얼마나 장착되어 있느냐 하는 시간에 따라 커피의 맛이 달라진다.

(6) 스팀파이프 Steam pipe

우유를 데우거나 거품을 제조할 때 사용하는 기구로서, 보일러 내의 증기를 이용한다. 스팀노즐이라고도 하는데 증기가 나오는 부분이긴 하지만 사용하지 않을 때에는 물이 차 있으므로 사용하기 전에 틀어 주어 물을 한번 빼 준 후 사용해야 한다. 그리고 우유를 스팀한 후에는 뜨거운 열에 의해 주변에 굳어서 묻어 있는 우유를 깨끗이 닦아주어 위생적인 상태로 사용할 수 있도록 한다.

(7) 펌프 Procon Pump

보일러에 물을 공급 시켜주며, 커피 추출 시 발생하는 압력9bar을 지속적으로 유지시켜주는 중요한 역할을 한다. 에스프레소 추출방식에 있어 압력의 중요성이 크므로 머신에 있어서 심장부 역할을 한다고 볼 수 있다.

3. 에스프레소 추출

1) 에스프레소 추출의 특성

(1) 커피입자 분쇄도 조절하기|Adjust the Grind

에스프레소를 추출하기 위해서는 커피입자를 알맞게 조절해야 하는데, 그 입자의 굵기는 입자를 두 손가락으로 비볐을 시에 분쇄된 정도가 모래보다는 약간 더 가늘고 설탕보다는 굵은 정도의 굵기가 가장 알맞다. 입자의 굵기 조절은 에스프레소 머신으로 추출 테스트를 여러 번 해보아 추출현상을 보고 조금씩 입자의 굵기를 조절해 나가는 것이 적절하다.

또한, 에스프레소 추출은 온도와 습도의 변화에 따라 민감하게 반응하므로, 에스프레소 전문점에서는 추출상태를 매일 확인하고 그에 따라 알맞은 커피입자를 조절하는 작업이 필요하다. 이러한 점들을 보아도 Perfect Espresso를 위해서는 사람의 손길과 정성이 가장 중요시 된다는 것을 알 수 있다.

(2) 추출된 에스프레소의 분석

추출된 에스프레소의 분석 결과는 다음과 같이 나타난다.

	과소 추출했을 때	정상 추출했을 때	과다 추출했을 때
색깔	옅은 베이지색	붉은 갈색	진한 갈색, 적갈색
바디감	농도가 진하지 않다. 거품이 크다.	농도 두께가 3~4mm 맛이 아주 고르다.	농도가 진하지 않고 뭔가 빠진 느낌이다.
여운	금방 사라진다 (<1분)	입안 가득하다/ 여운이 길다(2-3분)	금방 사라진다. (<1분)
후각 및 미각 분석	바디가 약하다 (싱겁다) 맛이 연하다 아로마가 약하다 풍미가 오래 가지 않는다.	바디가 진하다. 맛과 아로마가 조화롭다. 풍미가 아주 오래 간다.	맛이 강하다. 떫은 아로마를 풍긴다 아로마가 약하다 풍미가 오래 간다

	과소 추출했을 때	정상 추출했을 때	과다 추출했을 때
커피 중량(GR)	<6	6.5	>7
물 온도(℃)	<88	90	>92
수압(Bar)	>9	9	<9
그라인딩	coarse	fine	too fine
압착(kg)	<20	20	>20
용량(cc)	<25	25	>30
시간(sec)	<20	25	>35

2) 에스프레소 추출에 부수되는 도구

템퍼(Tamper) & 템퍼매트(무독성 실리콘 소재)	넉 박스(Nock Box)
타이머	킬로그램 디지털 저울	온도계
청소용 브러쉬	카페용 행주	잔 세트

3) 포타필터 확인하기 A Hot Porta filter

포타필터 Porta Filter 는 항상 에스프레소 머신의 그룹헤드에 장착하여 머신과 같은 온도를 유지하도록 해두어야 한다. 포타필터가 차가운 경우에는 에스프레소를 추출 시에 뜨거운 물이 포타필터와 접촉하면서 온도가 떨어져 커피의 질이 떨어지기 때문이다. 만약 포타필터가 차가우면 빈 포타필터에 뜨거운 물을 흘려보내 온도를 올려준 후 추출하도록 한다.

포타필터의 전체 모습

분쇄된 커피 입자를 담기 전에 포타필터 안쪽의 바스켓필터basket filter에 커피 찌꺼기가 있으면 뜨거운 물로 린싱하여 깨끗하게 씻어주고, 그 뒤 물기를 마른행주로 닦아 준 후에 사용하도록 한다.

4) 커피 투입량 측정하기 Packing

싱글single 스파우트에는 7~9g, 더블double 스파우트에는 14~18g의 분쇄한 커피입자를 포타필터에 담도록 한다. 커피가루를 얼마나 넣어야 하는지를 측정하는 방법은 다음과 같다.

첫째, 포타필터에 커피가루를 가득 담는다. 포타필터 바스켓 안에 표시된 선은

탬핑 후 커피 가루가 채워졌을 때의 기준이 되는 선이므로 가득 담아 놓도록 한다. 필터 바스켓의 사이즈에 따라 측정 방법은 달라질 수 있다

둘째, 포타필터에 가득 담긴 커피가루를 손가락이나 그라인더의 실린더 뚜껑으로 평평하게 쓸어내도록 한다.

셋째, 평평하게 담긴 커피가루를 탬퍼를 이용하여 표준 18~20㎏의 가압으로 다져준다.

위의 세 단계를 거쳐 헤드에 장착하여 커피를 추출했을 때 커피투입량이 작을 경우 under extraction 으로 추출되며, 커피투입량이 많을 경우는 over extraction 으로 추출된다.

커피가루를 포타필터에 담기 위해 원두를 분쇄할 때는 사용할 양 만큼만 분쇄하여 추출해야 신선한 에스프레소를 맛볼 수 있다. 미리 갈아 놓은 커피는 30분 이상이 되면 미세한 입자일수록 산패의 속도가 빨라 향이 날아가고 맛에도 영향을 미치므로 신선한 에스프레소를 추출하기 위해서는 추출량만큼 갈아 그때 그때 사용하는 것이 가장 좋다.

5) 탬핑 Tamping

탬핑이란 커피가루를 포타필터에 담아 탬퍼로 꾹 눌러 고르게 다지는 작업을 말한다. 탬퍼는 포타필터에 맞는 적당한 사이즈를 사용해야 하며, 플라스틱 재질보다는 알루미늄 재질을 사용하는 것이 단단하고 균등하게 다지기 좋다.

탬핑의 순서는 다음과 같다.

- 포타필터에 정량의 커피가루를 담는 작업 dosing을 한 후 포타필터의 외벽을 탬퍼의 손잡이 부분으로 살짝 쳐주면서 커피가루를 어느 정도 평평하게 만든다.
- 탬퍼로 적당한 힘을 가해 커피가루가 수평이 되게 눌러 준다. 1차 탬핑
- 포타필터의 내벽에는 1차 탬핑 시에 완전히 다져지지 않고 남아 있는 커피가루가 붙어 있는 것을 볼 수 있다. 탬퍼의 손잡이 부분으로 포타필터의 외벽을 가볍게 쳐 주면서 주변에 붙어있는 커피가루가 떨어지도록 한다.
- 커피가루가 단단한 상태로 유지되도록 탬퍼로 한번 더 꾹 눌러주면서 돌

려준다2차 탬핑 탬핑이 끝난 후 포타필터 안의 커피가루가 적정선에 가깝게 다져져 있는지 확인하도록 한다.

- 탬핑이 끝난 즉시 그룹헤드에 장착한 후, 빠른 시간 내에 추출 버튼을 눌러주도록 한다.

만약 커피가루가 고르게 다져져 있지 않다면 기계 내부에 있는 보일러에서 나오는 뜨거운 물이 압력을 통해 커피가루를 통과할 시에 다져진 커피 케익이 표면에 균열을 일으켜 쓰고 연한 갈색의 에스프레소를 추출하게 된다. 그러므로 완벽한 상태의 에스프레소를 위해서는 평평한 상태로 고르게 다져지도록 탬핑을 하는 것이 매우 중요하다.

6) 추출하기 The Extraction

추출 버튼을 누르고 몇 초 후25~30초에 포타필터에서 에스프레소가 떨어지기 시작하면서 쥐의 꼬리 모양과 같은 얇은 줄기로 추출된다. 이때 흐르는 줄기는 황금색을 띠며, 줄기는 마치 꿀이 떨어지는 느낌과 같다.

추출시 에스프레소의 줄기에 가끔 공기방울과 섞여 덩어리지면서 추출되는 경우가 있는데, 이때는 커피가 로스팅 된지 얼마 지나지 않아 원두 내에 가스 성분이 다량 함유되어 생기는 현상으로 정상적인 현상이다.

1oz=30㎖의 에스프레소는 20~30초 이내로 추출된다. 만약 추출시간이 30초 이상 되면 그라인더에서 입자를 분쇄할 시에 커피입자를 굵게 조정하도록 하고, 20초 안으로 빠른 시간 내에 추출되면 커피입자를 얇게 조정한다.

표 3-1 에스프레소 추출 순서

	순 서	내 용
1	잔 점검	• 사용할 잔이 있는지, 잔이 뜨거운지 확인한다.
2	포타필터 뽑기	• 몸 쪽에서 왼쪽으로 45도 정도 돌리면 그룹헤드에서 포타필터가 분리된다.
3	물 흘려 내리기	• 과열된 물을 흘려 내리고 그룹 헤드 부위에 묻어있는 찌꺼기를 청소하기 위해서 하는 동작으로 2~3초 정도면 충분하다.
4	필터바스켓 닦기	• 물기나 찌꺼기의 유무에 관계없이 습관적으로 마른행주를 이용해 닦는다.
5	그라인더 작동	• 그라인더 거치대에 필터홀더를 올리면서 그라인더를 작동한다.
6	커피 가루 담기	• 레버를 규칙적으로 당겨 바스켓에 커피 가루를 담는다.
7	태핑(Tapping)	• 포타필터에 평평하게 파우더가 담기도록 댐퍼의 뒷면이나 손으로 툭툭 친다.
8	탬핑(Tamping)	• 1차 혹은 2차 고르게 눌러준다.
9	가장자리 청소하기	• 개스킷(Gasket)과 접촉하는 면을 손으로 쓸어서 청소한다. • 넉 박스 위에서 청소한다.
10	그룹에 장착하기	• 45도에서 몸 쪽으로 90도가 되도록 돌린다. • 뒤쪽을 접촉시킨 후 앞쪽을 밀어 올리면 된다.
11	버튼 누르기	• 장착 후 즉시 버튼을 누른다.
12	포타필터 뽑기	• 커피 서빙이 끝난 후 첫 동작과 같게 뽑는다 • 바스켓 내부의 쿠키 상태를 점검한다.
13	물 흘려 내리기	• 물 흘려 내리기를 통해 찌꺼기를 제거한다.
14	쿠키 버리기	• 넉 박스에 부딪혀 털어낸다.
15	필터홀더 닦기	• 필터홀더의 찌꺼기를 린넨(Linen)을 얇게 잡고 닦아낸다.
16	필터홀더 채워두기	• 홀더는 항상 그룹헤드에 장착시켜두어야 온도가 유지되면서 다음 커피 추출에 좋은 영향을 준다.

7) 에스프레소 추출 결과

(1) 정상 추출 Just Extraction

커피 입자의 분쇄 정도가 이상적인 상태라면 분쇄된 커피가루를 기계에 장착하고 1oz30ml 커피를 추출했을 때의 시간이 20~30초 이내여야 한다. 마치 꿀이 떨어지듯 추출되어 나온 에스프레소의 상태는 그 색깔이 황금색에 가까운 것이 정상 추출이다. 정상 추출된 에스프레소는 붉은 갈색을 띠는 3~4mm정도의 일명 '크레마crema'라는 층을 형성하고 때때로 표면에 호랑이 줄무늬 모양이 만들

어 지기도 한다. 또한 크레마 위로 설탕을 투과시킬 시에 크레마 위에 설탕이 한 동안 머무르고 있는 정도라면 에스프레소가 정상추출 상태라고 불 수 있다.

(2) 과소 추출 Under Extraction

커피입자가 너무 굵을 경우는 추출속도가 빠르며, 1잔을 추출하는데 20초 이 내로 추출되어 버린다. 뜨거운 물이 커피가루와 접촉하여 머무르는 시간이 충분 하지 않기 때문에 일어나는 현상이다. 이러한 경우는 바디Body, 향Flavor, 아로마 Aroma가 약하며 크레마는 엷은 갈색으로 풍부하지 않게 추출된다. 이러한 추출 현상을 'under extraction'이라 한다. 이것은 커피입자가 굵은 경우, 기준치 이하 로 탬핑한 경우, 추출 시 압력과 물의 온도가 불충분할 경우 발생 한다. 또한 원두 의 품질이 좋지 않거나 신선하지 않은 원두를 사용 한 경우에도 발생할 수 있다.

(3) 과다 추출 Over Extraction

커피입자가 너무 얇은 경우는 추출속도가 느리며, 1잔을 추출하는데 30초 이 상 걸린다. 뜨거운 물이 커피가루를 쉽게 통과하지 못하고 접촉하는 시간이 과 도하여 일어나는 현상이다. 이 경우 쓴맛과 신맛이 강해지며, 아로마는 풍부하지 않고 크레마 층이 짙은 갈색으로 어두운 반점이나 흰 반점이 생기거나 가장자리 에만 크레마가 형성된다. 이 경우는 over extraction 현상이다. 이러한 결과물은 커피입자가 얇은 경우, 또한 기준치 이상의 양을 포타필터에 담거나 기준 이상의 강한 탬핑을 하였거나, 추출할 때에 보일러의 압력과 물의 온도가 너무 높을 경 우 발생한다.

표 3-2 에스프레소 과소추출과 과다추출의 원인

	과소추출	과다추출
입자의 크기	분쇄입자가 너무 굵다	분쇄입자가 너무 가늘다
커피 사용량	기준 양보다 적은 커피를 사용	기준 양보다 많은 커피를 사용
물의 온도	기준보다 낮은 경우	기준보다 높은 경우
추출 시간	너무 짧은 추출 시간	너무 긴 추출 시간
바스켓 필터	구멍이 너무 큰 경우	구멍이 막힌 경우

에스프레소는 짧은 시간에 추출 되므로 분쇄도, 탬핑 강도, 커피 양, 물의 온도 등의 추출 요소에 의해 아주 민감한 결과를 가져온다. 커피 성분이 너무 적게 추

출되거나 그 반대로 커피 성분이 너무 많이 나오게 되면 커피가 너무 싱겁거나 불쾌한 맛이 나므로 항상 추출이 적정 범위 안에서 이루어지도록 해야 한다.

8) 크레마Crema

크레마crema는 에스프레소 상부에 갈색 빛을 띠는 크림을 말한다. 일반적으로 크레마가 많다고 해서 좋은 품질의 에스프레소라고 할 수는 없으나, 크레마가 적거나 없는 에스프레소는 거의 대부분 원두가 오래된 경우이다. 일반적으로 3~4mm 정도의 크레마가 있는 에스프레소를 가장 맛있는 에스프레소라 할 수 있다.

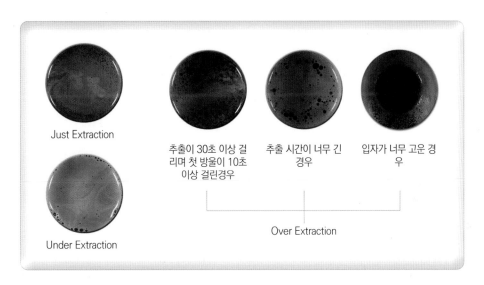

Just Extraction

Under Extraction

추출이 30초 이상 걸리며 첫 방울이 10초 이상 걸린경우

추출 시간이 너무 긴 경우

입자가 너무 고운 경우

Over Extraction

크레마는 단열층의 역할을 하여 커피가 빨리 식는 것을 막아준다. 커피의 향을 함유하고 있는 지방 성분을 많이 지니고 있기 때문에 보다 풍부하고 강한 커피향을 느낄 수 있게 해 준다. 또 그 자체가 부드럽고 상쾌한 맛과 단맛을 지니고 있어서 에스프레소의 백미로 통하고 있다.

크레마는 에스프레소 추출시 순간적으로 5초 정도 커피를 불리고infusion 나서 7~9Bar의 압력pressure으로 밀어내어 생기는 황금색이나 갈색의 크림이다. 곱게 갈은 에스프레소에서 나오는 아교질과 섬세한 커피오일의 결합체로 젤라틴gelatin과 같은 고운 입자들이 쉽게 침전되지 않고 커피 위에 떠 있는 상태라 할 수 있다.

커피음료 만들기

1. 우유거품 만들기

거품우유Forming Milk를 만드는 작업은 바리스타가 지녀야 할 필수적인 기술이다. 이러한 기술을 습득하기 위해서는 정확한 교육을 받아 스팀원리를 이해한 후에 계속해서 부단한 훈련과 노력이 필요하다.

커피 전문점에서는 카푸치노, 카페라테 등 우유거품이나 데운 우유를 첨가한 메뉴가 많이 팔린다. 따라서 바리스타는 기본적으로 우유거품 만들기Forming와 데운 우유 만들기Steaming에 대해 잘 알고 있어야 한다.

1) 기본원리

거품우유는 반자동 에스프레소 머신에 부착된 스팀노즐스팀 분사구에서 발산되는 스팀을 이용하여 만들 수 있다. 이 노즐은 우유를 따뜻하게 데워 주며, 공기를 주입시켜 거품을 만들어 주는 역할을 한다. 우유를 스티밍 하는 과정에서 노즐 끝부분의 위치를 어느 위치에 놓고 공기주입을 하느냐에 따라 그 과정이 달라진다.

2) 준비작업

(1) 우유

신선하고 차가운 우유를 사용한다. 우유에 들어있는 단백질은 거품을 형성하는데, 지방은 거품을 유지하는데 중요한 역할을 하게 되므로 저지방 저단백 우유

보다는 1등급 일반 우유를 사용하는 것이 좋다. 그리고 필요한 만큼의 우유를 데워야 하며 만들어야 할 커피 잔 수에 따라 피처의 용량을 달리하여 사용하는 것이 좋다.

Ex 20oz 피처: 6oz잔 커피 2잔, 8oz잔 커피 1잔
32oz 피처: 6oz잔 커피 3잔, 8oz잔 커피 2잔

(2) 피처

피처는 사용 전에 항상 시원하게 유지한다. 전용 피처Pitcher를 사용해야 하는데, 350ml, 600ml, 900ml 용량의 피처가 있다. 전용 피처의 형태는 아랫 부분에서 위로 갈수록 좁아지는 라운드 모양이며, 주둥이는 넓적한 것보다 뾰족한 것을 주로 사용하는 것이 좋다. 넓적한 것보다는 뾰족한 것이 카푸치노 제조 및 라떼 아트 작업에 더 편리하기 때문이다.

전용피처의 재질은 스테인리스 스틸 소재가 도자기나 유리 소재보다 좋다. 도자기나 유리에 우유를 담으면 데울 때 온도 변화를 쉽게 느낄 수 없고 깨질 염려가 있기 때문이다. 따라서 우유의 온도 변화를 손바닥으로 감지하는 것이 가능하며, 파손위험 감소와 세척 등 기물관리가 쉬운 스테인리스 스틸 소재로 된 전용 피처를 사용하는 것이 좋다.

(3) 만들기

- 신선하고 차가운 우유를 피처에 1/3 ~ 1/2 정도 담는다. 우유가 회전하며 거품이 생기는 공간이 필요하므로 1/2 이상은 담지 않는다. 스팀을 내기 전에 짧게 스팀을 빼준다.
- 스팀분사구에 고여 있는 물이 우유에 섞이지 않게 하기 위해서 이며 분사구의 예열을 하기 위한 작업이기도 하다.
- 스팀노즐의 헤드 부분까지만 우유에 담근 후, 밸브를 재빠르게 충분히 열

어준다. 이 때, 표면에만 살짝 담근 상태에서 밸브를 작동시키면 거품이 한꺼번에 확 일어나므로 꼭 헤드 부분까지 담그고 밸브를 연다.

- 스팀분사구가 우유표면에 잠길 정도로 피처의 위치를 서서히 낮춘다. 스팀분사구를 우유 표면으로부터 너무 낮게 담그면 소음과 함께 거품은 거칠게 일어나며, 스팀분사구를 우유 표면으로부터 너무 깊게 담그면 공기를 빨아들일 수 없게 되어 거품이 형성되지 않고 온도만 상승하게 되므로 주의해야 한다.

- 이 때, 우유가 회전하는 모습을 관찰하면서 회전점Rolling Point의 위치를 잘 찾아 준다. 이 작업은 스팀분사구가 우유표면에 있으면서 치익치익 소리우유에 공기가 들어가는 소리와 함께 우유의 부피가 증가되는 작업이다. 단, 이 작업을 너무 오래하면 거품과 우유를 완전히 혼합시킬 시간이 단축되어 질감 이 풍부하지 않은 성글성글한 거품이 생겨버리기 십상이므로 온도가 올라가기 전에 짧은 순간에 이 작업을 마치도록 한다.

- 위 동작을 하면서 완벽하게 회전 점이 잡혔을 때, 스팀분사구가 우유 속으로 조금 더 들어가도록 피처를 약간 올려주며, 계속 회전시킨다. 이때는 치지직 소리는 나지 않고 회전만 하고 있으며, 거품은 보이지 않고 액상처럼 보이게 된다. 회전하는 우유의 모습은 마치 욕조 속에 있는 물이 빠져 나갈 때의 모습과 흡사하다. 만약 거품이 보이거나, 생겨날 경우에는 회전점의 위치를 바꿔줌으로써 거품을 다시 우유 속으로 혼합시킬 수 있다.

- 우유의 온도가 60~70°C까지 데워지면 스팀밸브를 완전히 잠근다. 적정온도 이상 올리면 우유는 끓어 비린내가 나고 당분이 감소된다.

- 벨벳 같은 질감의 거품우유를 맛볼 수 있다. 그리고 이러한 고운 거품우유만이 유려하고 섬세한 라떼아트를 만들어 낼 수 있다.

- 마무리
  ⓐ 거품 만들기가 끝나면 피처를 바닥에 내려놓는다.
  ⓑ 스팀밸브를 다시 한 번 짧게 작동시켜 증기와 함께 남아있는 우유를 빼낸다.
  ⓒ 스팀노즐에 묻어있는 우유를 젖은 행주로 깨끗하게 닦아준다.

2. 카푸치노 만들기

1) 카푸치노란?

카푸치노란 에스프레소에 우유와 우유거품이 조화를 이루는 커피 메뉴이며 오스트리아 방식의 커피 음용법이다. 에스프레소에 우유를 붓고, 그 위에 우유 거품을 올리는데, 우유 비율이 높은 카페오레, 카페라떼보다도 우유 거품의 비율이 높아서 커피 본연의 맛은 더 진한 편이다. 우유 거품이 많이 들어가는 만큼 에스프레소와 직접 섞이는 우유의 양은 줄어들기 때문이다.

카푸치노는 오스트리아 합스부르크 왕가에서 처음 만들어 먹기 시작해 제2차 세계대전이 끝난 후 에스프레소 머신의 발달과 더불어 전세계로 퍼져나가기 시작했다. 처음 카푸치노를 만들어 먹을 때는 계핏시나몬가루나 초콜릿 가루를 뿌려먹지 않았으나, 현재는 카푸치노 위에 기호에 따라 계핏시나몬가루나 초콜릿 가루를 뿌려 먹기도 하고 레몬이나 오렌지의 껍질을 갈아서 얹기도 한다.

카푸치노라는 명칭은 이탈리아 프란체스코회의 카푸친 수도회 수도사들에게서 유래되었다고 한다. 카푸친 수도회의 수사들은 청빈의 상징으로 모자가 달린 원피스 모양의 옷을 입는데, 진한 갈색의 거품 위에 우유거품을 얹은 모습이 카푸친 수도회 수도사들이 머리를 감추기 위해 쓴 모자와 닮았다고 하여 카푸치노라고 이름이 붙여졌다는 설이 있고, 수도사들이 입던 옷의 색깔과 비슷하다고 하여 이름 붙여졌다는 설도 있다. 토스카나 지방에서는 카푸치노를 캅푸쵸 cappuccio라고도 한다.

2) 카푸치노 만드는 방법

카푸치노는 우유와 우유거품이 조화를 이루는 메뉴이며 부드럽고 진한 맛이 특징이다. 커피 잔은 150~180㎖의 잔을 사용한다. 이러한 카푸치노는 에스프레소와 우유, 우유 거품의 비율이 맞아야 맛있는 메뉴가 된다. 잔의 높이로 본다면 1:1:1이 되며, 양으로 본다면 1:2:3의 비율이 된다. 양으로는 우유거품이 가장 많이 들어 가지만 잔은 아래가 좁고 위가 넓기 때문에 높이로는 1:1:1이 된다.

거품의 양이 잔에서 1cm 이상 덮여야 좋은 품질의 카푸치노라고 할 수 있다. 카푸치노를 만들 때는 에스프레소에 우유와 우유거품을 같이 따르면 된다. 스팀피처에 우유거품을 만들고 잔에 따르기 전에 잘 흔들어서 우유와 우유거품을 잘 섞어준다. 그 다음 잔에 부어야 우유와 우유거품이 분리되지 않고 에스프레소에 잘 섞인다.

처음 부을 때는 10cm 정도의 높이에서 양은 적게 해서 부어주고, 잔에 반이 차면 스팀피처를 잔에 대고 좌우로 흔들어서 거품이 나오도록 많은 양을 붓는다. 가운데 우유의 흰색과 에스프레소 크레마의 색이 2:1 정도가 되어야 좋은 색감이라 할 수 있다.

마지막으로 계핏시나몬가루를 뿌리는 대신 에스프레소를 뽑을 때 계핏시나몬가루를 섞어서 커피를 추출하기도 한다. 또한 커피 위에 우유 거품 대신 휘핑크림을 올리기도 하며, 기호에 따라 시럽을 첨가하기도 한다. 계피 막대를 이용해 커피를 저으면 향이 더욱 좋다. 카푸치노의 거품은 보통 에스프레소 머신에 있는 스팀완드로 만들어 내는데, 거품기로 저어 만들기도 한다.

3) 카푸치노 음용

완성된 카푸치노는 시나몬이나 초코가루를 뿌려서 즐길 수 있다. 설탕을 위에 뿌린 다음 젓지 않고 스푼으로 거품을 떠먹고 나서 커피를 마시는 방법과 설탕

을 넣어 저어서 먹는 방법, 오렌지나 과일을 넣어서 먹는 방법, 좋아하는 향시럽을 첨가해서 먹는 방법 등 다양하게 즐길 수 있다.

3. 라떼아트 Latte Art 만들기

1) 라떼 아트란?

라떼 아트 Latte Art란 정상 추출되어 크레마가 풍부한 에스프레소 위에 커피머신의 스팀을 이용하여 만들어진 거품우유 벨벳밀크를 활용하여 그림이나 문양, 글씨 등을 넣어 예술적 요소를 표현하는 것을 의미한다.

우유라는 뜻의 이탈리아어 '라테 Latte'에 '아트 Art'가 합쳐진 단어로 우유 거품을 이용해 커피 위에 그림을 그리는 것을 말한다. 보통 아메리카노나 에스프레소처럼 우유가 전혀 들어가지 않는 커피를 제외하면 거의 모든 커피 음료에 라떼 아트가 가능하다. 커피에 거품 우유를 넣는 방법과 방향, 속도 등에 따라 나뭇잎과 하트, 동물 등 여러 가지 모양을 연출할 수 있다.

벨벳밀크가 만드는 환상적인 그림은 한 장의 명화라 해도 과언이 아닐 것이다. 이러한 라떼아트는 맛있는 커피 추출과 동시에 우유의 온도와 형태를 만들어 최상의 맛과 예술성, 창조성이 동시에 요구되는 숙련된 바리스타의 기술을 요하는 작업이다. 커피를 마시는 즐거움 뿐만 아니라 보는 즐거움도 함께 주게 된 라떼아트는 몇 년전 만해도 생소한 단어였지만, 요즘은 많은 커피전문점에서 라떼아트를 선보이며 전문점까지 있을 정도가 되었다.

최근에는 더 나아가 벨벳밀크를 붓고 그 위에 컴퓨터에 입력된 이미지를 다양한 컬러의 식용 가루들을 이용해 프린팅하는 데 까지 발전하고 있다. 고객의 얼굴까지 표현이 가능하게 된 것이다.

라떼아트를 위해서는 기본적으로 스팀피처_{우유 거품을 만들거나 우유를 데우는 데 사용되는 주전자}, 라떼아트잔_{컵의 입구가 넓고 바닥이 둥근 형태의 잔}, 라떼아트 펜_{미세한 무늬를 그리는 데 필요함} 등이 필요하다.

2) 라떼아트의 생성원리

(1) 풍부한 에스프레소의 크레마

라떼아트를 하기 위해선 먼저 풍부한 크레마가 생성되어야 한다. 이는 완벽한 에스프레소 추출을 위한 기본조건의 필요성과 그 뜻이 부합하다 할 수 있다. 부드러운 벨벳밀크를 만들었어도 크레마층이 없거나 너무 과도하게 쓴 에스프레소를 추출하여 혼합한다면 크레마층이 하얀 우유 거품층을 잡아주지 못해 원하는 모양의 디자인을 그리기 힘들며, 모양이 선명하지 못할 수도 있으며 너무 과도하게 뽑힌 에스프레소라면 그 맛 또한 부드러운 거품의 고소함을 느끼지 못할 수 있다.

(2) 벨벳밀크 만들기

벨벳밀크를 만들기 위해선 에스프레소 전용머신을 사용할 때 가장 적정한 우유 폼을 만들 수 있다. 머신에 부착된 스팀노즐에 우유를 담은 피쳐를 담고 우유 속에 뜨거운 증기와 외부의 공기를 유입하면서 자신이 원하는 우유 양을 만드는데, 이때 공기의 주입을 지속적으로 미세하게 해줘야 한다. 이는 공기의 주입이 미세하지 못하면 우유의 기포가 많이 생기면서 거친 거품이 생성되기 때문이다. 우유의 온도는 약 60℃ 정도를 유지하는 것이 알맞으며 질 좋은 우유거품을 만들려면 많은 노력과 연습이 필요하다.

(3) 숙련된 바리스타의 테크닉

라떼아트를 만드는 바리스타는 커피에 대한 지식과 머신에 대한 이해, 그리고 숙달된 조작법을 통해 크레마가 풍부한 에스프레소를 추출해야 하며, 자유자재

로 미세하며 질감 좋은 벨벳밀크를 만들어야 하고, 잔에 담긴 에스프레소 위에 거품우유를 따르며 디자인을 만드는 손놀림이 필요하다. 앞의 세가지 요소들이 어느 정도 조화를 이룰 때, 맛과 향 그리고 시각적으로 아름다운 한잔의 라떼아트가 만들어질 수 있다.

3) 라떼아트 기본 원리와 연습

(1) 라떼아트의 원리

라떼아트 원리란 거품우유를 에스프레소 위에 살포시 얹어주는 것으로서, 그 과정에서 우유의 연필심 같은 부분으로 그림의 두께 및 세심한 컨트롤을 조절하는 것이다.

거품우유는 그림을 밀고 당겨주며 원하는 푸어링을 하면 된다. 좋은 라떼아트를 얹기 위해선 에스프레소 안쪽에 우유를 적당량 채워주며 에스프레소와 스팀 밀크의 밀도조절 및 안정화 작업을 먼저 해야 한다. 그 후 그림을 그려 나간다. 우유 피처를 너무 높이 들어주면 떨어지는 낙차에 의해 우유가 에스프레소 위로 다시 솟구쳐서 안정화가 되지 않고, 우유 피처를 너무 낮게 잡아주면 우유가 낙차의 힘을 받지 못해 커피 위에 예쁘지 않게 뜨게 된다.

라떼아트는 순간의 찰나에 완성해야 하는 초고난이도 예술작품이라고 해도 과언이 아니다. 커피의 안정화 작업이 끝나고 우유를 잠깐 띠었다 해도 되지만 그렇다고 해도 10초, 20초를 다투는 라떼아트는 대회의 장르가 생길 정도로 고난도의 개인 역량이 필요하며 창작성이 따라줘야 한다.

스티밍의 핵심이 공기주입과 혼합이었다면 라떼아트의 핵심은 낙차와 유속이다. 이러한 라떼아트 제작시 핵심포인트 5가지는 다음과 같다.

첫째, 우유 붓는 양은 일정하게 유지한다.

둘째, 스팀피쳐의 끝 부분은 잔의 가운데 부분을 향하고 있어야 한다.

셋째, 스팀피쳐는 잔의 상단에 닿아 있어야 하며 살짝 올린 듯한 느낌으로 올려준다.

넷째, 스팀피쳐의 각도는 일정하게 앞으로 기울여져야 한다.

다섯째, 스팀피쳐를 좌우로 흔드는 넓이가 일정해야 한다.

(2) 푸어링 연습

라떼아트를 연습할 때는 먼저 물을 피쳐에 담아서 굵기 및 밀어주기를 연습한다. 잔의 모양과 크기, 그리고 싶은 이미지를 먼저 떠올리면 얼마만큼의 안정화 작업을 해줄지 어디서부터 그림을 그릴지 조금이나마 쉽게 다가올 것이다.

이처럼 푸어링 연습을 많이 하는 것이 좋다. 푸어링을 디테일하게 하기 위해선 붓 부분^{피쳐의 주둥}이 부분을 커피와 아주 밀접하게 닿는 연습이 필요하다. 그러면서도 우유가 확 나오지 않게끔 피쳐의 뒷부분을 살살 올려주는 연습이 필요하다. 푸어링 핵심 테크닉을 설명하면 다음과 같다.

첫째, 제자리 붓기 : 피쳐와 잔의 각도를 조절해서 하트와 동그라미를 그려낸다.

둘째, 흔들기 : 밀크피쳐를 흔들어 무늬를 만들어 낸다.

셋째, 가늘게 붓기 : 각도와 붓는 양을 조절해서 그림을 마무리 짓는다.

(3) 핸들링이란?

손목에 힘을 최대한 빼주면서 좌우를 반동으로만 흔들어주는 것을 말한다. 물로 연습하고 나서 우유와 물을 섞어서 사용하고 마지막은 실제 우유를 사용해 연습하는 것이 좋다. 실제 우유 100%를 사용해 하트모양 그리기를 하는 테크닉은 다음과 같다. 먼저, 우유의 굵기를 1cm~1.5cm로 에스프레소 중간 위치에 우유를 부어준다. 스팀피쳐는 10도 이상, 잔은 20도 이상 기울여 우유를 부어 주어야 한다. 잔의 우유가 70%이상 채워진 상태에서 스팀피쳐의 끝부분이 잔의 안쪽 가운데 위치할 수 있도록 두고, 커피잔을 점점 수평상태로 유지하며 우유 붓는 양을 줄이고 잔 전체의 양을 확인한다. 잔에 90%이상 거품과 우유가 가득 채워지면, 천천히 핸들링을 유지하며 하트모양을 그리기 시작한다. 우유의 양을 늘리며 스팀피쳐를 위쪽으로 들어 올리고 잔의 안쪽에 중앙 부위에 벨벳 밀크를 부어준다. 마지막으로 스팀피쳐를 천천히 하트의 꼬리 방향으로 이용하면 잔의 끝 부분에서 붓는 동작을 멈추면 된다.

관광바리스타

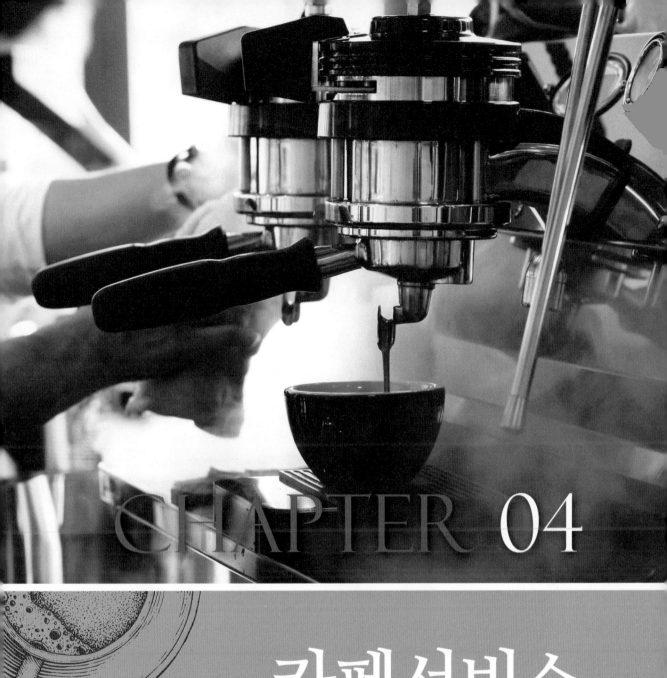

CHAPTER 04

카페서비스

제1절

카페 메뉴

1. 따뜻한 메뉴Hot Variation Menu

1) 에스프레소Espresso

| 에스프레소(싱글) | 에스프레소 도피오 |

에스프레소는 모든 메뉴의 기본이 되며, 이탈리아식 진한 커피를 말한다. 에스프레소는 영어의 빠르다Express에서 유래하였으며 공기를 압축하여 고압력으로 짧은 시간에 추출한 커피를 데미타세Demitasse 잔에 담아 고객에게 제공된다. 일반적으로 완벽하게 추출된 에스프레소는 황금빛 크레마가 오래 지속된다.

에스프레소(Espresso)	에스프레소는 1잔당 30㎖(=1oz)의 커피 원액을 말한다. 미세하게 분쇄된 7~9g의 커피원두 가루를 20~30초 안에 추출한다.
도피오(Dopppio)	영어의 'Double'에서 유래되었다. 일반 에스프레소(싱글) 양의 두 배(50~60ml)가 된다.
리스트레또(Ristretto)	이탈리어 '농축하다'는 의미로 짧게 추출(15~25ml)한 에스프레소다. 향이 진하고 향미가 강하다.
롱고(Lungo)	영어의 'Long'에서 유래되었다. 추출 시간을 길게(35~45ml)한 에스프레소다.

2) 아메리카노 Americano

이탈리아어로 'Americano'는 '미국인들'이라는 의미이다.

에스프레소에 뜨거운 물을 혼합하여 즐기는 미국식 커피이다. 에스프레소의 맛과 향은 그대로 간직하면서도 연하게 즐기고 싶을 때 적합한 메뉴이다.

대개 150~180ml 잔을 사용하는데, 물을 얼마나 넣느냐는 고객 개인의 기호에 따라 조절해준다.

아메리카노는 설탕 또는 각종 향의 시럽을 첨가해서 즐길 수 있다.

3) 카페 마끼아또 Caffe Macchiato = 에스프레소 마끼아또

Macchiato란 흔적, 얼룩을 의미하며 말 그대로 설명을 붙인다면 에스프레소의 크레마 위로 우유거품을 이용하여 점을 찍듯이 우유를 살짝 넣어준 메뉴이다.

에스프레소에 스팀우유의 새하얀 흔적이 남겨져 잔의 생김새도 그렇고 만들어진 모양까지 앙증맞은 메뉴이다. 에스프레소 때문에 다소 진하긴 하나 우유 거품이 들어가 목 넘김이 부드러운 편이다.

🍩 레시피

에스프레소 : 30ml, 우유 거품 : 적당량 2~3스푼

4) 라떼 마끼아또 Latte Macchiato = 카라멜 마키아또

에스프레소 마끼아토보다 우유의 양이 좀 더 들어간 메뉴로 일반적으로는 카라멜을 많이 첨가해서 카라멜 마키아또라고도 한다. 이처럼 라떼 마끼아또는 대부분 메뉴명 앞에 카라멜, 라즈베리 등 시럽이름이 들어간다.

에스프레소를 추출한 후 카라멜 시럽을 넣고 잘 저어 섞어 준다. 우유를 스티밍한 후 잔에 부어 완성한다.

◎ 레시피

에스프레소 : 30ml, 카라멜 시럽 : 15ml, 스팀 우유 : 140~150ml

5) 카페 라떼 Caffe Latte = 카페오레 Cafe au lait

에스프레소의 맛을 한층 더 부드럽게 접할 수 있는 커피이다. 샌드위치를 비롯한 베이커리와 함께 식사대용으로 즐겨 마시며 일반 프림이 첨가된 인스턴트커피의 맛과 비슷하나 향좋 적인 면이나 맛에서 더욱 뛰어난 메뉴이다.

카페 라떼 잔300~360ml에 에스프레소를 추출한 후 70℃로 데워진 우유를 첨가하면 된다. 각종 향과 시럽을 첨가하면 응용메뉴가 가능하다.

◎ 레시피

에스프레소 : 30ml, 우유 : 250ml

6) 카푸치노 Cappuccino

에스프레소에 스팀밀크가 어우러져, 진하고 풍부하면서 고소한 우유거품에 감싸인 에스프레소가 더욱 향긋하고 풍성하

게 입안을 채워주는 커피이다. 150~180ml의 잔에 에스프레소를 추출한 후 스팀
우유를 8부까지 채운다. 마지막으로 두툼한 우유 거품을 얹어 완성하며, 라떼아
트로 장식도 가능하며, 고객의 기호에 따라 코코아가루나 계피가루를 첨가해도
좋다.

레시피

에스프레소 : 30ml, 스팀우유 : 8부, 우유 거품 : 2cm

7) 카페 콘 파나 Caffe Con Panna

Con Panna는 with cream을 의미하며,
에스프레소에 휘핑크림을 얹어 만든 메
뉴이다. 에스프레소의 여운을 더욱 부드
럽고 달콤하게 즐길 수 있다. 기호에 따라
생크림 위로 넛트 크런치나 초콜릿 가루
를 뿌려 먹어도 맛이 있다.

에스프레소를 추출한 후 소스 튜브를 이용하여 휘핑크림을 부드럽게 올려서
완성한다.

레시피

에스프레소 : 30ml, 휘핑크림 : 적당량

8) 카페 비엔나 Caffe Vienna

오스트리아 수도 빈에서 유래된 커피로
아메리카노에 휘핑크림을 올려 만든다.
잔에 에스프레소를 추출한 후 커피의 쓴
맛 완화를 위해 설탕을 넣는다. 뜨거운 물
을 7~8부 정도까지 붓고 그 위에 휘핑크
림을 올려 마감한다.

레시피

에스프레소 : 30ml, 설탕 : 1~2 티 스푼, 뜨거운 물 : 170ml, 휘핑크림 : 적당량

9) 카페 모카Caffe Mocha

초코와 우유가 첨가된 따뜻한 커피에 촉촉한 휘핑크림까지 더해진 진한 맛의 메뉴로써 달콤하고 부드러운 맛과 멋스런 모양까지 더해져 특히 젊은 여성들에게 인기 있는 메뉴이다.

카페모카 잔에 초코시럽을 붓고 에스프레소를 추출한다. 스푼을 이용하여 잘 섞이도록 저어준다. 여기에 데워진 우유를 부어 잔의 8부까지 채운 후 휘핑크림으로 마감한다.

🍩 레시피

에스프레소 : 30ml, 초콜릿 소스 : 15~20ml, 스팀우유 : 100ml, 휘핑크림 : 적당량

2. 아이스 메뉴Iced Variation

1) 아이스 에스프레소Iced Espresso

진한 에스프레소를 시원하게 즐길 수 있는 메뉴이다. 잔에 얼음을 8부까지 채우고 찬 물도 8부 라인까지 부어 준다. 그다음 에스프레소를 추출한 후 부드럽게 부어 완성한다.

기호에 따라 시럽을 추가해서 즐길 수 있다. 쉐이킹을 하면 더 부드러운 맛을 즐길 수 있다.

🍩 레시피

에스프레소 : 30ml, 얼음 : 1컵 분량, 냉수 : 1컵 분량

2) 아이스 아메리카노Iced Americano

아메리카노를 더운 여름철 시원하게 즐길 수 있는 메뉴로 특히, 젊은이들이 선

호하는 메뉴이다.

얼음이 첨가되는 메뉴로 에스프레소 농도가 더 진하거나 2샷Shot을 넣어 만든다. 잔에 얼음을 가득 담고 에스프레소를 추출하여 얼음이 채워진 잔에 에스프레소를 붓는다. 그 다음 냉수를 잔의 9부까지 채워서 완성한다.

🍩 레시피

　　에스프레소 : 2샷Shop, 얼음 : 1컵 분량, 냉수 : 1컵 분량

3) 아이스 카페 라테 Iced Caffe Latte

부드럽고 고소한 카페 라떼를 시원하게 즐기는 메뉴이고 각종 향 시럽을 첨가하여 메뉴 응용이 가능하다.

아이스 잔에 얼음을 채우고 우유를 8부 정도 붓는다. 그 위에 에스프레소를 추출하여 아이스 잔에 부어 완성한다.

우유와 커피가 2개 층을 형성해 시각적인 효과가 있으며, 잘 저어 혼합하여 고소한 맛을 즐길 수 있다.

🍩 레시피

　　에스프레소 : 2샷, 우유 : 잔의 8부, 얼음 : 1컵 분량

4) 아이스 카푸치노 = 카푸치노 프레도 Cappuccino Freddo

진한 커피 맛과 부드러운 우유 거품이 잘 조화된 메뉴이다. 아이스 카푸치노 잔에 8부 정도까지 얼음을 채운다. 우유를 8부까지 채운 후 에스프레소 2샷을 추출하여 넣는다. 쉐이커에 우유를 넣고 흔들어 우유 거품을 만든다. 스푼으로 우유거품을 잔에 채워 완성한다. 초콜릿 또는 계피가루로 뿌려주면 좋다.

🍩 레시피

　　에스프레소 : 2샷, 우유 : 적당량, 우유 거품 : 적당량,

　　얼음 : 1컵

5) 아이스 카페 비엔나Iced Caffe Vienna

아이스 잔에 얼음을 8부까지 채운 후 에스프레소 2샷을 추출하여 붓는다. 물과 설탕 시럽을 넣고 잘 섞이도록 저어 준다. 그 위에 휘핑크림을 살짝 올려 완성한다.

레시피

에스프레소 : 2샷, 냉수 : 1컵180~200ml, 얼음 : 1컵, 설탕 시럽 : 15~20ml, 휘핑크림 : 적당량

6) 아이스 카페모카Iced Caffe Mocha

초콜릿 소스, 에스프레소, 휘핑크림이 조화를 이루는 달콤하고 부드러우며 시원한 음료이다.

아이스 잔에 초코시럽과 에스프레소, 우유120ml를 넣고 재료들이 잘 섞이도록 저어 준다. 그 다음 얼음을 채운 잔에 8부까지 부어주고 휘핑크림을 올린다. 초콜릿 소스나 코코아 파우더를 이용하여 토핑할 수도 있다.

레시피

에스프레소 : 30ml, 초콜릿 시럽 : 30ml, 우유 : 120ml, 얼음 : 1컵, 휘핑크림 : 적당량

7) 아이스 카라멜 마키아또

부드러운 우유 거품과 캐러멜의 달콤한 맛이 조화를 이루는 차가운 커피음료이다. 아이스 잔에 얼음을 8부 정도 채운다. 우유를 1/2 정도 붓고 캐러멜 시럽을 넣고 잘 저어 섞어 준다. 우유거품을 내어 스푼으로 떠 올려준 후 에스프레소 2샷을 천천히 부어 완성한다.

레시피

에스프레소 : 2샷, 캐러멜 시럽 : 30ml, 얼음 : 1컵 우유 : 반컵, 우유 거품, 캐러멜 소스 : 적당량

8) 콜드블루Cold Brew = 더치커피Dutch Coffee

분쇄한 원두를 상온에서 차가운 물에 장시간에 걸쳐 우려내 쓴 맛이 덜하고 부르러운 풍미를 느낄 수 있는 커피를 말하며 네덜란드인들에 의해 고안된 커피로 알려져 있다.

콜드브루는 에스프레소에 비해 카페인 함량은 낮은 반면 황산화물질의 함량이 높아 일반 커피에 비해 건강에 더 좋은 것으로 알려져 있다.

추출된 커피 원액은 밀봉해서 하루 이틀 정도 저온 숙성하면 풍미가 더 살아나며, 원액을 그대로 마시기도 하지만 우유나 시럽 또는 물을 타서 희석하거나 얼음을 넣어 마시는 것이 일반적이다.

바리스타 서비스

1. 바리스타의 정의

'바리스타'는 이탈리아 어원에 따르면 '바맨Bar man으로 바Bar를 관리하는 사람이다. 그래서 바리스타는 바에서 커피를 추출하는 사람일 뿐만 아니라 커피매장의 관리, 제공되는 커피의 품질관리, 고객관리, 매출관리, 마케팅관리, 스탭관리 등 매장 전반을 책임지는 매니저로 인식되고 있다. 결국, 바리스타는 완벽한 에스프레소를 추출하고 제조하는 능력을 소유한 사람일 뿐만 아니라 여기에 서비스와 매장관리 능력이 갖추어진 사람이어야 한다. 커피 머신의 완벽한 활용, 고객의 입맛에 최대한의 만족을 주기 위한 손 터치 그리고 커피머신의 운영, 어떻게 커피머신의 성능을 유지시킬 것인가를 알아야하며 훌륭한 인간관계를 형성하고 고객과의 유대감을 지속하며 증진시킬 수 있는 능력을 소유해야 한다.

이처럼 바리스타는 서비스 맨인 동시에 엔지니어가 되어야 한다. 엔지니어는 '기계쟁이'만을 지칭하는 개념은 아니다. 어떤 재료나 수단을 잘 다루고 응용함으로써 멋진 결과를 연출하는 능력, 때로는 그 결과를 위한 과정으로서 적절하게 관리하는 것도 엔지니어적인 영역이다.

그것은 아티스트의 전 단계이다. 아티스트는 이런 엔지니어적인 능력에 창의력과 창조력을 겸비한 사람이다. 훌륭한 연주자는 자신의 악기를 잘 다루는 사람인 동시에 내 몸처럼 잘 보살피는 관리자이기도 하다. 이처럼 바리스타는 기계와 익숙해지고 친해져야 한다. 능숙한 바리스타는 그라인더나 커피머신, 블렌더 등

업소용 기계들을 잘 다룰 뿐만 아니라 내 몸의 일부처럼 여기며 관리할 줄 아는 사람이다. 기계의 모터소리만 들어도 상태를 감지할 수 있어야 한다.

 바리스타 커피제조 체크포인트!

① 커피는 신선한 것을 사용하며, 포장 개봉 후 공기와의 접촉을 최대한 줄이기 위해 밀폐용기에 보관한다.
② 바리스타의 손이 가장 많이 가는 작업인 탬핑은 질 좋은 에스프레소를 뽑아내는 데에 필수적인 사항이다.
③ 정확한 추출시간을 지키는 것이 중요하다. 20~30초의 시간이 맞지 않는 다면 추출 공식에 맞지 않는 작업을 수행했다는 것이다.
④ 잔은 항상 먼저 데워 두도록 하며 포타필터도 뜨겁게 유지하여 사용 한다. 커피는 65℃가 될 때 가장 맛있다고 한다. 이 맛있는 온도를 위해선 커피가 가장 먼저 닿는 기계와 잔이 65℃를 유지할 만큼의 온도를 유지하고 있어야 한다.
⑤ 에스프레소 추출 후 크레마(Crema)를 확인한다. 2~3ml의 거품 층을 갖고 황금색의 색깔을 띠며 크레마가 지속성이 있어야 완벽한 에스프레소라 말할 수 있다.
⑥ 정기적인 머신을 청소하고 관리하는 것은 필수이다. 머신을 어떻게 관리하느냐에 따라 머신의 수명이 결정되며 기계의 상태가 최상이어야 맛 좋은 커피를 뽑는데 용이하기 때문이다.

2. 바리스타의 복장과 용모

1) 복장

유니폼	• 근무시간 중에는 지정된 유니폼을 착용한다. • 수시로 옷매무새를 확인하여 단정한 차림을 유지한다. • 일주일에 2번 이상 세탁하여 항상 깨끗이 한다. • 얼룩이 묻으면, 즉시 다른 유니폼으로 갈아입는다. • 옷의 찢어진 곳, 뜯어진 부분은 수선하여 입는다. • 위생모자는 규정에 맞게 착용한다.
명 찰	• 이름이 보이도록 규정된 위치에 바르게 착용한다.
구 두	• 편안한 단화를 신으며, 항상 청결함을 유지한다. • 무늬와 장식이 없는 흑색으로 착용한다. • 뒤축이 닳았거나 훼손된 경우 수선하여 착용한다.

2) 용모

공통	• 수시로 거울을 보고 용모를 점검한다. • 용변 후에는 반드시 손을 씻는다. • 이는 식사 후 깨끗이 닦고 입 냄새가 나지 않도록 한다. • 눈에 눈꼽이 끼지 않도록 한다. • 입술이 거칠어져 있지 않도록 한다. • 목욕은 자주 하여 땀 냄새가 나지 않도록 한다. • 손톱은 짧고 깨끗하게 정리한다.
남성	• 앞머리는 눈을 가리지 않게 한다. • 면도는 매일 아침 깨끗하게 한다. • 코털이 빠져 나오지 않도록 한다.
여성	• 긴머리는 단정하고 활동하기 편하게 묶는다. • 짧은 머리는 머리핀으로 잘 고정시킨다. • 화장은 너무 진하지 않게, 자연스럽고 평범하게 한다.

3) 단정한 용모관리를 위한 채크리스트

• 명찰은 규정 위치에 바르게 달았나요?	O, ×
• 위생모자는 착용하였나요?	O, ×
• 유니폼과 구두는 깨끗하고 단정한가요?	O, ×
• 어깨에 비듬이나 머리카락이 붙어 있지는 않은가요?	O, ×
• 머리는 단정하게 빗질이 되었으며 묶여 졌나요?	O, ×
• 화장이 너무 짙지는 않나요?	O, ×
• 향수는 은은하고 무난한가요?	O, ×
• 립스틱 색깔은 적당한가요?	O, ×
• 면도는 잘 되었나요?	O, ×
• 식사 후 양치질은 하셨나요?	O, ×
• 손은 깨끗이 잘 관리하고 있나요?	O, ×
• 손톱은 짧게 깍였나요?	O, ×
• 액세서리 착용은 적당한가요?	O, ×
• 스타킹 또는 양말은 단정한가요?	O, ×

3. 판매제품 설명하기

1) 에스프레소

풍부한 커피의 향과 진한 크레마가 일품인 에스프레소는 에스프레소 머신에서 바로 추출한 커피의 농축액입니다. 물이나 우유를 첨가하지 않아 커피 고유의 신맛, 단맛, 깊은 쓴맛을 느끼실 수 있으며 바디감이 아주 훌륭한 커피입니다.

2) 아메리카노

에스프레소에 물을 첨가하여 에스프레소의 진한 맛을 조금 더 부드럽게 해 주는 커피입니다. 깔끔한 커피의 맛을 원하신다면 아메리카노를 추천합니다.

3) 카페 라떼

진한 에스프레소에 부드러운 우유거품과 우유를 넣어 커피의 맛을 부드럽고 담백하게 해주는 것이 특징입니다. 커피가 쓰거나 부드러운 우유 느낌을 좋아하시면 카페라떼를 추천해 드립니다. 시럽을 넣어서 달콤하게 즐기실 수도 있습니다.

4) 카푸치노

진한 에스프레소에 풍부한 우유거품과 고소한 우유를 넣어 커피를 고소하고 담백하게 즐기실 수 있습니다. 계핏가루나 시럽을 첨가하여 즐기실 수도 있습니다.

5) 카페모카

초콜릿 소스와 우유, 에스프레소가 함께 어우러져 달콤하고 풍부한 느낌의 커피입니다. 휘핑크림을 올려 더욱 풍성하게 즐기실 수 있으며 평소 초콜릿이나 단맛을 좋아하신다면 카페모카를 추천합니다.

6) 카라멜 마끼아또

메뉴의 이름처럼 에스프레소에 카라멜소스와 우유가 첨가되는 커피입니다. 평소 카라멜을 좋아하시거나 단맛을 좋아하신다면 카라멜 특유의 향이 좋은 카라멜 마끼아또를 추천합니다.

4. 카페상황별 응대요령

고객응대는 카페를 방문하는 고객의 요구에 응하여 대처하는 서비스 활동이다. 카페에서 고객을 응대하는 상황은 커피를 판매할 때와 고객이 컴프레인 Complain을 제기할 때 등이 있다.

고객응대 서비스에서 바리스타는 고객의 요구를 정확하게 이해하고, 고객의 요구에 부합하는 대처를 해야 한다. 이 때 항상 친절하고 정성을 다하는 태도를 지녀야한다.

1) 커피판매 상황에서의 응대

바리스타는 주로 커피를 주문받고 전달하는 커피판매 과정에서 고객과 접촉하게 된다. 고객은 커피의 맛 뿐만 아니라 응대에서 받은 인상, 느낌 등으로 카페를 평가하므로 응대 과정과 방법을 바르게 숙지하고 적절하게 응대하여야 한다.

(1) 커피 주문 접수

카페에서 커피주문 접수는 POS 계산대 앞에서 이루어진다. 그러므로 직무배치에서 계산 및 계산기, 포스기 활용에 불편이 없는 사람, 기기 활용 속도가 빠른 사람 등 훈련이 충분히 되어 있는 직원으로 배치하는 것이 좋다.

◎ 대기

대기 상황	응대 요령
고객의 주문을 기다리는 일반적인 경우	• 고객이 커피를 주문하기 전까지 포스기 앞에서 허리를 편 단정한 자세로 밝은 표정을 지으며 대기한다.
고객이 커피 주문을 결정하는데 시간이 걸리는 경우	• 고객이 주문할 때까지 인내심을 가지고 기다리며 대기한다.
고객이 없는 경우	• 커피주문 접수를 맡았을 때에는 고객의 유무와 상관없이 항상 포스기 앞에서 대기해야한다. • 단, 주문하는 고객이 없을 경우에는 매니저와 논의하여 주방 주변 정리, 카페홀 정리 등의 업무를 할 수도 있다.

주문접수

커피 주문접수 상황	응대 요령
고객이 커피를 선택하여 주문하는 일반적인 경우	• 주문접수 과정에서 고객과 대화할 때에는 눈을 맞추면서 정중한 말투로 응대하며, 주문 내용을 정확하게 확인해야 한다. • 대표적인 예로, 고객이 "아메리카노요."라고 주문한다면 "따뜻한 아메리카노인가요? 아니면 아이스(아메리카노) 인가요?"라고 즉시 되물어서 확인해야 한다.
고객이 커피를 구체적으로 주문하는 경우	• 고객의 요구사항을 주문서의 옵션으로 추가하거나 주문서에 수기로 작성하여 커피제조 담당자에게 전달할 수 있도록 해야 한다. • 고객 요청사항으로는 카푸치노에 시나몬 파우더 넣지 않기, 아메리카노 연하게, 카페라떼에 샷 추가, 카페모카에 휘핑크림을 많이 넣는 것 등이 있을 수 있다. • 카페 내 포스기에 따라 다를 수 있지만 '시나몬 제거', '연하게', '샷 추가'등은 주문서 작성 시 추가로 옵션을 지정할 수 있다. 그 외의 요구사항인 '휘핑크림 많이'등은 출력된 주문서에 펜으로 적어서 커피제조 담당자에게 건네준다.
고객이 말한 주문내용을 알아듣지 못한 경우	• 당황하지 말고 고객에게 "죄송합니다. 다시 한 번 더 말씀해주시겠습니까?"라고 부탁하여 주문을 다시 받는다.
고객이 주문할 커피를 정하지 못하고 커피를 추천해달라고 하는 경우	• 무난한 카페라떼, 아메리카노 혹은 매장에서 제일 많이 팔리는 커피를 추천한다.
고객이 카페 메뉴에 대한 설명을 요구하는 경우	• 메뉴에 대한 설명은 커피 제조 시 사용되는 내용물 또는 맛과 향미의 특징에 대해 설명한다.
고객이 잠시 기다려야 하는 경우	• 고객에게 "잠시만 기다려주세요."라고 양해를 구한 뒤 커피제조자에게 신속하게 주문사항을 전하는 등의 업무를 처리한다. • 업무 처리 후 포스기로 돌아와서 고객에게 "주문하시겠어요?"라고 말하면서 주문 접수를 시작한다.

결재처리

결재처리 과정	응대 요령
주문을 확인하면서 포스기에 주문서를 입력	• 고객이 주문하는 커피를 말할 때, 바리스타는 주문 확인과 주문서 작성을 동시에 한다. 예를 들어, "따뜻한 카페라떼 두잔, 아이스 아메리카노 한잔"이라고 말하면서 동시에 계산대에 입력해야 한다. • 바리스타가 고객이 주문한 커피를 말하고 주문서를 작성할 때, 고객이 잘못 주문되었다고 지적할 수도 있다. 그렇다면 당황하지 말고 고객에게 재차 확인하면서 주문서를 수정한다.

결재처리 과정	응대 요령
고객으로부터 현금이나 신용카드, 결재기기 건네받기	• 현금(상품권 포함)인 경우, "현금영수증을 하시겠습니까?"라고 묻고, 고객이 원하면 현금영수증 처리 버튼을 누른 뒤 "휴대전화번호를 눌러주세요."라고 말한다. 고객이 휴대전화번호를 입력하면 승인 버튼을 눌러서 처리한다. • 신용카드인 경우, 카드를 계산대에 긁거나 IC결재기에 넣어서 결재한 뒤 "서명해주세요."라고 말한다. 고객이 서명을 하면 승인 버튼을 눌러서 처리한다. • 삼성페이 등으로 결재를 원하면 휴대폰을 고객으로부터 받은 후 NFC기능이 작동되도록 처리한다.
결재 후 영수증, 진동벨, 신용카드 또는 거스름돈을 고객에게 건네면서 픽업대기를 안내하기	• 픽업대 안내는 픽업대를 손으로 가리키며 "커피는 저쪽에서 받으시면 됩니다."라고 한다. • 고객이 한두 명인 경우에는 진동벨을 사용하지 않기도 한다. • 픽업대가 계산대 바로 옆에 있는 경우와 픽업대의 위치를 알고 있는 단골손님에게는 픽업대 안내를 하지 않아도 무방하다. • 고객이 "영수증은 필요없습니다."라고 말하면 고객이 원하는 대로 나머지만 건넨다.

(2) 커피 전달

일반적으로 카페에서의 커피전달은 픽업대에서 이루어진다. 픽업대는 보통 계산대나 제품진열대 옆에 별도로 마련되어 있으며, 카페의 구조에 따라 다양하게 위치할 수 있다.

테이크아웃 컵과 머그컵 사용

커피 전달 상황	응대 요령
테이크아웃컵에 포장하는 경우	• 핫/아이스 홀더를 구분하여 컵홀더를 끼워야 한다.
머그컵에 담아주는 경우	• 쟁반에 담아서 준비한다.
캐리어에 포장하는 경우	• 주문과정이나 인계대기 과정에서 고객이 캐리어를 요청했을 경우에는, 주문한 커피의 수에 맞는 캐리어를 조립해서 커피를 담아 제공한다.

전달

진동벨 사용 상황	응대 요령
진동벨을 사용하는 경우	• 전달준비를 한 뒤에는 고객이 커피를 찾아갈 수 있도록 진동벨을 누르면 된다. 고객이 픽업대로 오면 커피를 건네고 진동벨을 받는다. • 일반적으로 커피를 건넬 때 주문한 커피와 개수를 말하며, 말하지 않아도 무방하다. • 예를 들어, "주문하신 카페라떼 두잔입니다."라고 말하면서 건넨다.

진동벨 사용 상황	응대 요령
진동벨을 사용하지 않는 경우	• 카페홀을 향해 큰 목소리로 주문한 커피와 개수를 말한 뒤 고객이 오면 커피를 건넨다. • 예를 들어, "주문하신 카페라떼 두잔 나왔습니다."라고 말할 수 있다.

고객요청 응대

고객요청 상황	응대 요령
캐리어 포장을 요청하는 경우	• 캐리어는 '인계'과정에서 즉시 포장하여, 고객에게 캐리어에 담긴 커피를 건네준다.
티슈, 빨대 등의 물품을 요청하는 경우	• 티슈나 빨대를 고객이 요청하면 픽업대 근처 물품이 구비된 장소를 손으로 안내한다. • 만약, 티슈나 빨대 등이 떨어져 구비대에 하나도 없다면 물품보관 장소에서 찾아서 고객에게 전달하여야 한다.
고객이 주문하지 않은 음료를 받게 된 경우	• 주문서가 잘못되어 고객이 주문하지 않은 다른 음료를 받게 되었을 경우에는, 당황하지 말고 "죄송합니다. 지금 바로 만들어 드리겠습니다."라고 고객에게 정중히 사과한 뒤 커피제조 담당자에게 고객이 주문한 커피를 만들어 달라고 주문한다.

2) 불만고객 응대

커피제조, 매장관리, 고객 서비스에 정성을 기울이더라도 예기치 않게 언제든 고객의 불만이 제기될 수 있다. 고객이 불만을 제기하더라도 당황하거나 불쾌해하지 말고 차분하게 응대하면 된다.

불만고객을 잘 처리하면 오히려 충성고객이 된다. 불만고객 응대는 매니저와 바리스타가 함께 고객의 불만을 해결하는 것이 좋다. 고객이 카페의 응대에 만족하지 못했을 때 SNS망을 통해 좋지 않은 의견을 제기할 수도 있기 때문에 바리스타가 직접 해결할 수 있는 상황을 제외하고, 고객이 불만을 제기했을 때는 매니저와 함께 응대하는 것이 좋다.

고객의 불만은 다양할 수 있지만 불만처리 응대는 일반적으로 사과 및 공감, 불만사항 파악, 불만사항 해결의 과정을 거치게 된다.

(1) 고객 불만처리 5단계

(2) 불만처리 3번주의

① 사람을 바꾼다 : 사원에서 상사로, 신입사원에서 경력사원으로

- 고객들은 지위가 높은 사람이 와서 사과하기를 기대한다.

② 장소를 바꾼다 : 서서 하는 것보다는 앉아서, 영업장 보다는 사무실 내에서

- 고객의 군중심리를 막고, 타 고객에게 피해가 없도록 하기 위함이다.

③ 시간을 바꾼다 : 즉답과 변명을 피하고 냉각시간을 갖는다.

- 사람은 시간이 지나면 누구든지 성질이 누그러진다.

(3) 불만고객 상황별 응대 요령

불만고객 발생 상황	응대 요령
주문량이 많을 때	• 고객이 많거나, 카페 사정에 의해서 커피가 늦게 나오는 경우가 종종 있다. 이 때 고객들은 기다리지 못하고 주문을 취소하거나 불편하다고 말할 수 있다. • 고객의 이해를 구하고, 커피제조에 더 많은 직원을 투입하여 주문이 밀리지 않도록 조정한다.

불만고객 발생 상황	응대 요령
커피 맛에 불만족할 때	• 커피의 맛이 고객 본인의 입맛에 맞지 않다거나 많이 식어 있다는 등의 불만이 제기될 수 있다. • 고객이 원하는 맛에 대해 우선 들은 뒤 그 요구에 맞춰 다시 커피를 만들어 주도록 한다.
매장청결 상태에 불만족할 때	• 매장 내 쓰레기통의 분리수거가 되지 않았거나 매장 바닥에 쓰레기가 있거나, 탁자 위가 지저분할 경우, 매장청결에 대한 불만이 제기될 수 있다. • 매니저와 바리스타는 즉시 고객이 지적한 곳을 청소할 수 있도록 한다.
직원의 불친절에 기분 나빠할 때	• 근무중에 있는 바리스타의 당일 컨디션과 상황에 따라 의식적, 무의식적으로 무표정하게 고객을 응대하면 고객이 직원의 불친절에 대해 불만을 제기할 수 있다. • 고객이 어떤 부분에서 불쾌감을 느꼈는지 확인한 뒤에 해당 직원과 매니저가 함께 거듭 사과하도록 한다. • 고객이 돌아간 후 해당 직원에게 고객응대의 기본원칙을 다시 교육시킨다.
매장 위생관리에 불만을 제기할 때	• 카페는 먹는 음료를 판매하는 곳이므로 고객들은 근로자의 복장청결, 외모관리, 매장 위생관리 등에 대해 불만을 제기할 수 있다. • 고객이 돌아간 후 해당 직원들의 위생관리에 대해 교육시킨다.

매장관리

매장관리는 매장 내 기기를 유지 보수하고, 물품을 정리 정돈하고, 매장을 청결하게 유지하는 일을 말한다.

관리해야 하는 매장 내 공간은 카페주방, 카페홀, 물품창고 등이며, 카페의 구조와 규모에 따라 관리해야 하는 곳이 추가될 수 있다.

1. 카페 주방관리

카페주방은 고객들에게 판매하는 커피를 제조하는 곳으로, 대부분 오픈키친 방식으로 공개되어 있다. 고객들이 청결상태를 직접 확인이 가능해 자주 눈여겨보는 공간이므로 다른 어느 곳보다 청결에 각별히 주의를 기울여야 한다.

카페 주방관리는 커피 관련 기기 청소·점검과 주방 주변 정리로 구분된다. 정기적으로 청소하고 점검해야 할 커피 관련 기기는 커피머신, 그라인더이며, 기기별 청소·점검 주기를 매뉴얼에 따라 관리해야 한다. 주방 주변에서 정리할 공간은 싱크대, 커피머신 주변, 제품진열대이며, 매일 수시로 청소해야 한다.

1) 설거지

- 설거지는 카페에서 이용한 물품들을 세척하고, 제자리에 정리하는 것이다. 실제로 바리스타는 커피를 만드는 것보다 설거지하는데 더 많은 시간

을 소비한다. 설거지는 허드렛일이 아니라 커피를 만들기 전 준비단계에서 필수적인 일이므로 소홀히 하지 말아야 한다.

- 설거지는 커피 제조에서 사용한 스팀피처, 스푼 등과 실내에서 고객이 이용한 머그컵들이 싱크대에 쌓이면 즉시 해야 한다.
- 특히, 스팀피처의 경우 우유가 굳어지면 세척하기 어려우므로 주의해야 한다.
- 설거지하는 요령은 카페마다 다를 수 있으므로 바리스타는 매니저와 논의하여 매뉴얼에 따른 요령을 익혀 시행하는 것이 좋다.

2) 커피머신 주변 정리

- 커피머신 주변정리는 커피를 제조하는 과정에서 나올 수 있는 오물들을 행주로 닦아 내고, 관련 물품들을 정리하는 작업을 말한다.
- 커피를 만들 때 사용하는 커피가루, 우유, 시럽 등이 커피머신 주변에 흘려져 있으면 행주로 닦아내며, 바닥에는 항상 오물이 없도록 해야 한다.
- 원두 분쇄과정에서 그라인더 주위에 원두 커피가루가 많이 나올 수 있으므로 유심히 살펴야 하며, 넉박스에 찌꺼기가 차면 바로 비워야 한다.
- 시럽, 파우더와 세척한 스팀피처, 스푼 등은 수시로 제자리에 정리하여 커피를 만들 수 있는 준비가 되어 있도록 해야 한다.
- 일회용컵, 머그컵, 컵홀더의 유무 또한 수시로 확인해야 한다.

3) 제품진열대 정리

- 카페에서 커피 이외로 판매하는 머핀, 쿠키, 스콘 등은 보통 별도로 제품진열대에 배치한다.
- 근무 중에 수시로 제품의 진열이 잘 되어 있는지 확인하고, 마른 걸레로 포장된 제품 위 먼지를 제거해야 한다.
- 진열해야 하는 제품이 떨어지는 게 확인되면 우선 재고를 살펴봐야 하며, 그 후 재고가 있다면 제품을 찾아서 진열하고, 없다면 매니저와 논의하여 구입주문이 이루어 질 수 있도록 처리해야 한다.

2. 카페 홀 관리

1) 카페 홀 청소

- 카페홀 중 청소해야 하는 곳은 매장바닥, 간판, 유리창 등이며, 고객들이 커피를 마시면서 담소를 나누거나 휴식을 취하는 공간이므로 항상 깨끗하게 정돈하여야 한다.
- 매장바닥은 매일 수시로 청소해야 하며 주로 출근 후, 쓰레기가 눈에 보일 때, 매니저가 지시하였을 때, 퇴근 전에 실시한다. 카페에 따라 공간이 다르기 때문에 매장바닥의 어디까지 청소해야 하는지는 매니저에게 물어보거나 다른 바리스타들과 함께 정해서 실시해야 한다.
- 특히, 매장 입구는 매장에 대한 고객들의 첫인상을 결정하는 중요한 곳이기에 항상 깨끗하게 유지되도록 신경 써야 한다.
- 간판이나 유리창은 매니저와 의논하여 청결 상태에 따라 주기적으로 또는 필요에 따라 청소를 실시한다.
- 청소하기 전에 빗자루, 쓰레받기, 마포걸레 등이 담긴 청소도구함이 어디에 있는지 알고 있어야 하며, 청소 후에는 청소도구를 원래대로 잘 정리해 두어야 한다.

2) 탁자정리하기

- 의자 정리정돈, 탁자 위 청소는 매일 수시로 해야 하며, 의자가 흐트러져 있을 때, 탁자 위가 지저분할 때, 고객이 탁자 위 정리를 요청할 때, 퇴근 전에 주로 실시한다.
- 의자를 정리할 때에는 의자를 살짝 들고 내려놓아 소리가 크게 나지 않도록 조심해야 한다. 의자가 바닥에 부딪힐 때의 소음이 고객들에게 불쾌감을 줄 수 있기 때문이다.
- 탁자 위 정리는 고객이 나간 뒤에 남겨진 종이컵, 티슈를 쓰레기통에 분리수거하고, 머그컵은 싱크대로 가져가서 설거지 하도록 하며, 행주나 마른 걸레로 탁자를 닦는 방법으로 한다.

- 행주를 사용할 때에는 탁자 위가 끈적거리지 않도록 싱크대에서 행주를 빨고 나서 물기가 최대한 없도록 꽉 짜서 닦아야 한다.

3) 쓰레기 치우기

- 쓰레기는 매일 퇴근 전에 주로 치우게 되지만, 쓰레기통이 차면 수시로 치우기도 한다.
- 분리 수거한 쓰레기를 쓰레기 봉투에 담아 건물 내 지정된 수거장소에 가져다 놓으면 된다.
- 쓰레기를 봉투에 담은 뒤에는 바닥에 남은 쓰레기가 없는지 확인해야 하며, 쓰레기를 치운 뒤에는 손을 깨끗이 씻어 청결을 유지해야 한다.
- 쓰레기를 치우기 전에 규격 쓰레기 봉투가 어느 서랍에 보관되어 있는지, 건물 내 지정된 수거장소가 어디인지 숙지하고 있어야 한다.

3. 물품관리

- 카페로 배송 도착된 물품은 품목별로 매장 내 지정된 장소에 정리한다.
- 물품을 정리하기에 앞서 품목별 정리장소가 어디인지 숙지하고 있어야 한다.
- 카페로 배송될 수 있는 물품은 커피 제조 관련 재료원두, 우유, 시럽 등와 그외 물품일회용컵, 컵홀더, 빨대, 커피스틱, 티슈 등으로 구분된다.
- 커피 제조 관련 재료는 냉장 보관해야 하며 커피제조 시 꺼내서 사용이 편리하도록 잘 정리해야 한다.
- 물품을 정리한 뒤 남은 빈 박스들은 바로 정리하여 매장 내 청결을 유지하도록 해야 한다.

4. 머신 관리

1) 머신 사용 전 준수사항

- 워터 보일러 압력을 점검한다.레버:1.2~1.4BAR, 열교환기:0.9~1.1BAR 압력이 다르면, 전문 기술자를 통해 기기 내부의 압력 스위치를 조정해야 한다.
- 워터 보일러에서 나오는 증기를 배출하여 압력 밸브와 진공 안전판을 점검한다.
- 워터 보일러의 물 레벨이 70%에 이르는지 점검한다.

  레벨이 다르면 : - 물 레벨 > 70%, 워터 보일러 온도가 내려간다.
  - 물 레벨 < 70%, 워터 보일러 온도가 올라간다.

- 그룹 헤드에서 흐르는 물이 어떻게 분사되는지 점검한다.포타필터를 걸지 않은 상태에서, 물이 졸졸 흐르거나 압력 분사 방식이 아니라 증기와 함께 원뿔형 모양으로 떨어 진다면 막힌 구멍이 많이 있다는 표시이다.
- 에스프레소 추출 압력이 9Bar 인지 점검한다.

2) 머신 사용시 준수사항

- 항상 컵 히터에 보관한 따뜻한 잔을 사용한다약 40℃
- 항상 포타필터를 그룹에 걸어 놓는다. 포타필터를 빼면 식는다.
- 컵 트레이 및 물과 증기 스파우트 부분을 젖은 수건으로 깨끗이 닦아내어 세균이나 박테리아가 번식할 수 있는 환경을 피하도록 한다.
- 스파우트Spout가 두 개인 포타필터를 사용하면, 품질이 더 나은 에스프레소를 얻을 수 있다. 압력이 적어서출구가 하나가 아니라 두 개이기 때문에 커피가 균일하게 흘러나오기 때문이다.
- 가끔씩 포타필터를 걸지 않은 상태에서 브루잉 그룹에 물을 흘려보내 남은 잔여물을 제거한다.
- 포타필터를 부드러운 재질의 넉박스 내부 바나무 - 플라스틱에 치는 방식으로 커피 잔여물을 제거하여 포타필터가 파손되는 것을 막는다.

3) 기기 사용을 마친 후 준수사항

- 포타필터를 빼서 비우고, 필터를 제거하여 씻는다. 그리고 구멍을 빛에 비추고 막힌 곳이 없는지 점검한다.
- 그룹 스프레이를 깨끗이 하고, 블라인드 필터와 적절한 청소 제품_{예,} Pulicaff, Purcaff, 또는 중탄산나트륨을 사용해서 씻는다. 펌프가 작동하면, 빠져나가는 곳이 없기 때문에 수압 블록이 발생하게 된다. 이때 펌프를 멈추고 솔레노이드 밸브의 배수구를 열면 물과 청소 제품이 그룹 통로를 통해 배수구로 흘러 나가게 된다. 이 작업을 반복하면 세척과 헹구기가 끝난다.
- 그룹헤드 개스킷을 부드러운 브러시로 깨끗이 하여 파손을 막는다.

4) 머신 청소

(1) 매일 마감 청소 방법

- 포타필터 안의 바스켓을 빼낸 후, 구멍이 없는 블라인드 필터Blind Filter를 끼운다.
- 포타필터를 그룹헤드에 장착시킨 후 추출 버튼을 눌러 약 10초간 작동한다. 이때 위에 붙어있는 커피 찌꺼기가 제거 된다.
- 포타필터를 빼내 커피 찌꺼기가 없고 맑은 물이 보일 때 까지 물을 흘려내리는 동작을 반복해 준다.

(2) 3일에 한번 세제 사용 청소 방법

- 포타필터 안의 바스켓을 빼낸 후, 구멍이 없는 블라인드 필터를 끼운다.
- 블라인드 필터에 에스프레소 머신용 세제를 1/3티스푼 정도 넣은 후, 그룹헤드에 장착시킨다.
- 추출버튼을 눌러 약 10초간 작동시킨 후 끈다. 다시 몇 초 후에 이 작업을 2~3번 반복해 준다. 이때 추출된 물은 블라인드 필터에 의해 배출되지 못하고 그룹헤드 뒷부분으로 밀려 흐르게 되어, 그룹헤드 스크린과 물관을 린스하여 커피 찌꺼기와 스케일을 없애 준다.
- 포타필터를 머신에서 빼내어 블라인드 필터에 있는 세제물을 버려주고 뜨거운 물로 남아있는 세제를 씻어낸다.

• 다시 포타필터를 머신에 장착시켜 물 추출하기 동작을 여러 번 하여 세제가 말끔히 씻기도록 한다. 맑은 물이 보일 때까지 충분히 헹궈 줘야 커피 맛에 영향을 미치지 않는다.

(3) 그룹 & 그라인더 청소

• 1그룹을 청소하는 시간이 20분 쯤 소요되므로 블라인더 필터를 여분으로 1개 더 구매하여 청소할 때 2그룹 같이 진행하면, 청소 시간을 단축 할 수 있다.

• 그룹헤드 안을 보면 가운데 나사가 고정되어 있으며, 이 나사를 풀면 납작한 모양의 그룹헤드 스크린과 샤워헤드를 볼 수 있다. 일주일에 한번 그룹헤드 스크린과 샤워헤드를 분리하여 깨끗이 씻어 준다.

• 그룹헤드 안을 보면 고무재질로 된 개스켓Gasket이 있으며, 전용 브러쉬로 깨끗하게 청소해 준다.

• 일주일에 한번 그라인더의 원두통Hopper을 비운 후, 물로 깨끗이 씻어 주고 마른행주로 닦아 낸다. 원두 통에 묻은 원두기름으로 인해 시간이 지나면서 찌든 냄새가 나고 새로 투입되는 원두에 묻기 때문이다.

5. 식품위생과 청결

카페 주방에서 사용하는 조리도구 및 설비 등을 위생적으로 관리하는 것은 실질적인 커피 제조 업무만큼 중요한 주방관리로써, 주방의 식품위생에서 가장 기본적인 관리이다. 주방의 실내온도는 16~20℃, 습도는 70% 정도가 적당하며, 항상 쾌적하고 위생적인 주방환경을 조성하여 식품의 위해를 제거해야 한다.

1) 식품위생관리의 수칙

유통기한이 표시된 모든 식자재는 유통기한2일 단축운영과 선입선출을 철저히 준수한다. 기존 제품 자체의 유통기한 표시 외에 별도표시를 추가적으로 실시한다.라벨부착 또는 별도 마크 등/라벨 인쇄

• 변질악취, 곰팡이 등식품 및 냉장·냉동식품의 실온방치 절대금지

• 음식 내 이물질 여부 및 캔 제품통조림류의 개봉 후 용기 변경할 것

- 전처리 및 조리된 음식의 커버링을 철저히 할 것
- 개인 임의로 판단치 말고, 각 제품별로 부착된 식품표시 사항에 준하여 식재료를 보관할 것
- 검수가 끝난 식자재는 곧바로 전처리 과정을 거치도록 하되, 온도관리를 요하는 것은 전처리하기 전까지 냉장·냉동 보관할 것
- 냉동 식자재 등은 냉동실에 보관하는 것이 원칙이지만, 해동을 위해 주방 내 실온에 보관할 경우에는 반드시 '해동중' 표시를 해두어야 함
- 과일 및 채소류 등은 냉장고에 보관하는 것이 원칙이지만, 맛의 숙성을 위해 주방 내 실온에 보관할 경우에는 반드시 '숙성중' 표시를 해두어야 함
- 식자재를 외부포장지 그대로 보관할 경우 흐르는 물에 씻은 후 냉동, 냉장 보관해야 함
- 박스 포장된 채로 냉장, 냉동고에 보관하지 않도록 할 것

2) 식품위생관리를 위한 주방관리

- 바리스타들은 조리 전과 화장실을 다녀온 뒤에는 반드시 손을 씻는다. 손의 식중독균은 물로 씻은 뒤에도 남아 있는 경우가 대부분이기 때문에 반드시 비누세정을 하고 손소독제를 사용하도록 한다.
- 행주는 하루 1회 100℃에서 10분 이상 삶든지 전자레인지에 8분이상 가열하거나 락스에 30분 이상 담가둬야 살균효과가 있다.
- 젖은 행주는 6시간 뒤 대부분의 균들이 증식을 시작하고 12시간 뒤에는 100만 배 이상 늘어나는 세균번식의 온상이므로 사용하지 말아야 한다.
- 사용한 행주는 깨끗한 물로 세척한 후 반드시 건조해서 사용해야 하며 행주 대신 세균 제거력이 높은 키친타월을 사용하는 것이 바람직하다.
- 행주를 여러 차례 반복해서 사용하는 경우 행주의 유해 미생물이 여러 주방기구로 전달될 수 있기 때문에 더 자주 세척, 소독해야 한다.
- 주방 수건은 마른 상태로 관리해야 하며 최소한 주당 1회 살균해야 한다.
- 식기의 위생관리를 위해 물기는 마른 행주나 키친타올로 제거해야 한다.
- 자주 세척하지 않은 수저통 밑이나 건조대 바닥은 물이 고이지 않게 관리해야 한다.

- 칼과 도마는 용도에 맞게 과일용과 채소용으로 구분해 사용하는 것이 바람직하다.
- 싱크대나 식기건조대 주변은 키친타올이나 마른 행주로 닦아 주어야 한다.

3) 식품위생관리 방안

(1) 무재고 실현

당일 필요한 식자재는 그날 수급해서 당일 소비한다는 뜻으로 식재료의 낭비를 막고, 보다 신선한 식품의 제공이 이루어지도록 한다.

위생관리는 2차 오염이나 변질로 인해 발생할 수 있는 식중독 원인을 미연에 방지하고 고객수의 변화에 따른 재고량 조절이 가능하도록 식재료 손실의 최소화에 만전을 기해야 한다.

(2) 분리수거 철저

음식물 쓰레기, 플라스틱류, 종이류 등 분리수거를 철저히 함으로 자원낭비를 막고 환경 개선에 앞장서야 한다.

(3) 드라이 키친

주방에 있는 모든 시설물 및 집기에 물기로 인한 미생물 번식사고를 사전에 봉쇄하고 미끄러움으로 인한 골절, 타박상 등 주방 안전사고 예방에도 신경을 써야 한다.

깔끔한 복장, 손세정제, 살균소독기 등 위생에 철저하게 신경을 써야 하며 위생모 손톱청결 등 개인 위생부터 정기적인 신체검사 및 예방접종을 하며 직원들의 건강을 체크하는 것도 중요하다.

4) 식중독

식품의 섭취에 연관된 인체에 유해한 미생물 또는 미생물이 만들어내는 독소에 의해 발생하는 것이 의심되는 모든 감염성 또는 독소형 질환식품위생법 제2조 제10호을 말한다. 세계보건기구WHO는 "식품 또는 물의 섭취에 의해 발생되었거나 발생된 것으로 생각되는 감염성 또는 독소형 질환"으로 규정하고 있으며, 2인 이상 사람이 식품의 섭취로 인해 감염성 혹은 독소형 질환을 일으킨 경우 집단식중독으로 간주한다. 흔히 '장염'이라고 불리는 질병은 소장 혹은 대장내에 염증을 동반하고 음식섭취와 관련이 있으며 식중독과 증상이 비슷하여 유사한 의미로 사용되고 있다.

(1) 식중독의 분류

대분류	중분류	소분류	인균 및 물질
미생물	세균성	독소형	황색포도상구균, 클로스트리디움 보툴리눔, 클로스트리디움 퍼프린제스 등
		감염형	살모넬라, 장염비브리오균, 병원성대장균, 캠필로박터, 여시니아, 리스테리아 모노사이토제네스, 바실러스 세레우스
	바이러스성	공기, 접촉, 물 등의 경로로 전염	노로바이러스, 로타바이러스, 아스트로바이러스, 장관아데노바이러스, 간염 A 바이러스, 간염 E 바이러스 등
화학물질	자연독	동물성 자연독에 의한 중독	복어독, 시가테라독
		식물성 자연독에 의한 중독	감자독, 버섯독
		곰팡이 독소에 의한 중독	황변미독, 맥가독, 아플라톡신 등
	화화적	고의 또는 오용으로 첨가되는 유해물질	식품첨가물
		본의 아니게 잔류, 혼입되는 유해물질	잔류농약, 유해성 금속화합물
		제조/가공/저장 중에 생성되는 유해물질	지질의 산화생성물, 니트로소아민
		기타 물질에 의한 중독	메탄올 등
		조리기구, 포장에 의한 중독	녹청(구리), 납, 비소 등

* 자료 : 국가건강정보포털(http://health.cdc.go.kr)

(2) 식중독을 일으키는 대표적 원인균

포도상구균	조리한 음식물을 실온에 보관하는 경우 발생하기 쉽고, 소풍이나 야유회에서 발생 가능. 황색 포도상구균은 비교적 열에 강한 세균으로 80℃에서 30분 이상 가열하면 사멸, 포도상구균에 의해 생산된 독소는 100℃에서 30분간 가열해도 파괴 불가능 함. 음식을 조리한 사람의 손이나 코 점막, 상처 부위에 있던 것으로 음식물이 오염되면, 높은 기온과 습도에서 증식하여 식중독을 일으킴. 오염된 음식물을 섭취하고 2~4시간 후에 구토와 복통 증상이 급격히 나타났다가 빨리 좋아지는 특징이 있음

살모넬라	주로 닭과 같은 가금류가 가장 흔한 감염원인. 열에 취약하여 저온 살균(62~65℃에서 30분 가열)으로 사멸되기 때문에 달걀을 익히면 감염을 피할 수 있지만, 조리 과정에서 다른 식품에 대한 2차 오염이 문제. 가열에는 약하지만 저온, 냉동 및 건조 상태에 사멸되지 않음. 무더운 6~9월에 가장 많이 발생하고 겨울에는 발생빈도가 낮으며, 최근 애완용 개, 고양이가 살모넬라균의 오염원이 될 가능성이 있어 애완용 동물을 만진 후 반드시 손을 씻도록 하는 주의가 필요함
비브리오균	바닷물과 갯벌에 분포하고 수온이 20℃가 넘으면 활발히 증식하고 5℃ 이하에서 증식이 불가능. 열에 약해서 60℃에서 15분, 100℃에서 수분 내 사멸. 바닷물에 분포하고 있기 때문에 어패류가 가장 흔한 오염원이고 생선이나 조개의 껍질, 내장, 아가미 등에 존재하여 조리 과정에서 회를 오염시키고 냉장고, 도마, 행주, 칼 및 조리자의 손을 통해 다른 식품에 2차적 오염을 유발. 여름철에 어패류나 해산물을 날로 먹은 후 발생하므로 익혀서 조리해야 함
대장균성	병원성 대장균 중 내독소 생성 대장균은 여행자에 자주 일어나는 여행자 설사의 원인균으로 설사, 장염을 일으킴. 병원성 대장균에 의한 식중독 중에서 특히 O-157균에 의한 장 출혈성 감염증은 1종 법정 전염병으로 분류되며, 감염력이 매우 강하고, 발병 후 단기간에 사망에 이를 수 있는 치명적인 질환임. 병원성 대장균은 가축, 애완동물, 건강 보균자 및 자연환경에 널리 분포하고 있어 햄, 치즈, 소시지, 샐러드, 도시락, 두부 등 여러 종류의 식품이 식중독의 원인이 될 수 있고 물을 매개로 한 집단 발생 사례도 있음. 주 오염원은 덜 익힌 육류나 오염된 우유 등이며 대부분의 병원성 대장균이 열에는 약하기 때문에, 음식을 익히거나 데워먹는 습관이 필요함
노로 바이러스	노로 바이러스는 크기가 매우 작고 구형인 바이러스로 주로 겨울철에 급성위장관염을 일으키고 선진국에서 가장 흔한 겨울철 식중독의 원인균. 환자의 분변에 포함된 노로 바이러스에 의해 오염된 식품과 물을 가열하지 않고 섭취할 경우 감염되고, 환자의 건조된 분비물(분변 또는 구토물)에 포함된 소량의 바이러스가 호흡기를 통해 인간끼리 전파 감염되어 식중독을 일으킬 수도 있음. 예방을 위해서는 외출 후, 화장실 사용 후, 조리를 시작하기 전후에도 반드시 손을 씻어야하며 또 식품을 조리할 때에는 85℃에서 1분 이상 가열한 후 조리해야 하며, 조리된 음식을 맨손으로 만지지 않고, 채소류 등 비가열 식품은 흐르는 물에 깨끗이 씻은 후에 섭취권장

(3) 식중독 예방수칙

- 식품을 취급하는 사람은 식품을 다루기 전 20초 이상 비누로 손을 깨끗이 씻는다.
- 식품은 실온에 두지 말고 10℃이하의 냉장고에 보관한다.
- 냉장고에 식품을 보관할 경우에는 냉기의 원활한 이동을 위해 냉장고 부피의 약 70%정도만 채운다.
- 식육 등은 영양이 풍부하여 미생물 증식에 의한 부패 변질의 위험이 높아 충분한 가열, 조리가 필요하고 취급 및 관리에 주의한다.

- 대량으로 식품을 준비하는 경우 가열 조리한 식품과 비가열 식품의 상호 접촉으로 인한 교차 및 2차 오염에 유의한다.
- 대량 조리식품을 야외로 운반할 경우 단열재로 포장하거나 보냉 장치를 구비한 용기에 담아 운반, 보관하고 목적지에 도착 즉시 섭취하도록 한다.
- 냉장, 냉동식품을 상온에 보관하면 식중독균이 급속히 증식하므로 섭취 직전까지 냉장상태를 유지한다.
- 습도가 높으면 높을수록 식중독균의 증식속도가 빠르기 때문에 장마철 식중독 발생률에 특히 주의한다.

관광바리스타

APPENDIX 부록

관광바리스타
자격시험

관광바리스타 자격시험 예상문제

커피개론

커피의 기원, 어원, 역사

001 커피의 기원에 대한 전설 중 가장 보편적으로 인정받고 있는 것은?

① 칼디　　　　② 오마르　　　　③ 무함마드　　　　④ 베로나

002 원산지 에티오피아로부터 최초로 커피가 전파되어 경작된 나라는?

① 인도　　　　② 인도네시아　　　　③ 예멘　　　　④ 브라질

003 유럽 국가 중 가장 먼저 커피나무를 경작하였으며, 식민지 국가 인도네시아에서 커피를 재배하여 대규모 커피경작의 역사를 연 나라는?

① 영국　　　　② 포르투갈　　　　③ 이탈리아　　　　④ 네델란드

004 다음 괄호 안에 들어갈 인물은?

> "모닝커피가 없으면 나는 그저 말린 염소 고기에 불과하다." 작곡가이자 피아니스트인 ( )는 유명한 커피 애호가였다. 그가 살던 때는 커피를 사회의 '악'으로 여기던 시기였다. 하지만 그는 1732년 피칸테르의 유명한 시를 커피 칸타타로 바꿀 정도로 커피를 사랑한 인물이었다.

① 쇼팽　　　　② 모차르트　　　　③ 바흐　　　　④ 베토벤

001 ①　　002 ③　　003 ④　　004 ③

005 커피의 어원(語源)은 나라에 따라 다르게 전해져 왔는데, 다음 내용 중 그 연결이 옳게 짝지어진 것은?

| 가. 터키 – Cezve | 나. 아라비아 – Qahwa |
| 다. 에디오피아 – Kappa | 라. 네덜란드 – Kaffee |

① 가, 나   ② 가, 다   ③ 나, 다   ④ 나, 라

006 다음 중 커피의 어원이 된 아랍어는?

① qahwa   ② kisher   ③ cova   ④ chaube

007 커피의 전파 경로가 바르게 연결된 것은?

① 에티오피아 → 예멘(아랍) → 터키 → 페르시아 → 유럽
② 에티오피아 → 터키 → 페르시아 → 예멘(아랍) → 유럽
③ 에티오피아 → 페르시아 → 예멘(아랍) → 터키 → 유럽
④ 에티오피아 → 예멘(아랍) → 페르시아 → 터키 → 유럽

008 커피의 역사에 대한 내용중 바르지 않는 것은?

① 커피 원산지 에티오피아에서는 커피를 분(boun)이라고 불렀다.
② '모카 커피'는 예멘의 수출 항구였던 모카항에서 유래된 것이다.
③ 유럽인들은 초기에는 커피를 이교도의 음료라 하여 배척했다.
④ 커피는 사라센 제국 이슬람 세력의 강력한 보호를 받지 못했다.

009 유럽의 카페 문화에 대한 내용중 바르지 않는 것은?

① 에스프레소, 카푸치노, 카페오레가 탄생된 건 모두 유럽이다.
② 교황 클레멘트 8세는 끝까지 커피를 악마의 음료로 선포하였다.
③ 런던의 로이드 커피하우스는 유명한 보험회사로 발전하게 되었다.
④ 베니스 상인들에 의해 유럽에 본격적으로 커피가 퍼져나가기 시작했다.

010 우리나라 최초의 커피숍으로 알려진 곳은?

① 기사텐   ② 손탁호텔   ③ 제비   ④ 가베

005 ③   006 ①   007 ④   008 ④   009 ②   010 ②

커피의 서식, 재배, 수확, 가공, 선별과 포장

011 커피의 식물학적 특성에 관한 내용으로 맞는 것은?

① 커피나무는 남아메리카 브라질이 원산지이다.

② 아라비카 종은 평균 3%의 카페인을 함유하고 있다.

③ 아라비카종의 경우 연평균 강우량 1,500-2,000mm의 규칙적인 비와 충분한 햇볕을 받아야 한다.

④ 커피나무에 체리가 맺히기 시작하고 6~8주 지나면 수확이 가능하다.

012 커피의 서식 환경에 큰 영향을 주는 요소로 적절치 않는 것은?

① 기후　　　　　② 해양조건　　　　　③ 강우량　　　　　④ 고도

013 커피의 적합한 서식환경에 대한 설명으로 바르지 않은 것은?

① 커피 열매의 크기는 지름 10~15mm 정도이고 익으면 초록색을 띤다.

② 커피는 기후, 강우량, 토양조건, 고도 등에 가장 큰 영향을 받는다.

③ 커피는 적도를 중심으로 남위 23~25도, 북위 23~25도 사이에서 자란다.

④ 아라비카 종은 에디오피아, 카네포라 종은 콩고가 원산지이다.

014 다음은 어떤 품종의 서식환경 조건에 대한 설명인가?

- 해발 1000~1500m의 고산지대
- 연중평균기온 20℃, 서리가 내리지 않는 지역
- 강우량 1500~2000mm 정도

① 아라비카종　　　② 로부스타종　　　③ 리베리카종　　　④ 미네라브종

015 커피의 5대 생산국 순서로 맞는 것은?

① 브라질 → 베트남 → 에티오피아 → 콜롬비아 → 인도네시아

② 베트남 → 브라질 → 인도네시아 → 콜롬비아 → 에티오피아

③ 베트남 → 브라질 → 인도네시아 → 에티오피아 → 콜롬비아

④ 브라질 → 베트남 → 인도네시아 → 콜롬비아 → 에티오피아

011 ③　012 ②　013 ①　014 ①　015 ④

016 현재 세계 제1위 커피 생산국은?

① 에티오피아　　② 콜롬비아　　③ 브라질　　④ 인도네시아

017 커피 생산국의 공통적 특징에 대한 설명으로 맞지 않는 것은?

① 아열대 또는 열대지방에 위치한 나라가 대부분이다.
② 커피 생산국의 지형은 거의 해안지형에서 이루어진다.
③ 커피 생산국은 대부분 빈민 국가이다.
④ 커피는 노동집약적 산업이다.

018 네덜란드에서 커피나무가 이식되면서 1696년 자바섬에서 커피 재배를 시작했던 국가는?

① 인도네시아　　② 베트남　　③ 멕시코　　④ 과테말라

019 다음 (　　)의 들어갈 말로 맞는 것은?

> 커피나무는 모종을 심은 지 3년이 지나면 꽃을 피우고 열매를 맺기 시작하지만 (　　)정도 자라야 수확이 가능하다.

① 4년　　② 5년　　③ 6년　　④ 7년

020 커피 체리를 수확하는 방법 중 틀린 설명은?

① 스트리핑(Stripping)은 핸드피킹(Hand-picking)에 비해 인건비 부담이 적다.
② 핸드 피킹(Hand-picking)은 커피의 품질(Quality)을 떨어 뜨린다.
③ 스트리핑(Stripping)은 한 번에 손으로 모든 체리를 훑어 수확하는 방법이다.
④ 핸드 피킹(Hand-picking)은 잘 익은 체리만을 선택적으로 수확하는 방식이다.

021 기계를 이용하여 익거나 익지 않은 커피를 한꺼번에 수확하는 방법은?

① 스트리핑　　② 매커니컬 피킹　　③ 핸드 피킹　　④ 네츄럴 피킹

016 ③　017 ②　018 ①　019 ④　020 ②　021 ②

022 수확한 체리의 자연 건조방식에 대한 설명으로 바른 것은?

① 단맛이 약하고 바디감도 약하다.
② 체리는 물로 장시간 세척한 후 말린다.
③ 브라질, 에티오피아, 인도네시아에서 주로 사용하는 방식이다.
④ 수분함량이 60%에 이르면 건조를 멈춘다.

023 다음은 커피의 어떤 가공방식에 대한 설명인가?

- 체리를 가볍게 씻은 후 껍질과 과육을 제거한다.
- 그 후 파치먼트 상태에서 넓은 마당이나 그물에 수분이 11~13% 될 때까지 건조시킨다.
- 발효과정이 없지만 맛이 깔끔하다.

① 세척방식   ② 반세척방식   ③ 자연건조방식   ④ 기계식방식

024 커피의 가공방식에 대한 설명으로 바르지 않은 것은?

① 세척방식(Washed) - 체리의 껍질을 벗겨내고 물에 담가 발효를 통해 과육을 완전 제거한다.
② 자연건조방식(Sun Dry) - 넓은 마당에 커피 체리를 펴서 말린다.
③ 반세척방식(Semi-Washed) - 체리를 가볍게 씻은 후 껍질과 과육을 제거한 후 파치먼트 상태에서 건조시킨다.
④ 르왁방식 - 가축들을 동원하여 건조가공 시킨다.

025 콜롬비아 등 비가 많은 중남미 지역에서 주로 사용하는 커피 가공 방식으로 발효과정을 거치는 특성이 있는 것은?

① 세척방식   ② 반세척방식   ③ 자연건조방식   ④ 기계식방식

026 온실건조가 가능해지면서 브라질에서 발전시킨 펄프드 네추럴 커피가공 방식의 허니 프로세스의 특징에 대한 설명으로 맞지 않는 것은?

① Black Honey : 점액질 상태로 3주 정도 천천히 건조
② Red Honey : 점액질 상태로 1주 정도로 빠르게 건조
③ Yellow Honey : 점액질을 10% 제거하고 건조
④ White Honey : 점액질을 90% 제거하고 건조

 022 ③ 023 ② 024 ④ 025 ① 026 ③

027 다음 커피 체리 그림에서 생두부분으로 맞는 것은?

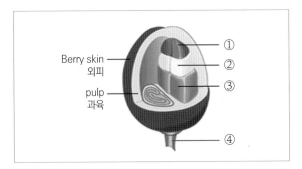

028 커피콩에 대한 설명으로 바르지 않는 것은?

① Cherry - 커피열매　　　　② Green Bean - 생두
③ Whole Bean - 원두　　　　④ Ground Coffee - 땅콩

029 동물 소화방식의 커피가공을 사용하는 커피의 종류가 아닌 것은?

① 코피 루악 – 사향 고양이
② 위즐 커피 – 사향 족제비
③ 블랙 아이보리 커피 - 코끼리
④ 피그 커피 – 돼지

030 다음에서 설명하는 커피 수확방식은?

- 기계를 이용하는 수확하는 방식
- 나무를 덮을 만큼의 큰 기계를 이용하여 수확
- 모아진 체리는 나뭇가지, 잎사귀 등 불순물을 제거

① 매커니컬 피킹　　　　② 핸드 피킹
③ 스트리핑　　　　　　④ 핑거 피킹

 027 ① 028 ④ 029 ④ 030 ①

커피의 품종, 등급과 분류, 결점두

031 커피품종에 대한 설명으로 바르지 않는 것은?

① 커피는 꼭두서닛과에 속하는 식물
② 꼭두서닛과에는 500속 6,000종이 있음
③ 커피나무는 크게 코페아 아라비카와 로부스타 두 품종으로 구분
④ 코페아 아라비카 품종에는 변종이 없음

032 전 세계적으로 산출량이 가장 많으면서, 고급에 속하고 가격도 비싼 커피의 품종은?

① 아라비카종　　② 로부스타종　　③ 리베리카종　　④ 카네포라종

033 아라비카 대 로부스타 커피의 전세계 산출량 비율로 맞는 것은?

① 55% : 45%　　② 75% : 25%　　③ 25% : 75%　　④ 45% : 55%

034 다음의 커피 종류 중 종자가 다른 것은?

① 티피카(Typica)　② 버본(Bourbon)　③ 카투라(Caturra)　④ 코닐론(Conillon)

035 다음이 설명하는 커피의 품종은?

> • 브라질, 콜롬비아, 에티오피아 등지가 대표적 생산지
> • 세계 커피 총생산의 75%
> • 원산지가 에티오피아

① 아라비카　　② 카네포라　　③ 로브스타　　④ 리베리카

036 다음이 설명하는 커피의 품종은?

> • 원산지가 콩고
> • 세계 커피 총생산의 25%
> • 에스프레소나 인스턴트 믹스용 커피로 주로 사용

① 아라비카　　② 코페아　　③ 로브스타　　④ 리베리카

031 ④　　032 ①　　033 ②　　034 ④　　035 ①　　036 ③

037 다음이 설명하는 커피의 품종은?

- 낮은 온도와 병충해에 강한 품종
- 아주 소량만 생산되며 주로 배합용으로 쓰이고 있음
- 100~200m의 낮은 지대에서도 잘 자람

① 아라비카　　　② 카네포라　　　③ 로브스타　　　④ 리베리카

038 대표적인 국가별 아라비카 원두의 연결로 맞지 않는 것은?

① 에티오피아 - 시다모　　　　② 탄자니아 - 킬리만자로
③ 콜롬비아 - 수프리모　　　　④ 브라질 - 블루마운틴

039 유전적 원인으로 인해 한 개의 체리 안에 세 개의 씨앗이 들어 있는 기형의 생두를 무엇이라 부르는가?

① 트리오 빈(Trio bean)　　　　② 쓰리 빈(Three bean)
③ 트라이앵글러 빈(Triangular bean)　　　④ 트리플 빈(Triple bean)

040 커피나무 가지 끝에서 발견되는 것으로 체리에 씨앗이 하나씩만 들어 있는 경우의 그린 빈을 무엇이라 하는가?

① 피베리(Peaberry)　　　　② 플랫빈(Flat bean)
③ 롱베리(Longberry)　　　　④ 마라고지페(Maragogype)

041 좋은 생두의 기준에 대한 설명으로 맞지 않는 것은?

① 생산지 - 고지대에서 재배되는 커피일수록 맛과 향이 우수하다.
② 색상 - 원두색은 짙은 청록색일수록 좋다.
③ 크기 - 조건이 동일할 경우 생두의 사이즈가 클수록 좋다.
④ 밀도 - 밀도가 낮을수록 좋다.

042 생두 수확연도가 1~2년 이면 어떻게 평가되는가?

① 뉴크롭　　　② 패스트 크롭　　　③ 올드크롭　　　④ 배리 올드크롭

　037 ④　038 ④　039 ③　040 ①　041 ④　042 ②

043 생산 국가명과 커피의 등급명을 함께 표기하는 방법으로 적합하지 않는 것은?

① Costa Rica SHB   ② Colombia Supremo

③ Hawaii Kona   ④ Kenya AA

044 Brazil Santos No.2 Screen 19, Strictly Soft 라는 커피에 대한 설명으로 적절하지 않는 것은?

① Brazil - 생산 국가명

② Santos No.2 - 항구 이름과 결점두수

③ Screen 19 - 생두의 크기

④ Strictly Soft - 밀도를 나타내는 표현

045 우수한 품질의 아라비카종 원두 한 가지만을 사용하여 추출한 커피로 원두 고유의 향미를 즐길 수 있는 커피는?

① Straight Coffee   ② Regular Coffee

③ Variation Coffee   ④ Flavored Coffee

046 생두 크기별로 스크린 테스트를 통해 등급을 결정하는 콜롬비아에서 'Supremo' 사이즈의 크기는?

① 사이즈 18 이상   ② 사이즈 16 이상

③ 사이즈 14 이상   ④ 사이즈 12 이상

047 에티오피아, 인도네시아에서는 결점두수에 따라 생두의 등급을 결정하는데 'Grade 2'의 생두 300g당 결점두수로 맞는 것은?

① 0~3   ② 4~12   ③ 13~25   ④ 20~45

048 미국 스페셜티커피협회(SCAA) 기준법에서 빈칸에 맞는 것은?

등급	결점두수	커핑 테스트
( )	0~5	90점 이상
프리미엄	0~8	80~89
익스체인지	9~23	70~79

① 그래이드 1   ② 오가닉 커피   ③ 스페셜티   ④ 엑셀소

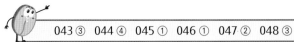

043 ③   044 ④   045 ①   046 ①   047 ②   048 ③

049 자연 생태계를 보호·유지된 곳의 경작지에서 재배된 커피만 인증서를 받을 수 있는 커피는?

① Eco-OK Coffee
② Shade-Grown Coffee
③ Fair-Trade Coffee
④ Partnership Coffee

050 공정무역 마크가 부착된 커피로서, 다국적기업 등의 폭리적인 면을 없애자는 취지로 만들어지게 된 커피는?

① Eco-OK Coffee
② Shade-Grown Coffee
③ Fair-Trade Coffee
④ Partnership Coffee

051 커피 생두(Green Bean)의 품질을 평가하는 일반적 기준이다. 틀린 것은?

① 청결도(은피 제거여부)는 가장 중요한 평가 요소이다.
② 결점수가 적은 커피가 좋은 커피로 평가된다.
③ 생두는 일반적으로 크기가 클수록 좋은 등급으로 취급된다.
④ 대체로 고지대에서 생산된 생두가 저지대에서 생산된 생두보다 우수하다.

052 다음 중 결점두(Defect bean)의 발생 원인이 잘못 연결된 것을 고르시오.

① 블랙 빈(Black bean) - 커피가 너무 늦게 수확되었음
② 사우어 빈(Sour bean) - 발육 기간 동안의 부족한 수분 공급
③ 셀(Shell) - 유전적인 원인
④ 브로큰 빈(Broken bean) - 잘못된 탈곡

053 SCAA 기준에 의한 결점두(Defect bean) 중 너무 늦게 수확되거나, 흙과 접촉하여 발효되어 발생하는 것은?

① Floater
② Withered bean
③ Black bean
④ Shell

054 결점두 중에서 아래의 원인에 의하여 생성되는 것은?

- 가볍고 물에 뜨는 생두
- 잘못된 건조나 보관에 의해 발생
- 발효된 맛이나 흙냄새 등이 남

① White Beans
② Immature Beans
③ Parchment Beans
④ Floater Beans

049 ①　050 ③　051 ①　052 ②　053 ③　054 ④

055 다음 중 커피의 향미에 결함이 있는 생두에 해당되지 않는 것은?

① 과발효된 생두   ② 백화 현상이 있는 생두

③ 곰팡이가 있는 생두   ④ 크기가 작은 생두

 커피의 맛과 향, 부재료, 성분과 건강, 디카페인, 보관

056 커피의 향미를 평가하는 순서로 가장 적당한 것은?

① 향기 - 맛 - 촉감   ② 색깔 - 촉감 - 맛

③ 촉감 - 맛 - 향기   ④ 맛 - 향기 - 촉감

057 맛있는 커피 음용의 4가지 조건에 대한 설명으로 적절하지 못한 것은?

① 원두의 품질   ② 원두의 신선도

③ 물의 무기질 량   ④ 커피의 온도

058 커피 맛을 표현하는 용어 중 향기로 지각할 수 있는 용어의 총칭으로 사용되는 것은?

① Aroma   ② Bouquet   ③ Flavor   ④ Fragrance

059 커피의 맛을 평가하여 표현할 때, 입안에 느껴지는 커피 맛의 무게감과 촉감에 대한 용어 설명에 해당하는 것은?

① Aroma   ② Body   ③ Flavor   ④ Acidity

060 커피에 쓴맛을 부여하는 알칼로이드 물질은?

① 테오브로민   ② 나린진   ③ 휴물론   ④ 카페인

061 커피의 신맛을 표현하는 용어로 적합한 것은?

① 어시디티(Acidity)   ② 와인니(Winey)

③ 샤워리(Soury)   ④ 스파이시(Spicy)

055 ④   056 ①   057 ③   058 ②   059 ②   060 ④   061 ①

062 로스팅 시 맛 성분의 변화에 대한 설명으로 틀린 것은?

① 처음에는 고소한 향을 띄다가 달달한 향이 추가된 카라멜향이 나타난다.
② 조금 더 로스팅을 진행하면 단향에 쓴향이 살짝 섞인 초코렛향을 나타낸다.
③ 고소한 향이나 카라멜향이 느껴지면 강하게 로스팅된 것이다.
④ 단향과 초코렛향이 강하게 느껴지면 중간정도 볶은 것이다.

063 로스팅을 오래 진행하면 커피의 후미에서 탄내가 나타나는 순서로 바른 것은?

① 송진 냄새 - 연기 냄새 - 매운 냄새 - 재 냄새
② 송진 냄새 - 매운 냄새 - 연기 냄새 - 재 냄새
③ 송진 냄새 - 재 냄새 - 연기 냄새 - 매운 냄새
④ 송진 냄새 - 연기 냄새 - 재 냄새 - 매운 냄새

064 커피의 촉감(Body)에 대한 설명으로 적절하지 않는 것은?

① 음료를 마시면서 느껴지는 물리적 감각을 말한다.
② 부드러움 정도(Butter, Creamy, Smooth, Watery)와 풍부함 정도(thin, medium, heavy, thick)를 함께 표현한다.
③ 커피의 바디감은 원두 내의 지방, 고형 침전물 등에 영향을 받지 않는다.
④ 입안에 머금은 커피의 농도·점도 등을 바디라고 한다.

065 다음은 (SCAA 기준) 커피의 맛과 향을 평가하거나 표현하는 어떤 용어에 대한 설명인가?

• 강한 로스팅 커피에서 느껴지는 맛   • 일부 탄 원두 때문에 많이 느껴지는 맛
• 아메리카노에서 쉽게 느낄 수 있는 맛

① Carbony   ② Bland   ③ Dirty   ④ Earthy

066 커피에 사용되는 물에 대한 설명으로 틀린 것은?

① 물은 크게 두 종류로 나뉜다.
② 연수(단물)는 증류수, 빗물, 수돗물 등을 말한다.
③ 경수(센물)는 지하수로 칼슘과 마그네슘이 많이 녹아 있다.
④ 커피를 만들 때 사용하는 물은 경수(센물)가 좋다.

 062 ③   063 ②   064 ③   065 ①   066 ④

067 커피를 부드럽게 하고 고소함을 더해 주는 찰떡궁합 부재료는?

① 감미료   ② 우유   ③ 초콜릿   ④ 달걀

068 커피에 사용되는 향신료에 대한 설명으로 적절하지 않은 것은?

① 각종 향신료는 커피의 맛을 한층 돋워 준다.
② 커피 메뉴 중에 흔한 향신료는 시나몬, 민트, 오스파이스, 클로브 등이다.
③ 식물의 꽃, 열매, 껍질, 잎, 뿌리 등 특이한 향신료도 커피에 쓸 수 있다.
④ 향신료는 원두를 분쇄할 때 사용해야 한다.

069 다음 성분 중에서 커피 생두(Green Bean)에 가장 많이 함유되어 있는 성분은?

① 단백질   ② 지방   ③ 탄수화물   ④ 무기질

070 커피의 황산화 성분인 폴리페놀(글로로겐산)과 카페인이 건강에 미치는 긍정적 효과에 대한 설명으로 적절하지 않은 것은?

① 피로 해소 및 각성 효과
② 이뇨작용을 통한 노폐물 제거 및 활성산소 제거
③ 우울증 예방 및 치매 예방
④ 혈압관리가 필요한 질환자(고혈압, 당뇨, 심장병 등)에 유리

071 카페인 과다섭취가 건강에 미치는 부정적 영향과 거리가 먼 것은?

① 신체에서 칼슘과 칼륨 등의 손실을 초래한다.
② 신경과민, 흥분, 불면, 불안, 메스꺼움 등이 유발될 수 있다.
③ 어린이의 성장 및 발달에는 별 영향을 미치지 않는다.
④ 위장, 소장, 결장, 내분비계, 심장에 나쁜 영향을 줄 수 있다.

072 커피에 들어 있는 카페인에 대한 설명으로 맞지 않는 것은?

① 사람의 중추신경계에 작용하여 정신을 각성시키고 피로를 줄이는 등의 자극을 준다.
② 졸음이 달아나고 약간의 긴장감을 느끼게 된다.
③ 이뇨효과, 다이어트와 노화방지 효과가 있다.
④ 정신을 흐리게 하고 집중력을 저하시킨다.

 067 ②   068 ④   069 ③   070 ④   071 ③   072 ④

073 다음 카페인에 관한 설명 중 틀린 것은?

① 아라비카 종에 비해 로부스타 종의 커피가 카페인 함유량이 높다.
② 카페인은 낮은 온도에서 잘 녹으며 커피의 쓴맛을 나타낸다.
③ 커피 한 잔에는 일반적으로 60~90㎎의 카페인이 녹아 있다.
④ 에스프레소 커피가 드립커피보다 카페인 함량이 적게 나온다.

074 디카페인 커피에 대한 설명 중 틀린 것은?

① 커피의 맛에서 차이를 크게 느끼게 된다.
② 카페인 성분을 줄인 커피로 Caffeine Free Coffee라고도 한다.
③ 카페인에 의한 생리작용(불면, 심장, 위장 등에 영향)을 걱정하는 사람에게 적합하다.
④ 디카페인 커피의 국제기준은 약 97 퍼센트 이상 카페인이 추출된 커피이다.

075 Decaffeinated 커피 생산을 위한 카페인 추출 방법이 아닌 것은?

① 물을 이용한 추출법   ② 용매를 이용한 추출법
③ 초임계 추출법   ④ 증류 추출법

076 생두에 유기용매를 이용하여 카페인을 추출하는 용매추출법의 특징이 아닌 것은?

① 유기용매로서 이염화메탄, 에틸아세테이트 등이 이용된다.
② 커피에 포함된 다른 화학물질들은 그대로 두고 카페인만 빼 낼 수 있다.
③ 용매추출법은 여러 시간 동안 수증기로 씻어서 잔류 용매를 제거 한다.
④ 커피 콩을 볶는 과정을 거쳐도 용매가 잔류하여 건강에 해롭다.

077 어떤 종류의 추출법을 이용한 디카페인 커피의 제조과정을 설명한 것인가?

- 추출속도가 빨라 회수 카페인의 순수도가 높다.
- 가장 많이 사용되는 디카페인의 제조 과정이다.
- 안전하고 열에 의한 손상을 적게 받으며 경제적인 방법이다.

① 초임계 추출법   ② 증류 추출법
③ 물 추출법   ④ 용매 추출법

073 ②   074 ①   075 ④   076 ④   077 ③

078 물을 이용한 카페인 추출법에 대한 설명으로 적절하지 않는 것은?

① 브라질에서 1930년대에 개발
② 카페인이 끓는 물에서 잘 녹는 성질을 이용한 것
③ 용매에 직접 접촉시키는 대신 물과 접촉시켜 카페인을 없애는 방법
④ 안전성이 높고 커피 원두가 상대적으로 열에 의한 손상을 적게 받음

079 초임계 추출법에 의한 카페인 제거에 대한 설명으로 적절하지 않는 것은?

① 친건강, 친환경 카페인 추출 용매로 이산화탄소를 사용
② 카페인 추출 후 커피콩에 남아 있던 이산화탄소는 커피를 볶는 과정에서 혹은 실온에서 기체로 증발
③ 이산화탄소는 다른 기체와는 달리 용매로 사용해도 독성이 거의 없음
④ 이산화탄소는 추출되는 화학물질과 분해 반응도 쉽게 일어날 수 있음

080 커피는 로스팅을 하게 되면 시간이 지남에 따라 향기가 소실되고 맛의 변질이 진행되는데 이것을 무엇이라고 하는가?

① 산패　　　　② 부패　　　　③ 향패　　　　④ 미패

081 커피 산패의 요인은 여러 가지가 있다. 이 중에서 원두의 산화를 촉진하는 가장 큰 요인이 되는 것은?

① 산소　　　　② 습도　　　　③ 햇빛　　　　④ 온도

082 다음 (　)에 들어갈 말로 맞는 것은?

- 원두커피는 로스팅 중 세포 팽창의 결과 작은 구멍이 수없이 만들어져 있다. 따라서 각종 기체성분의 흡착이 용이해 (　　　)을 빨아 들여 이 공간을 채우게 된다.
- 원두는 (　　　)과 함께 주변에 있는 좋지 않은 냄새도 같이 흡수하게 되어 커피의 향미변화를 촉진시킨다.

① 산소　　　　② 햇빛　　　　③ 수분　　　　④ 먼지

083 원두의 신선도를 오래 지속시키는 포장재료가 갖추어야할 조건에 대한 설명으로 적절하지 않는 것은?

① 보냉성　　　　② 보향성　　　　③ 차광성　　　　④ 방습성

　078 ①　079 ④　080 ①　081 ①　082 ③　083 ①

084 커피 제조 및 유통과정에서 가장 보편적으로 사용되는 방식으로 공기가 한 방향으로만 이동할 수 있는 기구가 장착된 포장방식은?

① 진공포장　　　　② 밸브포장　　　　③ 공기포장　　　　④ 질소포장

085 올바른 커피 보관법에 대한 설명으로 적절하지 않는 것은?

① 원두는 2주 이상 보관하지 않는다.
② 보관용기는 산소, 습도, 햇볕을 차단할 수 있는 밀폐용기가 좋다
③ 갈지 않고 홀빈(Whole Bean)상태로 보관하는 것이 좋다.
④ 냉장고에 보관하는 것이 좋다.

희귀커피, 스페셜 커피, 원두의 특성, 국가별 커피 음용법

086 세계 3대 희귀커피와 거리가 먼 것은?

① 게이샤 커피　　　　　　　　② 세인트헬레나 커피
③ 하와이 코나　　　　　　　　④ 코피루왁

087 세계3대 희귀커피 중 하나인 게이샤커피에 대한 설명으로 틀린 것은?

① 에티오피아의 남서쪽 카파지역 게이샤라는 숲(Geisha)에서 최초로 발견되었다.
② 일반 커피와는 달리 가늘고 긴 체리열매와 커피콩이 특징이다.
③ 파나마 에스메랄다 게이샤가 비싼 이유는 생산량이 아주 작기 때문이다.
④ 벌꿀향이 나는 가벼운 바디감과 감귤 맛이 도는 향미가 특징이다.

088 세계3대 희귀커피 중 하나인 코피루왁에 대한 설명으로 틀린 것은?

① 코피루왁은 베트남의 대표적인 커피이다.
② 커피열매를 먹은 사향고양이의 배설물에서 커피 씨앗을 채취하여 가공하는 커피이다.
③ 희귀성 때문에 비싼 가격에 거래되고 있다.
④ 쓴맛이 덜하고 신맛이 적절하게 조화를 이루며 중후한 바디를 가진 것으로 알려져 있다.

084 ②　085 ④　086 ③　087 ③　088 ①

089 세계3대 스페셜커피와 거리가 먼 것은?

① Colombia Supremo   ② Hawaii Kona

③ Blue Mountain   ④ Yemen Mocha

090 세계3대 스페셜커피 중 하나인 블루마운틴(1등급)에 대한 설명으로 맞지 않는 것은?

① 카리브해의 푸른 바다빛이 반사되어 'Blue Mountain(푸른산)'이라고 이름 붙여지게 되었다.

② 고도 1,100m 이상, 스크린 사이즈 17~18의 원두만이 '블루마운틴 no1'이라는 등급을 받게 된다

③ 커피의 황제라는 별칭을 갖고 있다.

④ 생산량이 많아 가격은 싸다.

091 세계3대 스페셜커피 중 하나인 하와이 코나에 대한 설명으로 맞지 않는 것은?

① 하와이의 빅아일랜드 서쪽 코나 해안지역에서 재배되는 커피를 말한다.

② 해발이 낮은 600피트 이하에서 재배되는 특징이 있다.

③ 한낮에는 구름이 적당히 태양을 가려 커피 나무에 쾌적한 그늘을 제공하는 천혜의 자연조건을 가지고 있다.

④ 진한 맛과 향기가 나는 가장 큰 7oz 짜리 원두 'Royal Kona Estate(Extra Fancy)' 등급이 좋다.

092 생산국가별 대표적인 커피를 연결한 것으로 맞지 않는 것은?

① 브라질 산토스   ② 콜롬비아 수프리모

③ 코스타리카 블루마운틴   ④ 과테말라 안티구아

093 생산국에 따른 유명한 커피가 옳게 짝지어진 것은?

① 코스타리카 - 블루마운틴   ② 과테말라 - 코나커피

③ 브라질 - 안티구아   ④ 인도네시아 - 만델링

094 다음은 어느 나라에 대한 설명인가?

- 세계 2위 커피 생산국이다.   • 주로 인스턴트 커피에 많이 사용된다.
- 저품질의 로부스타 종이 95% 이상 생산된다.

① 자메이카   ② 브라질   ③ 베트남   ④ 멕시코

089 ①   090 ④   091 ②   092 ③   093 ④   094 ③

095 다음 중 에티오피아에서 생산된 커피가 아닌 것은?

① Virgacheffe   ② Harra   ③ Excelso   ④ Sidamo

096 손잡이가 있는 금속용기인 'Cezve(체즈베)'에 질 좋은 커피를 곱게 분쇄하여 넣고 달인 커피를 즐기는 국가는?

① 터키   ② 그리스   ③ 이탈리아   ④ 폴란드

097 다음은 어느 나라의 커피 음용 문화에 대한 설명인가?

- 가정에서 많이 사용되는 기구는 모카포트이다.
- 선채로 Espresso를 마시는 Espresso bar가 많다.
- 잠자리에서 일어나면 가장 먼저 커피를 마신다.

① 프랑스   ② 이탈리아   ③ 터키   ④ 그리스

098 맛 좋은 레귤러 커피를 마시기 위해 취해야 할 적절한 방법이 아닌 것은?

① 커피는 추출하기 직전에 분쇄한다.
② 즉시 사용하지 않는 커피는 건 냉암소에 보관한다.
③ 추출한 커피는 약한 불에 데워 따뜻하게 유지시킨다.
④ 1회에 구매하는 커피 양은 적은 것이 좋다.

099 국제커피기구(ICO)에 대한 설명이 틀리게 된 것은?

① 1963년 런던에서 출범하였다.
② 커피 생산 국가뿐만 아니라 소비국가도 함께 가입되어 있다.
③ 기구 설립의 가장 큰 목적은 수출물량 조절을 통한 커피 가격 안정에 있다.
④ 커피 가격 통제와 커피 소비 촉진, 커피의 공정 거래 등에 관한 업무를 하고 있다.

100 아일랜드의 커피 음용 문화에 대한 설명으로 맞지 않는 것은?

① 이태리인들의 2배 이상의 커피를 소비한다.
② '아이리시 커피(Irish coffee)'로 유명하다.
③ 아일랜드 위스키를 커피에 곁들여 제조한다.
④ 세계 최고의 유질을 자랑하는 크림을 만든다는 자부심이 대단하다.

095 ③   096 ①   097 ②   098 ③   099 ④   100 ①

관광바리스타 자격시험 예상문제

커피 제조

 커피 블렌딩(Coffee Blending)

101 커피 블렌딩에 대한 설명으로 적절하지 않는 것은?

① 각각의 원두가 지닌 특성을 적절하게 배합하여 균형 잡힌 맛과 향을 만들어 가는 과정이다.

② 단종(스트레이트) 커피보다는 맛과 향이 덜 좋다.

③ 각기 다른 원두의 개성과 향미 서로 잘 어우러지도록 한다.

④ 창조적이고 안정적인 맛을 내도록 하는 것이다.

102 커피 블렌딩에 대한 설명과 거리가 먼 것은?

① 최초의 블렌딩 커피는 인도네시아 자바 커피와 예멘, 에티오피아의 모카 커피를 혼합한 모카 자바(Mocha-Java)로 알려져 있다.

② 고급 아라비카 커피는 스트레이트(Straight)로 즐기는 것이 보통이다.

③ 품종에 따라 혼합 비율을 달리하면 새로운 맛과 향을 가진 커피를 만들 수 있다.

④ 질이 떨어지는 커피는 블렌딩을 통해 향미가 조화로운 커피로 만들 수 없다.

103 세계 최초의 블렌딩 커피는?

① 모카 - 자바 　　② 모카 - 슈프리모 　　③ 모카 - 만델링 　　④ 모카 - 예가체프

 101 ② 　102 ④ 　103 ①

104 다음 중 블렌딩(Blending)을 하는 이유가 아닌 것은?

① 새로운 맛과 향을 창조하기 위해
② 단종 커피의 특성을 최대한 살리기 위해
③ 질 낮은 커피의 맛과 향을 향상시키기 위해
④ 차별화된 커피를 만들기 위해

105 에스프레소 블렌딩의 목적으로 잘못된 것은?

① 카페인을 줄이기 위해서
② 개성 있는 에스프레소를 만들기 위해서
③ 비용의 절감을 위해서
④ 조화로운 맛을 만들기 위해서

106 커피블렌딩의 방법에 대한 설명으로 틀린 것은?

① 생두의 원산지, 생산 년 수, 함수율, 크기, 밀도 등을 꼭 확인해야 한다.
② 원산지 명칭을 사용하는 경우 베이스가 되는 원두는 적어도 30%이상 섞어 주어야 한다.
③ 블렌딩 후 안정되고 지속 가능한 맛과 향을 지향하는 것이 중요하다.
④ 유사한 맛과 향을 가진 원두끼리 배합한다.

107 다음의 내용에 해당하는 것을 고르시오.

• 서로 다른 원두를 혼합하여 새로운 맛과 향을 지닌 커피를 창조해 낸다.
• 커피의 특정한 맛과 향을 이끌어 낼 수 있다.
• 커피의 품질을 일정하게 유지할 수 있다는 장점이 있다.

① Flavor   ② Cupping   ③ Blending   ④ Froth

108 다음의 (   )에 들어갈 말로 맞는 것을 고르시오.

(   ) 맛과 향을 가진 원두끼리 배합하면 특색이 없어지므로 베이스가 되는 원두와 산미가
(   ) 원두를 블렌딩하는 것이 커피의 맛과 향을 복잡 다양하게 표현할 수 있다.

① 유사한, 풍부한   ② 유사한, 약한   ③ 다른, 약한   ④ 다른, 풍부한

104 ②   105 ①   106 ④   107 ③   108 ①

109 로스팅 전 블렌딩에 대한 설명으로 거리가 먼 것은?

① 기호에 따라 미리 정해 놓은 생두를 혼합한 후 로스팅을 진행한다.
② 로스팅을 여러번 진행해야 하는 단점이 있다.
③ 블렌딩된 원두의 색이 균형적이다.
④ 정점 로스팅 정도를 결정하기 어려운 단점이 있다.

110 로스팅 후 블렌딩에 대한 설명으로 거리가 먼 것은?

① 각각의 생두를 로스팅한 후 블렌딩하는 방법이다.
② 각 생두가 가진 최상의 맛과 향을 내는 로스팅 포인트로 배전된 원두를 사용할 수 있다는 장점이 있다.
③ 혼합되는 가짓수만큼 일일이 로스팅을 해야 하는 단점이 있다.
④ 블렌딩 커피의 색이 균일한 특성이 있다.

111 블렌딩의 3대 법칙과 거리가 먼 것은?

① 안정된 품질을 기본으로 삼는다.
② 생두의 성격을 잘 알고 있어야 한다.
③ 맛이 좋은 원두끼리만 섞는다.
④ 개성이 강한 것을 우선으로 한다.

112 가장 널리 알려진 향미에 따른 블렌딩 비율에서 '신맛과 향기로운 맛'을 내는 블렌딩 비율의 ( )에 들어갈 원두 이름은?

- ( ) 40%
- 브라질 산토스 20%
- 멕시코 20%
- 예멘 모카 20%

① 탄자니아 킬리만자로
② 콜롬비아 엑셀소
③ 인도네시아 자바
④ 엘살바도르

113 다음 중 커피는 어디에 속하는 음료인가?

① 기호음료   ② 영양음료   ③ 청량음료   ④ 이온음료

109 ② 110 ④ 111 ③ 112 ② 113 ①

114 가장 널리 알려진 향미에 따른 블렌딩 비율에서 '달콤하고 약간 쓴맛'을 내는 블렌딩 비율의 ( )에 들어갈 원두 이름은?

> • ( ) 30% • 콜롬비아 엑셀소 30%
> • 인도네시아 자바 20% • 탄자니아 킬리만자로 20%

① 예멘 모카 ② 콜롬비아 수프레모
③ 브라질 산토스 ④ 엘살바도르

115 다음 중 SCAA 커피 품질 평가(Coffee Cupping) 중 평가하지 않는 항목은 어느 것인가?

① 밸런스(Balance) ② 후미(Aftertaste)
③ 쓴맛(Bitterness) ④ 커피향기(Fragrance/Aroma)

커피 로스팅(Coffee Roasting)

116 커피 로스팅(배전)에 대한 설명으로 맞지 않는 것은?

① 생두에 열을 가하여 볶는 것으로 커피 특유의 맛과 향을 생성하는 공정이다.
② 조직을 최대한 팽창시켜 생두가 가진 여러 성분을 조화롭게 표현하는 일련의 작업이다.
③ 물리적 화학적 변화를 일으켜 원두의 색상, 맛, 향미 성분들이 제대로 발산하도록 하는 과정이다.
④ 이슬람 교도들은 로스팅된 커피를 추출해 마시지 못했었다.

117 로스팅이 길어질수록 변화하는 과정에 대한 설명으로 틀린 것은?

① 생두의 색상은 옅어진다.
② 수분은 증발하고 크기는 팽창한다.
③ 캐러멜 향에서 신향을 거쳐 탄향이 짙어진다.
④ 조직이 다공성으로 바뀌면서 밀도는 반 이하로 감소한다..

114 ③ 115 ③ 116 ④ 117 ①

118 로스팅 예열과 생두 투입과정에 대한 설명으로 옳은 것은?

① 로스터를 사용할 때에는 사용하기 5분 전에 예열을 하면 된다.

② 예열은 낮은 온도로부터 시작하여 약 210℃까지 천천히 온도를 올려주는 방식으로 진행된다.

③ 생두의 색은 녹색에서 진한 갈색으로 투입과 동시에 급격하게 변화된다.

④ 생두가 단단하고 수분함량이 많을수록 수분 증발이 빨리 나타난다.

119 커피 로스팅에서 1차 크랙이 발생되는 시점의 온도는?

① 100~120℃   ② 140~160℃
③ 180~195℃   ④ 200~215℃

120 커피 로스팅에서 2차 크랙이 발생되는 시점에 대한 설명으로 옳지 않는 것은?

① 원두의 고유한 향이 발산되는 지점으로 로스팅 과정에서 가장 중요한 단계이다.

② 원두 온도가 190℃가 되면 조직에 미세한 균열이 생기기 시작한다.

③ 200℃부터는 향기 성분 생성이 더욱 활발하게 진행된다.

④ 200~230℃에서는 로스팅을 더 강하게 진행시킨다.

121 로스팅의 물리적 변화에 대한 설명으로 틀린 것은?

① 카페인의 양과 생산지 고유의 특성도 변화된다.

② 크기는 150~180%정도 커지게 된다.

③ 수분함유량이 12%에서 1% 내외로 줄어 들게 된다.

④ 원두는 그린색에서 검은 색으로 변한다.

122 생두의 로스팅이 진행됨에 따라 감소하게 되는 것은?

① 부피   ② 무게   ③ 가용성 성분   ④ 휘발성 성분

123 생두의 로스팅이 진행됨에 따라 증가하게 되는 것은?

① 무게   ② 밀도   ③ 부피   ④ 수분

124 로스팅 후 성분 변화가 거의 없는 것은?

① 수분   ② 당분   ③ 섬유소   ④ 카페인

 118 ② 119 ③ 120 ④ 121 ① 122 ② 123 ③ 124 ④

125 로스팅 온도가 높아짐에 따라 캐러멜화하여, 커피 특유의 쓴맛을 구성하는 성분과 관련이 없는 것은?

① 카페인 등 알칼로이드 물질　　　　② 클로로겐산 등 폴리페놀류
③ 타닌　　　　　　　　　　　　　④ 탄수화물

126 로스팅 과정을 거치며 갈변반응을 통해 향기성분으로 변화되는 성분과 관련이 없는 것은?

① 클로로겐산　　② 당분　　③ 아미노산　　④ 유기산

127 SCAA 커피 로스팅의 단계별 명칭이 바르게 나열된 것은?

① Light-Medium-High-Cinnamon-City-Full City-French-Italian
② Light-Cinnamon-Medium-High-City-Full City-French-Italian
③ Light-Cinnamon-Medium-Full City-High-City-French-Italian
④ Light-Cinnamon-Full City-French-Medium-High-City-Italian

128 원두의 색깔은 짙은 갈색이며 에스프레소 커피용의 표준이 되는 로스팅 단계는?

① City Roasting　　　　　　　② Full City Roasting
③ French Roasting　　　　　　④ Italian Roasting

129 다음 커피 향미 성분 중 로스팅 과정 중에 생성되는 향이 아닌 것은?

① Fruity(과일 향)　　　　　　② Caramelly(캐러멜 향)
③ Nutty(고소한 향)　　　　　④ Chocolaty(초콜릿 향)

130 커피 로스터기의 종류와 관계 없는 것은?

① 직화식 로스터기　　　　　② 열풍식 로스터기
③ 반열풍식 로스터기　　　　④ 찜식 로스터기

131 직화식 로스터기에 대한 설명으로 옳은 것은?

① 뜨거운 공기가 드럼의 뒷부분을 통해 가하여 볶는 방식이다.
② 로스터의 개성을 발휘하기 힘들다.
③ 생두의 겉은 익고 내부는 잘 안 되는 경우가 발생되기 쉽다.
④ 공기 흐름과 열량을 조절하는 댐퍼의 조절은 필요없다.

125 ③　126 ①　127 ②　128 ②　129 ①　130 ④　131 ③

132 다음 향기 중에서 배전도가 가장 높은 단계에서 생성되는 향기는?

① 볶은 곡류 향기(malty)　　　　　② 물엿 향기(syrup-type)
③ 캔디 향(candy-type)　　　　　　④ 초콜릿 향기(chocolate-type)

133 로스팅 8단계 분류 중 프렌치 로스트(French roast)에 해당되는 SCAA 단계별 명칭은?

① Dark roast　　　　　　　　　　② Moderately dark roast
③ Medium roast　　　　　　　　　④ Very dark roast

134 커피를 로스팅할 때 열분해 과정에서 나타나는 현상은?

① 유리수의 기화　② 밀도의 상승　③ 향미의 생성　④ 급격한 온도 하락

135 커피를 배전(Roasting)하는 이유가 아닌 것은?

① 커피 특유의 맛과 향을 얻기 위하여
② 커피추출 가용물질의 증가를 통한 커피추출을 용이하게 하기 위하여
③ 오랜 기간 보관하기 위하여
④ 커피의 독특한 색을 얻기 위하여

커피 그라인딩(Coffee Grinding)

136 다음은 무엇에 대한 설명인가?

- 커피의 표면적을 최대한 넓혀서 커피 추출이 잘 일어날 수 있도록 형태를 바꾸는 과정이다.
- 물과 닿는 접촉면을 늘려주기 위해 각각의 추출 방법에 적합하게 작은 조각(가루)으로 분쇄하는 것이다.

① Roasting　　　② Grinding　　　③ Cupping　　　④ Blending

 132 ④　133 ①　134 ③　135 ③　136 ②

137 그라인딩(분쇄)과 추출시간 및 맛의 관계에 대한 설명으로 거리가 먼 것은?

① 물과 커피가루가 만나는 시간에 따라서 향미가 달라진다.

② 추출시간이 길어질수록 좋은 향과 맛은 감소하고, 불쾌한 맛과 쓴맛이 증가한다.

③ 원두가 필요이상 잘게 분쇄될수록 추출시간은 짧아진다.

④ 추출시간이 너무 짧은 경우 커피의 화학물질들이 충분히 녹아 나오지 않아, 커피의 향미를 느낄 수 없게 된다.

138 원두 통(Hopper)을 주기적으로 청소를 해야 하는데 그 주된 이유는 무엇인가?

① 실버 스킨 관리   ② 커피 오일 제거   ③ 온도 유지   ④ 습도 유지

139 그라인딩 적정 시점으로 맞는 것은?

① 추출 1개월 전   ② 로스팅 직후   ③ 추출 일주일 전   ④ 추출 직전

140 분쇄 커피 입자의 크기를 결정하는데 가장 중요한 고려 사항은?

① 추출에 걸리는 시간   ② 원두의 종류

③ 커피의 로스팅 정도   ④ 날씨

141 에스프레소용 커피의 크기에 대한 설명이다. 틀린 것은?

① 분쇄커피의 굵기는 추출 시간과 밀접한 관계가 있다.

② 흐린 날은 기준보다 조금 굵게 갈아 준다.

③ 밀가루보다 굵게 설탕보다 가늘게 분쇄하는 것이 일반적 기준이다.

④ 일반적으로 에스프레소용 커피를 가장 굵게 간다.

142 커피 추출 방식에 따른 분쇄 입자가 큰 순서대로 맞게 나열된 것은?

① 프렌치프레스 > 핸드드립 > 사이폰 > 모카 포트 > 에스프레소

② 프렌치프레스 > 모카 포트 > 사이폰 > 핸드드립 > 에스프레소

③ 프렌치프레스 > 에스프레소 > 사이폰 > 핸드드립 > 모카 포트

④ 핸드드립 > 모카 포트 > 사이폰 > 프렌치프레스 > 에스프레소

137 ③   138 ②   139 ④   140 ①   141 ④   142 ①

143 주로 카페, 커피 전문점에서 많이 사용되고 있으며 아주 미세한 분쇄를 일정하고 빠르게 분쇄할 수 있는 그라인더는?

① 커팅식 그라인더　　　　　　　② 핸드 밀

③ 전동식 그라인더　　　　　　　④ 수동식 그라인더

144 분쇄된 커피가루를 배출하는 것은?

① Cupping　　　② Dosing　　　③ Locking　　　④ Hopping

145 전동식 그라인더 관리에 대한 설명으로 적절하지 않는 것은?

① 호퍼는 매일 마른 수건으로 닦아서 지방과 기름기를 제거해 주어야 한다.

② 분쇄 날, 도징 컨테이너, 토출구를 매일 털어 주어야 하기 때문에 브러시는 무척 중요하다.

③ 그라인더 날을 최적의 상태로 유지시켜 고품질의 그라인딩으로 더 높은 생산성을 가질 수 있도록 하고, 과열되지 않도록 한다.

④ 일반적으로 플랫 분쇄 날의 경우 영구적으로 교체의 필요성이 없다.

▶ 다양한 커피 추출법 ◀

146 맛있는 커피 추출을 위하여 지켜야할 사항으로 가장 거리가 먼 것은?

① 추출 기구는 청결하게 유지한다.

② 신선한 원두를 사용한다.

③ 깨끗하고 알맞은 온도의 물을 사용한다.

④ 원두는 미리 분쇄된 것을 사용한다.

147 커피추출의 목적을 맞게 설명한 것은?

① 커피의 모든 성분을 최대한 많이 뽑아내는 것

② 잡미를 포함하지 않은 양질의 성분만을 골라내는 것

③ 가는 커피가루로 장시간 많은 양의 커피를 뽑아내는 것

④ 많은 양의 커피가루를 사용하여 소량의 진액만을 뽑아내는 것

143 ③　144 ②　145 ④　146 ④　147 ②

148 다음은 다양한 추출방식과 대표적인 추출 기구를 연결한 것이다. 올바르지 않은 것을 고르시오?

① 우러내기법 - 퍼콜레이터   ② 달임법 - 이브릭

③ 여과법 - 핸드드립   ④ 가압 추출법 - 모카포트

149 다음 중 에스프레소와 가장 비슷한 추출 기구는?

① 사이폰   ② 모카포트   ③ 프렌치 프레스   ④ 융 드립

150 드립식 커피에 대한 설명으로 틀린 것은?

① 드립식 커피는 오늘날 가장 널리 사용되는 커피 추출방식이다.

② 기계식으로는 상업용 커피 브루어와 가정용 전기 커피메이커가 있다.

③ 특히 이탈리아에서 애용되고 있다.

④ 핸드드립은 크게 넬(융) 드립과 페이퍼 드립으로 나눌 수 있다.

151 핸드드립 커피에 대한 설명으로 틀린 것은?

① 넬(융)드립은 페이퍼드립에 비해 부드럽고 걸쭉한 특징이 있다.

② 페이퍼드립은 깔끔하고 산뜻한 느낌을 준다.

③ 최소한의 찌꺼기와 오일(지방)만이 걸러져 나오기 때문에 풍미를 갖고 있으면서도 깔끔한 맛을 즐길 수 있다.

④ 다른 추출방식보다 숙련된 기술과 정성이 요구되지 않는다.

152 커피추출의 방식으로 적절하지 않는 것은?

① 달임식   ② 볶음식   ③ 여과식   ④ 압력방식

153 다음은 어떤 핸드 드리퍼에 대한 설명인가?

- 일반적으로 많이 사용하는 드리퍼이다.
- 추출구멍이 3개가 나 있으며 물이 필터 안에서 머무는 시간이 짧아 중배전 정도의 원두를 사용하여 가볍고 산뜻한 느낌의 커피를 즐기는데 적합하다.

① 멜리타(Melita)   ② 고노(Kono)   ③ 케멕스(Chemex)   ④ 칼리타(Kalita)

 148 ①   149 ②   150 ③   151 ④   152 ②   153 ④

154 고깔모양의 원뿔 형태를 하고 있으며 추출구멍이 1개이면서 크기가 다양한 핸드 드립퍼는?

① 고노(Kono)　　② 멜리타(Melita)　③ 케멕스(Chemex)　④ 칼리타(Kalita)

155 다음은 어떤 핸드 드리퍼에 대한 설명인가?

> • 페이퍼드립과는 달리 몇 번이고 반복 사용이 가능하다.
> • 커피 오일이 다량으로 추출되기 때문에 바디감이 풍부하며 진하고 향이 풍부한 커피를 즐기는데 용이하다.

① 멜리타(Melita)　② 융(Nell)　　③ 고노(Kono)　　④ 칼리타(Kalita)

156 케멕스(Chemex)에 대한 설명으로 거리가 먼 것은?

① 다른 핸드드립 도구에 비해 두꺼운 필터를 사용해 깔끔한 맛을 살리는 것이 특징이다.
② 뛰어난 기능과 세련된 디자인으로 오랜 연구와 실험을 거쳐 탄생한 과학적인 커피 추출 도구이다.
③ 사용과 보관이 일반 핸드드립 도구보다 어렵다.
④ 일반 핸드드립 도구와 달리 드리퍼와 드립서버가 일체형이다.

157 핸드드립 추출을 위한 준비물과 관련이 없는 것은?

① 드리퍼　　　② 여과지　　　③ 모카포트　　　④ 드립용 주전자

158 핸드드립 추출 절차에 대한 설명으로 적절하지 않은 것은?

① 92℃의 더운물을 포트에 담아 가는 줄기로 중심부터 붓기 시작한다.
② 부풀어 오르는 시간 동안(40초 전후) 뜸을 들인다.
③ 더운물을 커피가루의 표면에 천천히 붓는다.
④ 드립할 때 페이퍼에 물이 직접 닿도록 한다.

159 모카포트에 관한 설명으로 적절하지 않은 것은?

① 프랑스 전역의 대부분의 가정에서 널리 사용되고 있다.
② 에스프레소 커피를 손쉽게 뽑을 수 있는 도구이다.
③ 대부분의 포트는 알루미늄이나 스테인레스 스틸로 만들어져 있다.
④ 모카포트는 가압방식의 에스프레소 머신이 내는 맛과 가장 근접하다.

154 ①　155 ②　156 ③　157 ③　158 ④　159 ①

160 가압방식의 에스프레소 머신이 내는 맛과 가장 근접하기 때문에 이탈리아 대부분의 가정에서 널리 사용되고 있는 커피 추출 기구는?

① 이브릭   ② 모카포트   ③ 케멕스   ④ 사이폰

161 사이폰 커피의 특징과 개념에 대한 설명과 다른 것은?

① 사이폰 커피의 매력은 시각적인 효과가 뛰어나다는 점에 있다.

② 유리구가 가열되면서 물이 끓어 오르는 모습은 과학 실험실의 모습을 연상케 한다.

③ 사이폰 커피는 가정에서 사용하기가 매우 힘들다는 단점이 있다.

④ 최근에는 안전상의 이유로 알코올램프가 아닌 할로겐 빔(원적외선 빔) 히터를 사용하기도 한다.

162 사이폰 커피의 추출원리에 대한 설명으로 틀린 것은?

① 물이 끓으면서 아래쪽 플라스크 내 압력이 커지고, 압력에 밀려 물은 위쪽 플라스크로 이동하여 커피가루와 접촉한다.

② 부글거리며 끓는 커피를 대나무 주걱이나 막대로 저어준다.

③ 커피에 허연 거품이 일 때쯤 불을 끄면 아래쪽 플라스크의 기압이 내려가고, 커피는 아래쪽 플라스크로 이동한다.

④ 추출 전 플라스크와 필터를 예열해 줄 필요는 없다.

163 (   )에 들어갈 말로 맞는 것은?

> (   )은 진공 흡입 시 올라가는 물의 속도가 빠르고, 추출시간(Brewing Time)도 짧은 편으로 부드럽고 깔끔한 맛을 갖고 있는 것이 특징이지만, 반면에 깊고 진한 맛을 즐기기는 쉽지 않다.

① 사이폰   ② 이브릭   ③ 칼리타   ④ 케멕스

164 프렌치 프레스의 특징과 추출 방식에 대한 설명으로 맞지 않는 것은?

① 커피 추출 외에도 차를 우릴 때도 사용되며 카푸치노와 같은 거품이 올려져 있는 커피를 만들 때 우유거품을 내는 용도로도 활용 되고 있다.

② 복잡한 구조체여서 여행 중에 사용하는 데는 제한이 있다.

③ 커피와 뜨거운 물을 섞은 혼합액을 일정시간을 두고 우려낸 다음 커피 찌꺼기를 프레스로 눌러내려 커피액만 따라내는 방식의 추출 기구이다.

④ 드립 방식의 커피보다 농밀하고 깊은 커피 맛을 갖고 있다.

 160 ② 161 ③ 162 ④ 163 ① 164 ②

165 (　　)는 커피와 뜨거운 물을 섞어 우려낸 다음 커피 찌꺼기를 프레스로 눌러내려 커피액만 따라내는 방식의 추출이다. 맞는 것은?

① 사이폰 　　　　　　　　　　② 이브릭
③ 프렌치 프레스 　　　　　　　④ 케멕스

166 이브릭 커피에 대한 설명으로 맞지 않는 것은?

① 터키식 커피(Turkish Coffee)는 이브릭(Ibrik) 또는 체즈베(Cezve)라는 기구를 이용한다.
② 미세하게 갈린 커피가루를 물과 함께 이브릭에 넣은 다음 반복적으로 끓여내는 방식이다.
③ 세계에서 가장 오래된 추출법이자 원초적인 추출법이라고 할 수 있다.
④ 이브릭 커피는 걸쭉하게 죽처럼 끓여서 스푼으로 떠서 먹는다.

167 (　　)에 들어갈 말로 맞는 것은?

터키식 커피는 이브릭 또는 (　　　　　　)라는 기구를 이용한다.

① 사이폰 　　　② 케멕스 　　　③ 체즈베 　　　④ 퍼콜레이터

168 야영할 때 모닥불 위에 올려놓고 커피를 내려먹는 주전자 처럼 생긴 추출 기구는?

① 사이폰 　　　② 케멕스 　　　③ 체즈베 　　　④ 퍼콜레이터

169 퍼콜레이터 구조와 특징, 커피 추출방식에 대한 설명으로 적절하지 않는 것은?

① 아웃도어 캠핑족들이 이용하기 보다는 가정에서 사용하는 것이 더 좋다.
② 퍼콜레이터는 용기 안의 물이 끓으면서 여러 번 위 아래로 순환하며 커피가 추출되는 방식이다.
③ 구조는 용기(포트)와 용기 바닥과 뚜껑까지 연결되어 있는 관, 관 위쪽에 붙어 있는 원두가 담기는 바스켓, 바스켓을 덮는 망으로 구성되어 있다.
④ 퍼콜레이터에 사용하는 원두의 분쇄도는 필터에 걸러질 정도로 굵게 분쇄하고 물 100ml 당 원두 10g정도의 비율로 추출하는 것이 적당하다.

 165 ③　166 ④　167 ③　168 ④　169 ①

170 콜드브루 커피에 대한 설명으로 맞지 않는 것은?

① 차갑다는 뜻의 '콜드(Cold)'와 끓이다, 우려내다는 뜻의 '브루(Brew)'의 합성어이다.

② 더치커피는 독일풍(Dutch)의 커피라 하여 붙여진 일본식 명칭이다.

③ 인도네시아 자바 섬에서 커피를 운반하던 네덜란드인들에 의해 고안된 커피로 알려져 있다.

④ 콜드브루는 '커피의 눈물'이라는 별칭을 갖고 있다.

171 분쇄한 원두를 상온이나 차가운 물에 장시간 우려내 쓴 맛이 덜하고 부드러운 풍미를 느낄수 있는 커피에 대한 용어로 맞지 않는 것은?

① 콜드브루(Cold Brew)   ② 더치커피(Dutch Coffee)

③ 워터드립(Water Drip)   ④ 융드립(Nell Drip)

172 다음은 어떤 커피에 대한 설명인가?

- 전용 기구에 분쇄한 원두를 넣고 찬물 또는 상온의 물에 짧게는 3~4시간, 길게는 8~12시간 정도 우려내 커피 원액을 추출한다.
- 추출하는 방식에 따라 점적식(點滴式)과 침출식(浸出式)으로 구분한다.

① 사이폰   ② 모카포트   ③ 콜드브루   ④ 퍼콜레이터

173 다음 중 커피를 추출하는 방식 중 Boiling법에 해당하는 것은 ?

① 에스프레소   ② 콜드브루   ③ 프렌치 프레스   ④ 이브릭

174 다음 중 Boiling법에 의한 커피 추출 방식과 다른 것은?

① 이브릭   ② 콜드브루   ③ 사이폰   ④ 퍼콜레이터

175 여러 가지 추출방법에 대한 설명으로 틀린 것은?

① 모카 포트(Moka pot) - 이탈리아 가정에서 많이 사용되며 수증기압을 이용하여 추출한다.

② 핸드 드립(Hand drip) - 드립퍼(Dripper)와 종이 필터를 사용하는 추출 방법

③ 프렌치프레스(French press) - 저온으로 커피를 추출하는 방식으로 카페인이 용해되기 어렵다.

④ 배큐엄 브루워(Vacuum brewer, 사이펀) - 진공식 추출방법으로 향미 성분을 추출하는 방법이다.

 170 ② 171 ④ 172 ③ 173 ④ 174 ② 175 ③

에스프레소(Espresso)

176 에스프레소 커피에 대한 설명으로 (   )에 들어갈 말로 맞는 것은?

> (   ) 분쇄한 커피 원두에 (   )의 물을 투과시켜 추출한 후 데미타세(demitasse)에 담겨져 제
> 공되는 (   ) 커피

① 미세하게, 저온 고압, 고농축　　　　② 미세하게, 고온 고압, 고농축
③ 미세하게, 고온 고압, 저농축　　　　④ 미세하게, 저온 고압, 저농축

177 에스프레소(Espresso)에 대한 설명으로 적절하지 않은 것은?

① 어원은 '빠르다'라는 의미인 Express라는 단어가 출처이다.
② 원래 터키 커피를 신속하게 추출하기 위해 고안된 방법이다.
③ '즉석에서 신속히 추출하는 커피'라는 점을 잘 나타내 주는 단어이다.
④ Express를 뜻하는 브라질에서 유래된 것이다.

178 에스프레소 커피의 특징과 다른 것은?

① 드립 커피보다 농도가 옅다
② 드립 커피보다 일정 부피 안에 용해된 고형체의 양이 많다.
③ 카페인의 함유량이 적은데, 커피를 빠른 시간에 뽑아내기 때문이다.
④ 강하게 볶은(강배전) 커피 원두를 쓴다.

179 에스프레소 커피 한 잔 추출 조건이 맞는 것으로 연결된 것은?

> 가. 20~30g의 커피가루　　　　　　나. 8~10기압(bar)의 압력
> 다. 60~75℃인 물의 온도　　　　　　라. 20~30초 이내의 추출시간

① 가, 나　　　　② 다, 라　　　　③ 가, 다　　　　④ 나, 라

180 에스프레소 머신의 발전 단계로 올바른 것은?

① 증기압방식 - 진공추출방식 - 피스톤방식 - 전동펌프방식
② 진공추출방식 - 피스톤방식 - 증기압방식 - 전동펌프방식
③ 증기압방식 - 피스톤방식 - 진공추출방식 - 전동펌프방식
④ 진공추출방식 - 증기압방식 - 피스톤방식 - 전동펌프방식

176 ②　177 ④　178 ①　179 ④　180 ④

181 에스프레소 머신의 종류로 맞지 않는 것은?

① 수동식　　　　② 증기식　　　　③ 반자동식　　　　④전자동식

182 다음이 설명하는 기기는?

- 그라인더와 머신이 분리되어 있는 방식
- 연속추출 버튼 조작으로 바리스타의 역량을 잘 표현할 수 있는 기기

① 수동식 에스프레소 머신　　　　② 증기식 에스프레소 머신
③ 반자동식 에스프레소 머신　　　　④ 자동식 에스프레소 머신

183 반자동 에스프레소 커피머신의 장점과 다른 것은?

① 설치공간이 넓고 전문성이 요구됨
② 다양한 에스프레소 메뉴의 커피 제조가 가능함
③ 기계적인 매커니즘이 비교적 단순하기 때문에 잔고장이 적음
④ 바리스타의 능력에 따라 다양한 에스프레소 커피를 추구할 수 있음

184 전자동식 커피머신에 대한 설명으로 적절하지 않는 것은?

① 원두를 머신에 넣어주고 메뉴버튼만 눌러주면 원두의 분쇄부터 에스프레소 추출까지 자동으로 다해주는 기계이다.
② 프로그래밍에 의해 누가 작동해도 일정한 커피 맛을 내주는 제품이라는 것이 강점이다.
③ 우유거품을 자동으로 만들어 주는 기계는 없다.
④ 최근에는 터치식 컨트롤 판넬을 적용한 첨단 커피머신도 유통되고 있다.

185 전자동 에스프레소 커피머신의 장점으로 볼 수 없는 것은?

① 커피를 추출하기가 쉽고 간편
② 다양한 맛의 변화 추구가 가능
③ 블랙커피 추출에 특히 유리
④ 작은 공간에도 설치가 가능

186 에스프레소 머신의 보일러 스팀 압력은 어느 정도가 정상인가?

① 1bar　　　　② 3bar　　　　③ 5bar　　　　④ 7bar

181 ② 　182 ③ 　183 ① 　184 ③ 　185 ② 　186 ①

187 에스프레소 머신의 압력 게이지는 두 가지의 압력을 표시하게 되어있는데, 맞는 것으로 연결된 것은?

① 워터노즐 압력, 보일러 압력　　　② 스팀파이프 압력, 보일러 압력
③ 스팀파이프 압력, 펌프 압력　　　④ 펌프 압력, 보일러 압력

188 에스프레소 머신의 어느 부분에 대한 설명인가?

- 보일러에 물을 공급시켜주는 역할
- 커피 추출 시 발생하는 압력(9bar)을 지속적으로 유지시켜주는 중요한 역할

① 그룹헤드(Group head)　　　　　② 펌프(Procon Pump)
③ 워터노즐(Water nozzle)　　　　　④ 포타필터(Porta Filter)

189 에스프레소 머신의 어느 부분에 대한 설명인가?

- 포타필터를 장착하는 부분
- 물의 온도를 유지하며 커피가루에 골고루 용해하여 원활한 추출을 돕도록 하는 역할

① 그룹헤드(Group head)　　　　　② 펌프(Procon Pump)
③ 워터노즐(Water nozzle)　　　　　④ 포타필터(Porta Filter)

190 에스프레소 머신의 어느 부분에 대한 설명인가?

- 커피가루를 담아 그룹헤드에 장착시키는 손잡이가 달린 기기
- 1잔(one way)과 2잔(two way)용으로 구분

① 그룹헤드(Group head)　　　　　② 펌프(Procon Pump)
③ 워터노즐(Water nozzle)　　　　　④ 포타필터(Porta Filter)

191 에스프레소 정상 추출(Just Extraction)시의 커피 색깔은?

① 옅은 베이지색　　② 붉은 갈색　　③ 진한 갈색　　④ 검정색

187 ④　188 ②　189 ①　190 ④　191 ②

192 에스프레소 과소 추출(Under Extraction) 커피의 후각 및 미각 분석에 대한 설명으로 적절하지 않은 것은?

① 바디가 진하다.　　　　　　　② 맛이 연하다.

③ 아로마가 약하다.　　　　　　④ 풍미가 오래가지 않는다.

193 에스프레소 과다 추출(Over Extraction) 커피의 후각 및 미각 분석에 대한 설명으로 적절하지 않은 것은?

① 맛이 강하다.　　　　　　　　② 떫은 아로마를 풍긴다.

③ 바디가 약하다.　　　　　　　④ 풍미가 오래간다.

194 정상 추출(Just Extraction)된 에스프레소에 대한 설명과 거리가 먼 것은?

① 커피입자 크기는 큰 관련이 없다.

② 추출 시간이 20~30초 이내여야 한다.

③ 추출된 에스프레소는 붉은 갈색을 띤다.

④ 3~4mm정도의 크레마(crema) 층이 형성된다.

195 에스프레소 정상 추출(Just Extraction)에 가장 큰 영향을 미치는 요소는?

① 추출시의 날씨　　② 커피 원산지　　③ 커피의 분쇄도　　④ 원두의 배전도

196 다음 설명은 어떤 추출에 대한 경우인가?

• 커피입자가 너무 얇게 분쇄된 경우
• 에스프레소 추출시간이 30초 이상 걸린 경우
• 크레마가 짙은 갈색으로 가장자리에만 형성된 경우

① 과소 추출　　　② 정상 추출　　　③ 과다 추출　　　④ 초과소 추출

197 에스프레소 추출에 부수되는 도구들과 관련이 없는 것은?

① 템퍼(Tamper)　　　　　　　② 청소용 브러쉬

③ 넉 박스(Nock Box)　　　　　④ 이브릭 포트

192 ①　193 ③　194 ①　195 ③　196 ③　197 ④

198 포타필터(Porta Filter)는 어떻게 관리하는 것이 맞는가?

① 에스프레소 머신의 그룹헤드에 장착하여 머신과 같은 온도를 유지하도록 해야 한다.

② 에스프레소 머신과 분리하여 차갑게 관리해야 한다.

③ 에스프레소 머신 상부에 올려둬 따뜻하게 관리해야 한다.

④ 에스프레소 머신 옆 넉박스에 깨끗이 씻어 보관해야 한다.

199 다음 (　)에 들어갈 말로 맞는 것은?

> 분쇄된 커피 입자를 담기 전에 포타필터 안쪽의 (　)에 커피 찌꺼기가 남아 있으면 뜨거운 물로 린싱하여 깨끗하게 씻어주고, 물기를 마른행주로 닦아 준 후에 사용한다.

① 페이퍼 필터　　　② 바스켓 필터　　　③ 융 필터　　　④ 린싱 필터

200 포타필터에 담는 적정 커피 투입량으로 맞는 것은?

① 싱글 샷 : 3~5g, 더블 샷 : 6~10g

② 싱글 샷 : 4~6g, 더블 샷 : 8~12g

③ 싱글 샷 : 7~9g, 더블 샷 : 14~18g

④ 싱글 샷 : 8~9g, 더블 샷 : 16~18g

201 추출 전 포타필터에 커피가루를 올바르게 담는 작업을 무엇이라 하는가?

① Blending　　　② Roasting　　　③ Grinding　　　④ Packing

202 포타필터에 담긴 커피가루를 탬퍼를 이용하여 표준 어느 정도의 가압으로 다져주는 것이 적정한가?

① 18~20kg　　　② 20~22kg　　　③ 22~24kg　　　④ 24~26kg

203 탬핑(Tamping)에 대한 설명으로 맞지 않는 것은?

① 알루미늄 재질의 탬퍼를 사용한다.

② 포타필터에 담긴 커피가루를 고르게 다지는 작업을 말한다.

③ 탬퍼의 사이즈는 포타필터 사이즈에 맞지 않아도 된다.

④ 무독성 실리콘 소재 탬퍼매트가 있으면 작업이 더 용이하다.

 198 ① 199 ② 200 ③ 201 ④ 202 ① 203 ③

204 탬핑(Tamping)시 커피가루가 고르고 편평하게 잘 다져져 있지 않아서 일어나는 현상과 다른 것은?

① 뜨거운 물이 통과하는 압력을 고르게 받지 못한다.

② 커피 케이크의 표면에 균열이 일어난다.

③ 연한 갈색의 에스프레소를 추출하게 된다.

④ 에스프레소 과다추출의 원인이 된다.

205 포타필터(Porta filter)의 두께를 두껍게 하는 가장 큰 이유는 무엇인가?

① 크레마를 많이 만들기 위해　　② 쓴맛을 제거하기 위해

③ 온도를 유지하기 위해　　　　④ 파손되는 것을 방지하기 위해

206 탬핑(Tamping)을 하는 가장 주된 목적은?

① 필터에 커피를 잘 채우기 위하여

② 커피 케이크의 고른 밀도를 유지하기 위하여

③ 물과의 접촉 면적을 늘리기 위하여

④ 커피 케이크의 고른 온도 관리를 위하여

207 에스프레소 추출 시 추출 속도를 결정하는 가장 큰 요인은?

① 커피의 분쇄도　　　　　　② 커피의 배전도

③ 커피의 원산지　　　　　　④ 커피의 보관기간

208 에스프레소가 정상추출 상태였을 때의 크레마 상태에 대한 설명으로 바르지 않는 것은?

① 황금색의 풍부한 크레마 층을 형성하고 있다.

② 때때로 표면에 호랑이 줄무늬 모양이 만들어 지기도 한다.

③ 크레마 위로 설탕을 투과시킬 시에 크레마 위로 설탕이 한동안 머무르고 있다.

④ 크레마의 두께가 2mm 이하로 형성하고 있다.

209 에스프레소 과소추출과 과다추출에 영향을 미치는 직접적인 요인으로 볼 수 없는 것은?

① 커피의 분쇄도　　② 커피의 배전도　　③ 커피가루의 양　　④ 탬핑의 강도

204 ④　205 ③　206 ②　207 ①　208 ④　209 ②

210 에스프레소가 20초 이내로 추출된 과소추출의 원인과 상관없는 것은?

① 커피입자가 굵은 경우
② 기준치 이하로 탬핑한 경우
③ 아라비카 원두를 사용한 경우
④ 추출 시 압력과 물의 온도가 불충분할 경우

211 한잔의 에스프레소를 추출하기 위한 기준으로 다음 중 틀린 것은?

① 분쇄된 커피의 양 : 7±1.0g
② 추출 압력 : 9±1bar
③ 추출하는 물의 온도 : 70℃±5℃
④ 추출 시간 : 25±5초

212 다음 중 추출된 에스프레소의 관능적인 평가로 올바르지 않은 것은?

① 크레마층의 두께가 3~4mm 정도이며 균일한 밀도는 좋은 평가를 받는다.
② 산뜻한 신맛, 감칠맛 나는 쓴맛의 균형잡힌 맛은 좋은 평가를 받는다.
③ 바디가 진하고 풍미가 아주 오래 가는 것은 좋은 평가를 받는다.
④ 크레마는 옅은 베이지색으로 보일수록 좋은 평가를 받는다.

213 다음 중 에스프레소 평가 기준으로 맞지 않는 것은?

① 적절한 커피의 양
② 크레마의 두께와 지속성
③ 향기의 질과 맛의 균형감
④ 커피의 수분 함량 정도

214 크레마에 대한 설명으로 틀린 것은?

① 향기의 발산을 방해한다.
② 바로 로스팅한 신선한 원두에서는 더 두껍게 나타난다.
③ 그 자체가 부드럽고 상쾌한 맛과 단맛을 지니고 있다.
④ 크레마는 샷 그래스에서 3~4mm정도 형성되면 아주 좋은 상태이다.

215 크레마에 대한 설명으로 바르지 않은 것은?

① 크레마(crema)는 에스프레소 상부에 갈색 빛을 띠는 크림을 말한다
② 크레마는 단열층의 역할을 하여 커피가 빨리 식는 것을 막아준다.
③ 지방 성분을 많이 지니고 있기 때문에 보다 풍부하고 강한 커피향을 방해한다.
④ 에스프레소에서 나오는 아교질과 섬세한 커피오일의 결합체이다.

 210 ③ 211 ③ 212 ④ 213 ④ 214 ① 215 ③

우유거품, 카푸치노, 라떼아트 만들기

216 우유거품 만들기가 중요한 이유와 거리가 먼 사항은?

① 커피 맛을 부드럽고 풍부하게 만드는데 잘 어울리므로

② 건강식 커피를 고객에게 제공하기 위하여

③ 우유거품을 응용한 커피 메뉴가 많기 때문에

④ 벨벳밀크는 카푸치노와 라떼아트의 기본이 되므로

217 커피에 첨가되는 설탕과 유지방의 열량비율에 대한 설명 중 옳은 것은?

① 유지방 1g의 열량이 설탕 1g보다 크다.

② 설탕 1g의 열량이 유지방 1g보다 크다.

③ 설탕 1g과 유지방 1g의 열량은 동등하다.

④ 설탕 1g은 유지방 1g보다 3배 이상의 열량을 가진다.

218 우유거품 제조에 사용되는 전용피처(Pitcher)에 대한 설명으로 적절하지 않는 것은?

① 피처는 사용 전에 항상 시원하게 유지한다.

② 아랫부분에서 위로 갈수록 좁아지는 라운드 모양이며, 주둥이는 넓적한 것보다 뾰족한 것이 좋다.

③ 전용 피처(Pitcher)는 350ml, 600ml, 900ml 용량으로 구분된다.

④ 전용피처의 재질은 도자기 또는 유리 소재가 좋다.

219 스팀을 이용하여 우유거품(Foamed milk)을 만들 때 거품을 형성하는 우유의 가장 중요한 성분은?

① 지방   ② 단백질   ③ 비타민   ④ 칼슘

220 밀크 스티밍(Steaming) 과정에서 우유의 단백질 외에 거품의 안정성에 중요한 역할을 하는 성분은?

① 칼슘   ② 유당   ③ 인   ④ 지방

216 ②   217 ①   218 ④   219 ②   220 ④

221 우유 스티밍 과정에 대한 설명 중 부적절한 것은?

① 우유는 메뉴에 알맞게 적정량을 사용한다.

② 우유의 최종 온도는 섭씨 65~70℃를 넘기지 않는다.

③ 공기유입을 최대한 많이 하기 위해 스팀피쳐를 가능한 큰 사이즈로 선택한다.

④ 항상 신선하고 차가운 우유를 사용해야 한다.

222 카푸치노에 제조 사용하는 거품우유(Foaming milk)를 만들 때 주의해야 할 사항과 거리가 먼 것은?

① 우유에 스팀노즐을 넣을 때 우유에 담기는 노즐의 깊이를 적절히 조절하는 방법으로 거품을 생성시킨다.

② 거품 만들기에 사용하는 우유는 신선하고 차가운 것을 준비한다.

③ 피처(Pitcher)는 도자기, 유리 등의 재질로 된 것이 좋다.

④ 사용 전 전용피처는 차가운 상태로 유지하는 것이 중요하다.

223 머신을 이용하여 우유거품(Foamed milk)를 만드는 방법이 틀린 것은?

① 스팀노즐을 깊게 담가 공기의 유입을 최소화 한다.

② 차가운 우유를 사용하는 것이 좋다.

③ 거품이 형성되면 노즐을 피처 벽 쪽으로 이동시켜 혼합한다.

④ 우유의 온도가 너무 올라가지 않도록 주의한다.

224 우유거품을 만드는 작업 시작 전에 스팀노즐을 작동시켜 짧게 스팀을 빼주게 되는데 그 이유에 대한 설명으로 적절하지 않는 것은?

① 스팀분사구에 고여 있는 물을 빼주기 위해서

② 스팀분사구에 우유가 잘 들러 붙도록 하기 위해서

③ 스팀분사구의 예열을 위해서

④ 스팀분사구 막힘을 방지하기 위해서

225 우유에 들어있는 칼슘의 흡수를 촉진하는 성분이면서, 우유에 함유되어 있는 고형물 중에서 가장 많이 함유되어 있는 성분은?

① 카제인   ② 무기질   ③ 유당   ④ 철

 221 ③   222 ③   223 ①   224 ②   225 ③

226 카푸치노 메뉴의 특성에 대한 설명으로 보기 어려운 것은?

① 카페오레, 카페라떼 보다 우유를 더 많이 사용한다.

② 에스프레소에 우유와 우유거품이 조화를 이루는 커피 메뉴이다.

③ 오스트리아 방식의 커피 음용법이다.

④ 우유 거품의 비율이 높아서 카페라떼 보다 커피 본연의 맛은 더 진한 편이다.

227 다음에서 설명하고 있는 메뉴로 맞는 것은?

- 오스트리아 합스부르크 왕가에서 처음 만들어 먹기 시작했다.
- 에스프레소 머신의 발달과 더불어 전세계로 퍼져나갔다.
- 우유거품이 조화를 이루는 메뉴이며 부드럽고 진한 맛이 특징이다.

① 카페오레   ② 카페라떼   ③ 카페모카   ④ 카푸치노

228 카푸치노의 에스프레소, 우유, 우유거품의 양적 비율로 맞는 것은?

① 1:2:3   ② 1:3:5   ③ 2:1:3   ④ 3:1:5

229 카푸치노에 우유거품을 첨가하는 과정에 대한 설명으로 틀린 것은?

① 처음 우유거품을 부을 때는 에스프레소가 담긴 잔에서 10cm 높이에서 양은 적게 해서 부어준다.

② 잔에 반이 차면 피처를 잔에 대고 좌우로 흔들어서 거품이 쌓이도록 많은 양을 붓는다.

③ 마지막에는 흰색 우유거품이 잔을 완전히 뒤덮어야 좋은 색감이라 할 수 있다.

④ 우유거품의 양이 잔에서 1cm 이상 덮여야 좋은 품질의 카푸치노라고 할 수 있다.

230 카푸치노에 대한 설명으로 맞지 않는 것은?

① 완성된 카푸치노는 우유의 흰색과 에스프레소 크레마의 색이 2:1 정도가 되어야 좋은 색감이라 할 수 있다.

② 우유와 우유거품이 조화를 이루는 메뉴이며 부드럽고 진한 맛이 특징이다.

③ 커피 잔은 에스프레소 잔을 사용한다.

④ 에스프레소와 우유, 우유 거품의 비율이 맞아야 맛있는 메뉴가 된다.

231 라떼아트에 대한 설명과 거리가 먼 것은?

① 에스프레소 위에 거품우유를 활용하여 예술적 요소를 표현하는 것을 의미한다.
② 우유라는 뜻의 이탈리아어 '라테(Latte)'에 '아트Art'가 합쳐진 단어이다.
③ 라떼아트를 위해서는 라떼아트 잔과 라떼아트 펜 등이 필요하다.
④ 아메리카노를 포함해 모든 커피 음료에 라떼아트가 가능하다.

232 다음 (　　)에 들어갈 말로 맞는 것은?

> (　　)란 정상 추출되어 크레마가 풍부한 에스프레소 위에 커피머신의 스팀을 이용하여 만들어진 거품우유(벨벳밀크)를 활용하여 그림이나 문양, 글씨 등을 넣어 예술적 요소를 표현하는 것을 의미한다.

① 라떼아트　　　② 카페라테　　　③ 카페모카　　　④ 카푸치노

233 라떼아트 생성원리에 대한 설명으로 적절하지 않은 것은?

① 에스프레소는 풍부한 크레마가 생성되어야 한다.
② 우유거품의 온도는 30도 정도를 유지해야 한다.
③ 우유거품은 벨벳밀크로 만들어져야 한다.
④ 바리스타의 예술감각과 테크닉이 있어야 한다.

234 라떼아트 기본 원리에 대한 설명으로 맞지 않는 것은?

① 거품우유를 에스프레소 위에 테크닉을 이용해 살포시 얹어주는 방식
② 좋은 라떼아트를 얹기 위해선 에스프레소 안쪽에 우유를 적당량 채워주며 에스프레소와 스팀 밀크의 밀도조절 및 안정화 작업을 먼저 해야 한다.
③ 라떼아트의 핵심은 낙차와 연속이다.
④ 바리스타의 개인 역량과 창작성은 별로 중요하지 않다.

235 라떼아트 제조 시 핸들링이란?

① 손목에 힘을 최대한 빼주면서 좌우를 반동으로만 흔들어주는 것
② 머신을 이용해 에스프레소를 추출하는 것
③ 머신의 스팀노즐을 이용해 거품우유를 만드는 것
④ 거품우유의 안정화 작업을 하는 것

 231 ④　232 ①　233 ②　234 ④　235 ①

관광바리스타 자격시험 예상문제

카페관리

▶ ········· **에스프레소 응용 메뉴** ········· ◀

236 카페메뉴 중 에스프레소(Espresso)에 대한 설명과 다른 것은?

① 고압력으로 짧은 시간에 추출한 커피

② 1잔당 30㎖(=1oz)의 커피 원액

③ 미세하게 분쇄된 6~7g의 커피원두 가루를 20초 안에 추출

④ 추출한 커피를 데미타세(Demitasse) 잔에 담아 고객에게 제공

237 영어의 'Double'에서 유래되었으며 일반 에스프레소(싱글) 양의 두 배(50~60ml)가 되는 메뉴는?

① 리스트레또(Ristretto)　　　　　② 에스프레소(Espresso)

③ 롱고(Lungo)　　　　　　　　　④ 도피오(Dopppio)

238 다음은 카페메뉴 중 어떤 메뉴에 대한 설명인가?

- 에스프레소의 맛을 한층 더 부드럽게 접할 수 있는 커피이다.
- 300~360ml 잔에 에스프레소를 추출한 후 70℃로 데워진 우유를 첨가하면 된다.
- 각종 향과 시럽을 첨가하면 응용메뉴가 가능하다.

① 카페라떼　　　　② 라떼 마끼아또　　　　③ 카푸치노　　　　④ 카페 콘 파나

 236 ③　237 ④　238 ①

239 다음 중에서 우유를 사용하지 않는 따뜻한 커피 메뉴는?

① 카페오레   ② 라떼 마끼아또   ③ 카페모카   ④ 아메리카노

240 에스프레소에 스팀밀크가 어우러져, 진하고 풍부하면서 고소한 우유거품에 감싸인 에스프레소가 더욱 향긋하고 풍성하게 입안을 채워주는 커피 메뉴는?

① 카페 비엔나   ② 카푸치노   ③ 카페모카   ④ 아메리카노

241 오스트리아 수도 빈에서 유래된 커피로 아메리카노에 휘핑크림을 올려 만드는 커피 메뉴는?

① 카페 모카   ② 카페 폰 타나   ③ 카페 비엔나   ④ 카페 마끼아또

242 다음 커피 메뉴(1잔 기준) 중 칼로리가 가장 높은 것은?

① 카라멜 마키아또   ② 카페라떼   ③ 카푸치노   ④ 아메리카노

243 다음 베리에이션 메뉴 중 음료의 내용물이 다른 하나는?

① 카페오레   ② 카페모카   ③ 카푸치노   ④ 카페라떼

244 스탠더드 레시피를 설정하는 목적에 대한 설명 중 틀린 것은?

① 원가계산을 위한 기초를 제공한다.
② 노무비를 절감할 수 있다.
③ 바리스타에 대한 의존도를 높여 준다.
④ 품질과 맛을 유지시킨다.

245 다음에서 설명하고 있는 커피 메뉴는?

- 네덜란드인들에 의해 고안된 커피이다.
- 카페인 함량은 낮은 반면 황산화물질의 함량이 높다.
- 상온에서 차가운 물로 장시간에 걸쳐 우려낸 커피이다.

① 콜드블루   ② 아이스 카페모카
③ 아이스 카페라떼   ④ 카푸치노 프레도

239 ④   240 ②   241 ③   242 ①   243 ②   244 ③   245 ①

매장관리, 주방, 홀, 물품관리

246 카페 주방의 청결관리 업무로 적절하지 않는 것은?

① 카페 주방은 대부분 오프키친으로 고객들이 청결상태를 직접 볼 수가 있으므로 청결 관리에 주의를 기울여야 한다.

② 커피 관련 기기 청소는 가끔 실시하면 된다.

③ 커피머신, 그라인더 등은 청소·점검 주기를 매뉴얼에 따라 관리해야 한다.

④ 싱크대, 커피머신 주변, 제품진열대 등은 매일 수시로 청소해야 한다.

247 설거지 요령에 대한 설명으로 맞지 않는 것은?

① 카페에서 이용한 기기들을 세척하고 제자리에 정리한다.

② 커피 제조에 사용한 기기들과 고객이 사용한 머그컵과 스푼 등이 싱크대에 쌓이면 즉시 설거지를 해야 한다.

③ 스팀피처의 경우 우유가 굳어지면 세척하기 어려우므로 주의해야 한다.

④ 바리스타 업무에서 설거지는 커피 제조보다 별로 중요하지 않다.

248 커피머신 주변 정리업무로 바르지 않는 것은?

① 커피가루, 우유, 시럽 등이 커피머신 주변에 흘려져 있으면 행주로 닦아내며, 바닥에는 항상 오물이 없도록 해야 한다.

② 그라인더 주위 원두 커피가루는 행주로 닦는 것이 청소용 브러쉬를 사용하는 것보다 더 좋다.

③ 넉박스에 찌꺼기가 차면 바로 비워야 한다.

④ 시럽, 파우더와 세척한 스팀피처, 스푼 등은 수시로 제자리에 정리하여 커피를 만들 수 있는 준비가 되어 있도록 해야 한다.

249 카페에서 제품진열대 정리업무로 바르지 않는 것은?

① 머핀, 쿠키, 스콘 등 진열판매 상품의 구입주문은 매니저만 할 수 있다.

② 근무 중에 수시로 제품의 진열이 잘 되어 있는지 확인한다.

③ 마른 걸레로 포장된 제품 위 먼지를 수시로 제거해야 한다.

④ 진열해야 하는 제품이 떨어지는 게 확인되면 재고를 살펴 채워야 한다.

246 ② 247 ④ 248 ② 249 ①

250 다음 중 커피를 담는 기구의 가장 위생적인 세척순서는?

① 찬물 → 비눗물 → 더운물　　　② 더운물 → 비눗물 → 찬물

③ 비눗물 → 찬물 → 더운물　　　④ 비눗물 → 더운물 → 찬물

251 카페에서 Turn over의 의미를 옳게 설명한 것은?

① 테이블 셋팅을 바꾸는 것을 말한다.

② 테이블마다 고객이 몇 번 이용하는가에 대한 좌석 회전율이다.

③ 테이블 위치를 정리하는 것을 말한다.

④ 테이블 모양을 바꾸는 것을 말한다.

252 카페 홀 청소와 관련된 내용으로 바르지 않는 것은?

① 매장바닥은 매일 수시로 청소해야 한다.

② 매장 입구는 매장에 대한 고객들의 첫인상을 결정하는 중요한 곳이기에 항상 깨끗하게 유지되도록 신경 써야 한다.

③ 청소 후에는 청소도구를 고객들의 눈에 잘 띄는 곳에 두면 된다.

④ 간판이나 유리창은 매니저와 의논하여 청결 상태에 따라 주기적으로 또는 필요에 따라 청소를 실시한다.

253 카페에서 탁자 정리하기 요령으로 바르지 않는 것은?

① 탁자나 의자는 수시로 정리정돈하여야 한다.

② 의자를 정리할 때 소리가 발생되는 것은 신경쓰지 않아도 된다.

③ 종이컵, 티슈 등은 쓰레기통에 분리수거하고, 머그컵은 싱크대로 가져가서 설거지하도록 한다.

④ 행주는 빨고 나서 물기가 최대한 없도록 꽉 짜서 탁자를 닦아야 한다.

254 영업을 위한 준비작업 사항 중 틀린 것은 어느 것인가?

① 영업 개시 전에 그날의 필요품을 준비한다.

② 모든 청소는 영업개시 전에 반드시 완료한다.

③ 영업 개시 전에 커피 제조 관련 기기를 점검한다.

④ 탁자 및 의자 등 홀 정리는 다음 날 영업 개시 전에 하면 된다.

250 ④　251 ②　252 ③　253 ②　254 ④

255 카페에 필요한 물품관리 요령으로 부적절한 것은?

① 물품은 품목별로 매장 내 빈 공간에 쌓아둔다.

② 물품은 커피 제조 관련 재료(원두, 우유, 시럽 등)와 그외 물품(일회용컵, 컵홀더, 빨대, 커피스틱, 티슈 등)으로 구분된다.

③ 제조 관련 재료는 냉장 보관해야 하며 커피제조 시 꺼내서 사용이 편리하도록 잘 정리해야 한다.

④ 물품을 정리한 뒤 남은 빈 박스들은 바로 정리하여 매장 내 청결을 유지하도록 해야 한다.

커피 머신관리

256 에스프레소 머신의 관리에 관한 다음 설명 중 틀린 것은?

① 필터홀더는 커피와 직접 접촉하는 부분이므로 매일 청소해야 한다.

② 보일러 압력과 추출 압력은 크게 변화하지 않으므로 주 1-2회 정도 점검하면 된다.

③ 그룹헤드의 샤워필터는 매일 청소해야 한다.

④ 에스프레소 추출 압력이 9Bar 인지 점검한다.

257 에스프레소 머신 사용시 준수사항에 관한 설명으로 틀린 것은?

① 스파우트가 한 개인 포타필터를 사용하면 품질이 더 좋은 에스프레소를 얻을 수 있다.

② 포타필터는 항상 그룹에 걸어놓는다.

③ 가끔씩 브루잉 그룹에 물을 흘려보내 남은 잔여물을 제거한다.

④ 넉박스 내부 바에 치는 방식으로 포타필터의 커피 잔여물을 제거한다.

258 에스프레소 머신 관리 지침으로 매일 해야 하는 일은?

① 보일러의 압력, 추출압력, 물의온도 체크

② 그라인더 칼날의 마모 상태

③ 연수기의 필터 교환

④ 그룹헤드의 개스킷 교환

255 ① 256② 257 ① 258 ①

259 에스프레소 머신에서 메인보일러의 적정한 압력 범위는?

① 2~3bar   ② 7~8bar   ③ 1~1.5bar   ④ 0.5~1bar

260 필터홀더(포타필터)의 보관 방법으로 맞는 것은?

① 기계 위에 올려 보관한다.
② 그룹에 장착한 상태로 보관한다.
③ 컵 받침대에 올려 둔다.
④ 깨끗한 테이블 위에 올려 둔다.

261 에스프레소 머신 사용을 마친 후 준수사항으로 틀린 것은?

① 보일러의 압력, 추출압력 게이지 점검은 할 필요 없다.
② 포타필터를 빼서 비우고, 필터를 제거하여 씻는다.
③ 그룹 스프레이를 깨끗이 하고, 블라인드 필터와 적절한 청소 제품(예: Pulicaff, Purcaff, 또는 중탄산나트륨)을 사용해서 씻는다.
④ 그룹헤드 개스켓을 부드러운 브러시로 깨끗이 하여 파손을 막는다.

262 에스프레소 머신 워터 보일러의 물 레벨이 ( )%에 이르는지 점검해야 하는가?

① 30   ② 50   ③ 70   ④ 90

263 에스프레소 추출 압력 점검시 알맞은 압력은 얼마인가?

① 3bar   ② 5bar   ③ 7bar   ④ 9bar

264 에스프레소 머신의 증기압력을 만드는 부품은?

① 급수펌프   ② 보일러   ③ 분사필터   ④ 압력 게이지

265 에스프레소 추출시 펌프모터에서 심한 소음이 일어나는 원인은 무엇인가?

① 커피 투입량이 많을 때   ② 물 공급이 되지 않을 때
③ 온도가 낮을 때   ④ 추출 시간이 길 때

259 ③   260 ②   261 ①   262 ③   263 ④   264 ②   265 ②

266 에스프레소 추출이 전혀 일어나지 않는 이유와 가장 거리가 먼 것은?

    ① 추출되는 물의 온도가 너무 낮다.　　② 머신의 분사필터가 막혀있다.

    ③ 정수기의 필터가 막혀있다.　　　　④ 펌프 모터가 작동되지 않는다.

267 에스프레소 머신의 일일 점검사항이 아닌 것은 어느 것인가?

    ① 보일러 압력　　　　　　　　　　② 물의 온도 체크

    ③ 개스킷의 마모상태　　　　　　　④ 디스퍼션(산포망) 스크린의 세척상태

268 일반적으로 그라인더를 작동한 후 얼마의 휴식 시간이 필요한가?

    ① 작동시간 1/2의 시간이 필요　　② 작동시간 2배 이상의 시간이 필요

    ③ 작동시간 정도의 시간이 필요　　④ 별도의 휴식 시간이 필요 없음

269 일주일에 한 번 정도 청소가 필요한 부품에 대한 설명과 거리가 먼 것은?

    ① 그룹헤드 스크린　　　　　　　　② 샤워헤드

    ③ 개스켓　　　　　　　　　　　　④ 포타필터

270 그라인더의 원두통(Hopper)은 일주일에 한번 정도 물로 깨끗이 씻어 마른행주로 닦아주는 이유로 맞는 것은?

    ① 원두통을 새로운 상태로 유지하기 위해서

    ② 원두통의 변질을 막기 위해서

    ③ 원두통에 묻은 원두기름을 제거하기 위해서

    ④ 원두통을 장기간 사용하기 위해서

식품위생과 청결

271 식품위생 관리를 위한 주방의 실내온도와 습도로 적정한 것은?

    ① 10~15℃, 70%　　② 16~20℃, 70%　　③ 20~25℃, 70%　　④ 26~30℃, 70%

272 식품위생관리 수칙으로 맞지 않는 것은?

① 박스 포장된 채로 냉장, 냉동고에 보관할 것
② 변질(악취, 곰팡이 등)식품 및 냉장·냉동식품의 실온방치 절대금지
③ 캔 제품(통조림류)의 개봉 후 용기 변경할 것
④ 과일 및 채소류 등은 냉장고에 보관할 것

273 젖은 행주의 살균효과를 거두기 위해 하루 1회 이상 실시해야 할 조치와 맞지 않는 것은?

① 100℃에서 10분 이상 삶기
② 전자레인지에 8분이상 가열하기
③ 락스에 30분 이상 담가두기
④ 10분 이상 햇볕에 쏘이기

274 식품위생관리를 위한 주방관리 요령으로 맞지 않는 것은?

① 손 세척은 반드시 비누 세정을 하고 손소독제를 사용하도록 한다.
② 행주는 깨끗한 물로 세척한 후 반드시 건조시켜서 사용해야 한다.
③ 키친타월 보다 세균 제거력이 높은 행주를 사용해야 한다.
④ 식기의 위생관리를 위해 물기는 마른 행주나 키친타올로 제거해야 한다.

275 식중독 예방을 위한 식품위생관리 방안과 직접적인 관련이 없는 것은?

① 과일과 채소 등 식자재는 당일 사용 후 무재고 실현
② 자원낭비를 막고 환경개선을 위한 분리수거 철저
③ 미생물 번식사고를 막기 위한 드라이 키친 실현
④ 개인위생 점검과 정기적인 신체검사 및 예방접종 실시

276 HACCP 제도에 대한 설명으로 옳은 것은?

① 식품 가공업체의 기기 세척에 관한 제도
② 식품의 위해 요소를 미리 확인, 예방함으로써 식품의 안전성을 관리하는 위생제도
③ WTO 체제에 따른 국제적인 위생관리 체제를 분석하는 제도
④ 소비자들에게 건강을 해칠 수 있는 요인들을 공지하는 제도

 272 ① 273 ④ 274 ③ 275 ② 276 ②

277 다음은 무엇에 대한 설명인가?

> 식품의 섭취에 연관된 인체에 유해한 미생물 또는 미생물이 만들어내는 독소에 의해 발생하는 것이 의심되는 모든 감염성 또는 독소형 질환(식품위생법 제2조 제10호)

① 식중독   ② 장염   ③ 복통   ④ 소화불량

278 식중독을 일으키는 대표적인 원인균과 다른 것은?

① 포도상구균   ② 살모넬라   ③ 비브리오균   ④ 신종플루

279 커피제조 관련 재료의 위생적 관리 및 정리보관을 위하여 어떠한 원칙을 따라야 하나?

① 선입 선출법   ②선입 후출법   ③ 후입 선출법   ④ 후입 후출법

280 병원체가 음식물, 음료수, 식기, 손 등을 통하여 침입하는 경구전염병에 해당되지 않는 것은?

① 세균성 이질   ② 파라티푸스   ③ 디프테리아   ④ 병원성 대장균

277 ① 278 ④ 279 ① 280 ④

관광바리스타 자격시험 예상문제

관광바리스타 서비스

281 관광바리스타에 대한 설명으로 적절하지 않는 것은?

① 이탈리아 어원으로 '바(Bar) 안에 있는 사람'이라는 뜻이다.
② 홀에서 고객 서비스를 담당하는 것이 제일 핵심이다.
③ 바리스타는 바 내부에서 커피를 추출하는 사람이다.
④ 커피매장의 전반적인 관리를 담당하기도 한다.

282 관광바리스타의 바른 복장 착용에 대한 설명으로 적합하지 않는 것은?

① 유니폼은 한 달에 한 번 정도 세탁하여 착용한다.
② 근무시간 중에는 지정된 유니폼을 착용한다.
③ 명찰은 이름이 보이도록 규정된 위치에 바르게 착용한다.
④ 구두는 편안한 단화를 신으며, 항상 청결함을 유지한다.

283 관광바리스타의 바른 용모 관리와 거리가 먼 것은?

① 이는 식사 후 깨끗이 닦고 입 냄새가 나지 않도록 한다.
② 목욕은 자주 하여 땀 냄새가 나지 않도록 한다.
③ 향수는 꽃 향기가 나는 진한 것을 사용한다.
④ 손톱은 짧고 깨끗하게 정리한다.

281 ② 282 ① 283 ③

284 관광바리스타가 대응해야 하는 '현대 고객의 특성'이 아닌 것은?

① 고객은 자신이 지급한 금액 이상의 서비스를 제공 받기를 기대한다.

② 고객의 유형은 천태만상, 각양각색이다.

③ 고객은 친절, 정확 신속한 서비스를 기대한다.

④ 고객은 불평 처리를 천천히 해주기를 바란다.

285 다음은 어떤 메뉴에 대한 '고객에게 판매제품 설명하기' 내용인가?

진한 에스프레소에 풍부한 우유거품과 고소한 우유를 넣어 커피를 고소하고 단백하게 즐기실 수 있습니다. 계핏가루나 시럽을 첨가하여 즐기실 수도 있습니다.

① 카푸치노　　　　② 카페라떼　　　　③ 카페모카　　　　④ 아메리카노

286 다음은 관광바리스타가 어떤 메뉴에 대한 '고객에게 판매제품 추천하기' 내용인가?

초콜릿소스와 우유, 에스프레소가 함께 어우러져 달콤하고 풍부한 느낌의 커피입니다. 휘핑크림을 올려 더욱 풍성하게 즐기실 수 있으며 평소 초콜릿이나 단맛을 좋아하신다면 (　　)를 추천합니다.

① 카푸치노　　　　② 카페라떼　　　　③ 카페모카　　　　④ 아메리카노

287 고객이 커피 주문을 결정하는데 시간이 걸리는 경우 관광바리스타의 응대 요령으로 가장 적합한 것은?

① 적극적으로 고객이 커피를 선택할 수 있도록 메뉴를 추천한다.

② 고객이 주문할 때까지 인내심을 가지고 기다리며 대기한다.

③ 주방 주변 정리, 카페홀 정리 등의 업무를 처리한다.

④ 빨리 주문을 해 줄 것을 고객에게 요구한다.

288 다음 중 서비스의 특성이라고 할 수 없는 것은?

① 무형성　　　　② 소멸성　　　　③ 다양성　　　　④ 유통성

289 관광바리스타가 지녀야할 서비스 마인드와 관련이 없는 것은?

① 봉사성　　　　② 환대성　　　　③ 주관성　　　　④ 청결성

284 ④　285 ①　286 ③　287 ②　288 ④　289 ③

290 서비스 품질관리의 평가요소와 관련성이 적은 것은?

① 무형성   ② 응대성   ③ 실체성   ④ 신뢰성

291 고객접점에서 근무하고 있는 관광바리스타가 중요한 이유에 대한 설명으로 적합하지 않는 것은?

① 고객만족 서비스 실천의 최일선 담당자이므로
② 원가를 절감하고 내실있는 경영을 담당하므로
③ 고객욕구와 각종 고객정보의 신속한 수집을 담당하므로
④ 고객과의 문제점 및 애로사항을 해결해 주므로

292 고객만족 서비스 경영의 이점에 대한 설명으로 적절하지 않는 것은?

① 불필요한 지출이 감소한다.   ② 높은 판매가격을 유지할 수 있다.
③ 고객의 제품선호도가 낮아진다.   ④ 구전광고 효과가 크다.

293 현대사회 고객의 소비성향 변화 방향에 대한 (　　)의 내용은?

대량생산 대량소비에서	▶	다품종 차별화 소비로
타인지향에서	▶	자기 지향으로
합리적에서	▶	(　　　)으로
이성지향에서	▶	(　　　)으로

① 즉흥지향, 실천지향 ② 문화지향, 감성지향
③ 문화지향, 개성지향 ④ 비합리적, 감성지향

294 커피 등 음식을 관광바리스타가 고객에게 서비스하는 방법에 대한 설명 중 틀린 것은?

① 고객의 오른쪽에서 제공하고 오른손으로 서비스한다.
② '실례하겠습니다' 하면서 미소를 띠고 인사를 하면서 서비스한다.
③ 여성 등 주빈에게 나중에 서비스한다.
④ 식음료를 제공할 때 용기가 부딪치는 소리가 나지 않도록 조심한다.

 290 ①   291 ②   292 ③   293 ②   294 ③

295 고객이 주문할 커피를 추천해달라고 하는 경우 관광바리스타의 바른 응대법으로 맞는 것은?

① 카페라떼, 아메리카노 등 매장에서 제일 많이 팔리는 커피를 추천한다.
② 가장 비싼 메뉴로 추천해서 매출액 향상에 기여한다.
③ 메뉴 선택은 반드시 고객이 해야 한다는 점을 상기시켜준다.
④ 매니저에게 도움을 요청해 해결한다.

296 고객이 카페 메뉴에 대한 설명을 요구하는 경우 바른 응대요령과 거리가 먼 것은?

① 이런 경우를 대비해서 메뉴에 대한 상품지식은 사전교육이 충분히 이루어져야 한다.
② 고객이 궁금해하는 부분을 정확히 캐치하고 바르게 설명한다.
③ 카페 메뉴 해설에 대한 매뉴얼을 고객에게 제공하고 스스로 메뉴를 선택하도록 한다.
④ 메뉴에 대한 설명은 커피 제조 시 사용되는 내용물 또는 맛과 향미의 특징에 대해 설명한다.

297 커피 전달과정에 대한 응대 요령과 거리가 먼 것은?

① 종이컵에 포장 : 핫/아이스 홀더를 구분하여 컵홀더를 끼워야 함
② 머그컵에 제공 : 쟁반에 담아서 준비
③ 캐리어에 포장 : 주문한 커피의 수에 맞는 캐리어를 조립해서 제공
④ 종이컵에 제공 : 뚜껑과 컵홀더 없는 상태로 제공

298 바람직한 관광바리스타(Tourism Barista) 상과 거리가 먼 것은?

① 영업장 내에서는 고객만족 서비스 실천을 최대의 목표로 한다.
② 일일 판매할 재료가 적당한지 물품 재고를 항상 확인한다.
③ 영업장의 환기 및 기물 등의 청결을 깨끗이 유지관리 한다.
④ 커피 제조시 레시피 보다는 개인의 취향을 중요시 한다.

299 불만처리 5단계가 맞게 나열된 것은?

① 사과 ▶ 공감 · 경청 ▶ 원인분석 ▶ 해결 · 대안제시 ▶ 긍정적 마무리
② 사과 ▶ 해결 · 대안제시 ▶ 원인분석 ▶ 공감 · 경청 ▶ 긍정적 마무리
③ 사과 ▶ 원인분석 ▶ 공감 · 경청 ▶ 해결 · 대안제시 ▶ 긍정적 마무리
④ 사과 ▶ 공감 · 경청 ▶ 해결 · 대안제시 ▶ 원인분석 ▶ 긍정적 마무리

295 ① 296 ③ 297 ④ 298 ④ 299 ①

300 고객이 '커피 맛에 불만족할 때' 적정한 응대 요령으로 적합한 것은?

① 고객이 원하는 새로운 커피를 다시 주문하도록 한다.

② 고객이 원하는 맛에 대해 우선 들은 뒤 그 요구에 맞춰 다시 커피를 만들어 주도록
한다.

③ 고객이 주문했던 커피보다 더 고급 스페셜 커피를 추천하여 해결한다.

④ 고객에게 사과하고 다른 커피 전문점으로 가도록 유도한다.

300 ②

(사)KATE
관광바리스타 자격검정 안내

💬 관광바리스타 자격검정의 의의

관광바리스타는 관광호텔, 관광식당 및 커피전문점 등에서 커피를 제조하여 전문서비스를 통해 관광객 등 고객에게 제공하는 전문가를 말한다. 관광바리스타 자격검정은 커피에 대한 전문적인 지식과 기술을 바탕으로 원두를 선택하고 커피 머신을 능숙하게 활용하여 고객감동 커피를 제조함은 물론 전문적인 서비스를 곁들여 고객에게 제공하는 작업 수행 능력을 (사)한국여행서비스교육협회 자격검정위원회 주관으로 평가하는 것이다. 관광바리스타 자격증은 관광계열_항공 및 조리계열 포함 학과 재학생들과 일반인들이 관광/외식산업_{호텔, 레스토랑, 항공사,} 커피전문점 등 취업과 창업을 준비하는데 도움을 주도록 설계된 전문 자격증이다.

💬 자격검정 개요

구분/급수		검정과목 / 문항수		검정방법	합격기준
필기	1급	커피개론	20	총 60문항 객관식(4지선다형) 시험시간(60분) 감독위원 1인 이상	1급 : 70점 이상 2급 : 60점 이상 유효기간 (합격일로부터 1년)
		커피제조	27		
	2급	카페관리	9		
		관광바리스타 서비스	4		
실기	1급	에스프레소 4잔 디자인 카푸치노 4잔 (결하트 2잔, 로제타 1잔, 튤립 1잔)		준비과정 : 5분 시연과정 : 10분 정리과정 : 5분	1급 : 70점 이상 2급 : 60점 이상 기술평가 감각(맛)평가 서비스평가
	2급	에스프레소 2잔, 카푸치노 2잔		심사위원 2인 이상	

💬 관광바리스타 자격검정 절차

💬 관광바리스타 자격검정 응시자격

등급	시험 구분	응 시 자 격
1급	필기	• 대한민국 국민 또는 외국인(통역은 본인이 준비) • 관광바리스타 2급 자격증 취득자 • 관광바리스타 필기검정 70점 이상 취득 합격자
	실기	• 대한민국 국민 또는 외국인(통역은 본인이 준비) • 관광바리스타 1급 필기시험 합격자 • 관광바리스타 2급 자격증 취득자
2급	필기	• 대한민국 국민 또는 외국인(통역은 본인이 준비)
	실기	• 대한민국 국민 또는 외국인(통역은 본인이 준비) • 관광바리스타 필기검정 60점 이상 취득 합격자

💬 자격 검정 절차

1. 필기 검정 응시절차

- 응시원서 접수 : 지정 검정장 별로 단체 접수(홈페이지 또는 우편 접수)
- 응시료 납부 : 응시료(30,000원)를 협회 전용계좌로 개별 및 단체 입금
- 응시자 확정 : 수험번호 및 수험생 이름을 협회 홈페이지 공지 및 지정 검정 장 감독위원에게 통보
- 필기 시험 준비물 : 수험표(홈페이지 출력), 신분증, OMR카드 전용 수성사인펜
- 필기 시험 응시 : 시험 30분 전까지 지정 검정장에 입실 완료, 감독관의 통 제에 따라 시험 응시

2. 실기 검정 응시절차

- 응시원서 접수 : 지정 검정장 별로 단체 접수(홈페이지 또는 우편 접수)

- 응시료 납부 : 협회 전용계좌로 개별 및 단체 입금
- 응시료 : 2급 실기(50,000원), 1급 실기(90,000원)
- 응시자 확정 : 수험번호 및 수험생 이름을 협회 홈페이지 공지 및 지정 검정 장 심사위원에게 통보
- 실기 검정 복장 및 준비물

복 장	• 상의 : 옷깃이 있는 무늬 없는 흰색의 셔츠 • 하의 : 무릎위 5cm이내의 치마 또는 바지(검정색) • 신발 : 5cm이하의 단화, 학생은 형광색이 없는 단색 운동화 • 네일아트, 장신구나 악세사리 착용 절제 및 향수사용 금지
개인별 준비물	• 행주(6장), 앞치마

- 실기 검정 응시 : 검정 30분 전까지 지정 검정장에 입실 완료, 심사위원의 통제에 따라 검정 응시

자격검정 방법 및 합격기준

1. 1급 2급 필기검정

- 검 정 장 : ㈔한국여행서비스교육협회에서 지정(홈페이지 참조)장
- 출제위원 : ㈔한국여행서비스교육협회 자격검정위원회에서 위촉
- 출제범위 : ㈔한국여행서비스교육협회 발간 '관광바리스타'교재 범위
  - 커피개론, 커피제조, 카페관리, 관광바리스타 서비스
- 출제형태 : 객관식(사지선다형) 60문제
  - '관광바리스타'교재의 문제은행에서 무작위 편집 출제
- 시험시간 : 60분
- 감독위원 : ㈔한국여행서비스교육협회 자격검정위원회에서 위촉
- 합격기준 : 1급:70점(42문항) / 2급:60점(36문항) 이상이면 합격
- 평가위원 : ㈔한국여행서비스교육협회 자격검정위원회에서 위촉
- 합격발표 : 검정 실시 1주일 후(협회 홈페이지 공지 및 개별 통보)
- 유효기간 : 합격일로부터 1년(1~2급 실기검정 응시자격 부여 기간)

2. 2급 실기 검정

- 검 정 장 : ㈔한국여행서비스교육협회에서 지정(홈페이지 참조)장
- 검정내용 : 준비과정, 시연과정, 정리과정 평가

준비과정	시연을 위한 머신과 기구 준비
시연과정	에스프레소 2잔, 카푸치노 2잔 제조 및 서비스
정리과정	실기검정 후 모든 청소 및 정리

- 검정시간 : 총20분 (준비시간 5분, 시연시간 10분, 정리시간 5분)
- 심사위원 : ㈜한국여행서비스교육협회 자격검정위원회에서 위촉
- 심사방식 : 기술 평가, 감각(맛) 평가, 서비스 평가로 구분 심사, 심사위원은 최소 2명이상 지정
- 합격기준 : 각 평가표의 점수를 합산(평균)하여 60점 이상의 경우 합격
- 합격발표 : 검정실시 1주일 후 (협회 홈페이지 공지 및 개별 통보)

3. 1급 실기 검정

- 검 정 장 : ㈜한국여행서비스교육협회에서 지정(홈페이지 참조)장
- 검정내용 : 준비과정, 시연과정, 정리과정 평가

준비과정	시연을 위한 머신과 기구 준비
시연과정	에스프레소 4잔, 디자인 카푸치노 4잔 제조 및 서비스 *디자인 카푸치노(결하트 2잔, 로제타 1잔, 튤립 1잔)
정리과정	실기검정 후 모든 청소 및 정리

- 검정시간 : 총20분 (준비시간 5분, 시연시간 10분, 정리시간 5분)
- 심사위원 : ㈜ KATE 자격검정위원회에서 지정
- 심사방식 : 기술 평가, 감각(맛) 평가, 서비스 평가로 구분 심사, 심사위원은 최소 2명이상 지정
- 합격기준 : 각 평가 기준표의 점수를 합산하여 70점 이상의 경우 합격
- 합격발표 : 검정실시 1주일 후 (협회 홈페이지 공지 및 개별 통보)

💬 지정 검정장 업무

1. 필기 검정 업무

- 필기 시험일 지정 : 협회에 신청하여 시험일 조정 결정
- 응시원서 접수 및 응시료 납부 : 필기 시험일 30일 전까지
- 필기 검정 사전 준비
  - 필기 검정장 준비(필기 시험이 가능한 책상과 의자가 갖춰진 시험장)

- 협회에서 수험표 수령 후 수험생들에게 배부
- 수험생 준비사항 사전교육 실시 및 지정 검정 일시 수험생에게 통보
- 협회로부터 감독위원 1명 위촉(지정 검정장 교수진 중) 요청

● 필기 검정 실시(감독위원 교수 업무)

- 필기시험 문제지와 답안지 수령 : 협회로부터 시험 1일 전까지
- 시험 시작 30분 전에 도착하여 제반사항을 점검(신분증 확인 등)
- 엄격한 감독 하에 시험 실시
- 시험 종료 후 답안지 봉투를 밀봉(응시/결시인원, 감독위원 서명)
- 감독위원은 시험 종류 후 3일 이내에 답안지가 협회에 도착하도록 우편으로 발송하거나 제출

● 합격증 수령 배부 : 협회로부터 수령하여 합격자들에게 배부

2. 실기 검정 업무

● 실기 검정일 지정 : 협회에 신청하여 검정일 조정 결정
● 응시원서 접수 및 응시료 납부 : 실기 검정일 30일 전까지
● 실기 검정 사전 준비

- 실기 검정장 준비(협회로부터 지정된 교육 및 검정장)
- 협회에서 수험표 수령 후 수험생들에게 배부
- 수험생 준비사항 사전교육 실시 및 지정 검정 일시 수험생에게 통보
- 협회로부터 심사위원 2명 위촉(지정 검정장 교수진 1명, 협회 파견 심사위원 1명/ 심사위원별 심사분야 지정) 요청

● 실기 검정 실시(심사위원 교수 업무)

- 실기 검정 평가표 수령 : 협회로부터 시험 1일 전까지
- 시험 시작 30분 전에 도착하여 제반사항을 점검(신분증 및 복장 확인)
- 실기 검정 규정에 따라 엄격한 감독 하에 시험 실시
- 시험 종료 후 평가표 봉투를 밀봉(응시인원, 결시인원, 감독위원 서명)
- 감독위원은 시험 종류 후 3일 이내에 평가표가 협회에 도착하도록 우편으로 발송하거나 제출

● 자격증 수령 배부 : 협회로부터 수령하여 자격증 취득자들에게 배부

💬 검정(필기/실기) 실시 최소 인원

- 응시인원 20명 이상(인원 미달시 협회와 협의 실시 가능)

💬 검정장 준비 업무

- 고사장의 정문부터 시험장까지 안내 표지판을 부착한다.
- 고사장에 명단을 부착하여 응시자들이 순서를 알 수 있도록 한다.
- 응시자들은 시험의 순서 및 자리를 임의로 바꿀 수 없고 부득이한 경우 감독(심사)위원의 허가를 받도록 한다.
- 응시자는 수험표와 신분증을 반드시 지참하여야 하고, 개인 준비물은 본인이 준비하는 것을 원칙으로 한다.
- 대화를 나누거나, 다른 응시생에게 영향을 미치는 행위를 한 경우에는 부정행위로 간주하여 응시자격을 박탈한다.
- 검정 응시자들은 시험시간 30분전까지 입실 완료하도록 한다.
- 특이사항 발생 시 협회에 보고하고 감독(심사)위원이 사유서 작성해서 첨부한다.
- 실기 검정장 준비사항

구 분	준비사항
머신과 기구	에스프레소 머신, 그라인더, 탬퍼, 넉박스
시연 도구 (1인 기준)	스팀피쳐 2개, 에스프레소 잔(90~100ml) 셋트 2개,쟁반 1개 카푸치노 잔(150~200ml) 셋트 2개, 샷 잔 2개, 티스푼 4개
심사위원용	계산기, 타이머 2개, 심사테이블, 문구류
재 료	시연용 원두, 우유

💬 응시료 및 환불규정

- 응시료 - 필기 : 30,000원
  - 실기 : 50,000원(2급), 90,000원(1급)
- 환불규정 : 검정일 1주일전 전액환불, 검정일 3일전 70%환불, 검정일 2일 이내 환불불가

(사)KATE 자격검정위원회
(문화체육관광부 등록 법인)

(사)KATE
관광바리스타 2급 실기검정 매뉴얼

💬 실기 검정 구성

- 실기검정은 준비과정, 시연과정, 정리과정으로 구성된다.

검정과목	검정 내용	검정 시간
준비과정	시연을 위한 머신과 기구 준비	5분
시연과정	에스프레소 2잔, 카푸치노 2잔 제조 및 서비스	10분
정리과정	실기검정 후 모든 청소 및 정리	5분

💬 실기 검정 전 준비사항

- 실기 검정장 준비사항

구 분	준비사항
머신과 기구	에스프레소 머신, 그라인더, 탬퍼, 넉박스
시연 도구 (1인 기준)	스팀피쳐 2개, 에스프레소 잔(90~100ml) 셋트 2개, 쟁반 1개 카푸치노 잔(150~200ml) 셋트 2개
재 료	시연용 원두, 우유

- 수험자 준비사항

구 분	준비사항
본인확인 서류	수험표, 신분증
복 장	상의 : 옷깃이 있는 무늬 없는 흰색의 셔츠 하의 : 무릎위 5cm이내의 치마 또는 바지(검정색) 신발 : 5cm이하의 단화, 학생은 형광색이 없는 단색 운동화 네일아트, 장신구나 악세사리 착용 절제 및 향수사용 금지
개인별 준비물	행주(6장), 앞치마

준비과정 / 5분 – 검정 매뉴얼

단정한 복장과 앞치마를 착용하고, 준비한 행주와 신분증을 트레이에 가지런히 정리 소지한 후 대기한다.

입장 및 자기소개

1. 행주 6장이 가지런히 정리되어 있는 트레이를 들고 입장

   스텝의 지시에 따라 입장한 후 신분증을 심사위원 테이블에 올려놓는다.

2. 인사와 함께 자신을 소개

   "안녕하십니까, 수험번호 000000번 조윤정입니다."

3. 커피를 배우게 된 이유와 앞으로의 계획에 대해 간단히 소개

   "저는 관광 관련 호텔, 식당, 커피전문점 등에서 관광바리스타 직업을 가지기를 희망하여 커피를 배우게 되었습니다."

   "자격증을 취득하게 된다면 관광객을 비롯한 많은 사람들에게 감동을 줄 수 있는 관광바리스타가 되고 싶습니다."

준비과정 시작

바른 서비스 자세로 인사하며 "준비과정 시작하겠습니다."의사표시를 하고 시작한다.

1. 행주 정리(젖은 행주 5장, 마른 행주 1장)
   - 마른 행주 1장은 접시에 담아 그라인더 옆에 포타필터 전용 행주로 사용한다.
   - 젖은 행주 1장은 접시에 담아 스팀노즐 옆에 놓아 스팀전용 행주로 사용한다.
   - 젖은 행주 1장은 작업대 바닥에 놓고 작업대 청결용으로 사용한다.
   - 젖은 행주 1장은 드립트레이에 놓아 머신 트레이 전용행주로 사용한다.
   - 젖은 행주 1장은 작업대에 올려놓아 시연시 잔 밑바닥 물기를 정리하는 행주로 사용한다.
   - 젖은 행주 1장은 잔받침 접시와 티스푼 닦는 행주로 사용한다.

2. 기계점검
   - 온수, 압력 게이지를 확인한다.
   - 스팀노즐과 머신의 양쪽 그룹을 점검한다.

3. 기계청소

- 포타필터의 커피찌꺼기를 제거하고 물로 씻어준다.
- 젖은 행주로 기계를 전면 및 측면을 닦는다.
- 머신에 물기와 흔적이 남아 있을 시에는 마른행주로 다시 한번 닦아준다.
- 그라인더 도저에 남아있는 커피가루를 정리해 준다.
- 포타필터용 행주로 탬퍼를 닦아 준다.
- 머신, 그라인더 및 탬퍼 주위를 깨끗이 청소 한다.

4. 기물 준비

- 사용할 티스푼과 잔받침, 스팀피처의 청결 상태를 점검하고 닦아 준비한다.
- 기물을 닦는 행주는 따로 구분하여 다른 행주와 섞이지 않도록 한다.

5. 우유, 커피, 기물 확인

- 사용할 우유가 준비되어 있는지 확인한다.
- 스팀 피처, 에스프레소 잔, 카푸치노 잔 받침, 각 티스푼이 준비되어 있는지 확인 한다.
- 사용할 모든 기물은 상태 확인 후 작업대 공간 앞쪽으로 배치하여 확인했음을 알린다.

6. 전체적으로 준비상태를 최종 확인

7. 준비작업이 완료되면 "준비과정 마치겠습니다."라는 의사표시를 하고 대기

시연과정 / 10분 - 검정 매뉴얼

- 스탭의 신호에 따라 "시연과정 시작하겠습니다."라는 의사표시와 함께 시연을 시작한다.
- 에스프레소 및 카푸치노 서비스시 "맛있게 드십시오."또는 "즐거운 시간 되세요."등의 멘트를 곁들여 고객만족 서비스에 충실할 수 있도록 한다.

시연 원두 소개

1. 사용 할 원두에 대하여 소개

- "오늘 제가 시연할 원두는 100% 중배전된 아라비카로 묵직한 향미와 산미가 어우러진 맛이 특징입니다."
- 시험기관에서 사용할 원두의 특징과 내용을 설명한다.

에스프레소 제조

1. 에스프레소의 맛에 대해 설명
   - 심사위원에게 시연할 에스프레소 맛과 향 포인트에 대하여 설명한다.
   - "먼저 추출해드릴 에스프레소는 부드러운 신맛과 함께 진한 바디감이 어우러지는 커피입니다.", "잠시만 기다려 주십시오."

2. 트레이 위에 에스프레소 잔 받침 세팅
   - 트레이 위에 에스프레소 받침 2개, 티스푼 2개를 잔 받침에 올려놓는다.
   - 스푼의 방향과 잔 받침의 무늬는 2개가 통일성이 있도록 세팅한다.

3. 포타필터 분리
   - 포타필터를 그룹에서 분리하여 마른행주로 커피 찌꺼기와 물기를 제거한다.

4. 포타필터에 원두 14g~18g 담기
   - 포타필터를 그라인더 거치대에 올려놓고, 그라인더 스위치를 작동시킨다.
   - 커피가 분쇄되면 도저의 레버를 당겨서 포타필터에 담는다.
   - 포타필터에 커피가 80%정도 담기면 전원 스위치를 끄고, 나머지를 담아 채운다.

5. 탬핑
   - 포타필터에 담겨진 원두가루를 수평을 맞추며 정리한다.
   - 시작부터 수평을 잘 맞추면서 탬핑을 실시한다. 탬핑 뒤 나무 손잡이 부분을 이용하여 가볍게 포타필터를 태핑하면서 잔 가루를 정리한 후 다시 탬핑하여 마무리 한다.
   - 탬핑시 수평으로 다지고 있는지와 불필요한 충격을 주고 있는지를 조심한다.

6. 포타필터를 그룹에 장착
   - 장착 전 손으로 탬핑되어 있는 포타필터 테두리 커피가루를 손으로 정리한다.
   - 장착 전 물 흘리기를 실시한다.
   - 장착시에 심한 충격이 가해지지 않게 부드럽게 장착한다.

7. 연속 추출 버튼 작동
   - 연속 추출 버튼을 눌러 에스프레소 잔 2개를 포타필터 스파우트 밑에 놓는다.
   - 잔을 잡을 때 항상 손잡이를 잡고 옮기도록 한다.

8. 에스프레소 추출 멈춤

- 에스프레소 25~35ml 이 채워지면 추출을 멈춘다.

9. 에스프레소 서빙 준비

- 추출된 에스프레소 잔의 손잡이를 잡고 작업대에 준비된 마른행주에 잔 밑 바닥을 닦은 후 준비된 에스프레소 잔 받침으로 옮긴다.

10. 에스프레소 2잔 서빙

- 트레이를 들고 심사위원 테이블 한발짝 앞에서 "실례하겠습니다" 한 후 테 이블에 에스프레소 2잔을 서브한다.
- 이때에도 잔의 모양, 스푼의 방향이 통일이 되도록 한다.
- "맛있게 드십시오" 멘트와 함께 인사를 한다.

카푸치노 제조

1. 카푸치노의 맛에 대해 설명

- "이번에는 고소하고 풍부한 우유거품과 진한 에스프레소가 어우러진 카푸 치노를 준비해 드리도록 하겠습니다."
- "잠시만 기다려 주십시오."멘트와 함께 인사하면서 카푸치노 시연을 시작 한다.

2. 에스프레소를 추출했던 포타필터를 분리 후 청소

3. 트레이 위 세팅

- 트레이 위에 카푸치노 받침 2개, 티 스푼 2개를 잔받침에 올려 놓는다.
- 스푼의 방향과 잔 받침의 무늬는 2개가 통일성이 있도록 세팅한다.

4. 스팀 피처에 우유 담기

- 스팀피처(600 ㎖) 내부 추출구 홈 밑선(250~280㎖)까지 우유를 붓는다.

5. 포타필터 분리

- 포타필터를 그룹에서 분리하여 마른행주로 커피찌거기와 물기를 제거한다.

6. 포타필터에 원두 14g~18g 담기

- 포타필터를 그라인더 거치대에 올려놓고, 그라인더 스위치를 작동시킨다.
- 커피가 분쇄되면 도저의 레버를 당겨서 포타필터에 담는다.
- 포타필터에 커피가 80%정도 담기면 전원 스위치를 끄고, 나머지를 담아 채 운다.

7. 탬핑

- 포타필터에 담겨진 원두가루를 수평을 맞추며 정리한다.
- 시작부터 수평을 잘 맞추면서 탬핑을 실시한다. 탬핑 뒤 나무 손잡이 부분을 이용하여 가볍게 포타필터를 태핑하면서 잔 가루를 정리한 후 다시 탬핑하여 마무리 한다.
- 탬핑시 수평으로 다지고 있는지와 불필요한 충격을 주고 있는지를 조심한다.

8. 포타필터를 그룹에 장착

- 장착 전 손으로 탬핑되어 있는 포타필터 테두리 커피가루를 손으로 정리한다.
- 장착 전 물 흘리기를 실시한다.
- 장착시에 심한 충격이 가해지지 않게 부드럽게 장착한다.

9. 연속 추출 버튼 작동

- 연속 추출 버튼을 눌러 카푸치노 잔 2개를 포타필터 스파우트 밑에 놓는다.
- 잔을 잡을때 항상 손잡이를 잡고 옮기도록 한다.

10. 에스프레소 추출 및 카푸치노 잔 준비

- 카푸치노 잔에 에스프레소 25~35ml가 채워지면 추출을 멈춘다.
- 추출된 카푸치노 잔의 손잡이를 잡고 작업대에 준비된 마른행주 위에 놓는다.

11. 우유 거품 만들기

- 스팀전용행주를 이용하여 기계의 안쪽에서 스팀을 틀어 물기를 빼준다.
- 우유 거품을 만든다.
- 우유 거품 및 혼합이 완성되면 스팀 작업을 끝내고, 스팀 노즐을 청소한다.

12. 카푸치노 2잔 제조

- 스팀피처를 옮겨 담기를 실시한 후 카푸치노 2잔을 만든다.

13. 카푸치노 서빙 준비

- 잔의 손잡이를 잡고 작업대에 준비된 마른행주에 잔 밑바닥을 닦은 후 준비된 잔 받침에 옮겨 놓는다.

14. 카푸치노 서빙
   - 트레이를 들고 심사위원 테이블 한발짝 앞에서 "실례하겠습니다"한 후 테이블에 카푸치노 2잔을 서브한다.
   - 이때에도 잔의 모양, 스푼의 방향이 통일이 되도록 한다.
   - 서비스시 "맛있게 드십시오"또는 "좋은 시간 되십시오" 등의 멘트를 인사와 함께 한다.

15. 시연과정 마무리
   - 카푸치노 서비스가 완료되면 한걸음 물러나 "시연과정 마치겠습니다."의사표시를 하고 대기한다.

💬 정리과정 / 5분 - 검정 매뉴얼

1. 스텝의 신호에 따라 "정리과정 시작하겠습니다."라는 의사표시와 함께 정리를 시작한다.
2. 에스프레소를 추출한 포타필터를 청소한다.
3. 에프스레소 머신을 청소한다.
   - 물기나 흔적이 남지 않도록 한다.
4. 그라인더를 청소한다.
   - 그라인더 도저 내부에 커피 가루가 없도록 한다.
5. 작업대를 청소한다.
   - 작업대에 물기나 커피 가루가 남아있지 않도록 한다.
6. 심사테이블에 시연한 에스프레소와 카푸치노 잔을 제외한 본인이 준비한 행주를 정리한다.
7. 본인이 준비한 기물을 제외하고, 사용한 기물은 원 위치 시키도록 한다.
8. 모든 정리작업이 완료되면 "정리과정 마치겠습니다."의사표시를 한 후 대기한다.
9. 스텝이 "퇴장하세요."라는 지시에 따라 본인이 준비한 사용했던 기물 및 행주를 들고 퇴장한다.
   - 퇴장시 심사테이블 위에 있는 자신의 수험표와 신분증을 가지고 간다.

수험생	기관(소속)	
	수험번호	
	성 명	

(사)KATE
관광바리스타(2급) 실기검정 기술 평가표

취득점수총계	점	심사위원	듭

■ 준비 평가 (8점)

	5	시연 공간 기물 배치의 적절성 커피머신(추출, 스팀)작동 및 게이지 확인 그라인더 점검, 작동 및 분쇄 확인	◎	①	②	③	④	⑤	
소계 점	3	잔 예열, 물기제거 및 청결 장비 및 작업공간의 청결	◎	①	②	③			

■ 에스프레소 평가 (16점)

	6	커피담기 전 포타필터 건조 및 청결 탬핑과정의 정확성 포타필터 장착 전 가장자리 커피가루 제거	◎	①	②	③	④	⑤	⑥
	3	그룹 누수 없는 커피 받기 정확성 열수 흘리기 및 부드러운 장착과 신속한 추출	◎	①	②	③			
	4	에스프레소 추출시간(20~30초) 에스프레소 추출량(25~35ml) 및 크레마 비율	◎	①	②	③	④		
소계 점	3	작업도중 커피낭비, 청결 및 정리정돈 위생관리 및 에스프레소 작업 동작의 능숙도	◎	①	②	③			

■ 카푸치노 평가 (30점)

	6	커피담기 전 포타필터 건조 및 청결 탬핑과정의 정확성 포타필터 장착 전 가장자리 커피가루 제거	◎	①	②	③	④	⑤	⑥
	3	그룹 누수 없는 커피 받기 정확성 열수 흘리기 및 부드러운 장착과 신속한 추출	◎	①	②	③			
	4	에스프레소 추출시간(20~30초) 에스프레소 추출량(25~35ml) 및 크레마 비율	◎	①	②	③	④		
	4	작업도중 커피/우유 낭비, 청결 및 정리정돈 스팀 작업 전 스팀노즐(분출 및 청결) 관리	◎	①	②	③	④		
	4	스팀 작업(우유 데우기 및 폼 형성) 숙련도	◎	①	②	③	④		
	5	각 잔별 우유거품 분배의 적절성 우유 따르기 작업의 숙련도	◎	①	②	③	④	⑤	
소계 점	4	커피 추출과 카푸치노 작업의 연속성 위생관리 및 카푸치노 작업 동작의 능숙도	◎	①	②	③	④		

■ 정리 평가 (6점)

	3	포타필터와 스팀노즐 정리 상태 그라인더 도저 커피찌꺼기 정리 상태	◎	①	②	③
소계 점	3	작업공간의 전반적인 청결 상태 기물 및 재료에 대한 정리 상태	◎	①	②	③

■ 실격 처리 ('녹'에 '✔'표시 후 사유를 작성해 주시기 바랍니다)

기준	녹 실기 검정 평가 기준 매뉴얼 위반 녹 커피머신 및 그라인더 작동 및 사용 미숙 녹 도구 사용 미숙(탬퍼, 포타필터, 잔 셋트, 스팀피쳐, 행주, 트레이)
사유	

(사)KATE
관광바리스타(2급) 실기검정 감각(맛) 평가표

수험생	기관(소속)		
	수험번호		
	성 명		

취득점수총계	점	심사위원		등

■ 에스프레소 평가 (10점)

	3	크레마의 색감 및 품질	◎	①	②	③	
	4	에스프레소 향미 에스프레소 맛	◎	①	②	③	④
소계 점	3	에스프레소 양과 온도 잔과 기물의 위치와 위생상태	◎	①	②	③	

■ 카푸치노 평가 (16점)

	4	카푸치노의 비쥬얼	◎	①	②	③	④
	4	우유거품 밀도와 양 카푸치노 전체 양(잔 채우기 미달 여부)	◎	①	②	③	④
	4	카푸치노의 맛(커피와 우유의 조화)	◎	①	②	③	④
소계 점	4	카푸치노 온도의 적정성(60~70°) 잔과 기물의 위치와 위생상태	◎	①	②	③	④

■ 서비스 평가 (8점)

	4	복장 및 용모 표정 및 자세	◎	①	②	③	④
소계 점	4	자기 소개 및 서비스 멘트 에스프레소 및 카푸치노 상품 소개	◎	①	②	③	④

■ 시간 평가 (6점)

	2	준비 시간(5분 초과 10초 마다 1점 감점)	◎	①	②		
소계 점	3	시연 시간(10분 초과 10초 마다 1점 감점)	◎	①	②	③	
	1	정리 시간(5분 초과 10초 마다 1점 감점)	◎	①			

■ 실격 처리 ('녹'에 '✔'표시 후 사유를 작성해 주시기 바랍니다)

기준	녹 크레마 1잔이라도 매우 적어서 검은 액이 보이는 경우 녹 커피 추출 시간(50초 이상 10초 이하)이 부적절 한 경우 녹 커피 추출 양(50ml 이상 10ml 이하)이 부적절 한 경우 녹 우유거품이 매우 적거나(5mm 미만) 지나치게 많을 경우 녹 카푸치노 전체 양이 잔의 상부로부터 15mm 이하로 제공된 경우 녹 시연 시간 30초 이상 초과의 경우
사유	

💬 실기검정 동영상

▶ YouTube ^KR   관광바리스타   ⌨   🔍

유튜브에서 '관광바리스타'로 검색하세요.

준비과정(5분) 동영상

https://youtu.be/OFhPwO8hAjg

시연과정(10분) 동영상

https://youtu.be/LQPsGgifRak

정리과정(5분) 동영상

https://youtu.be/MtKX4t5bjAM

(사)KATE

참고문헌

강찬호2016, 커피백과, 기문사

권봉현·이은준2014, 커피, 대왕사

김윤태2016, 바리스타 기본실무, 대왕사

김정애·변광인2016, 커피, 기문사

박영배2014, 커피&바리스타, 백산출판사

서진우2014, 커피 바이블, 대왕사

서진우·문옥선2017, 프로바리스타 바이블, 대왕사

소셜카페협동조합2016, 소셜카페협동조합 매뉴얼

이용남2014, Cafe & Barista, 백산출판사

이재진 외2016, 커피와 바리스타, 대왕사

정정희 외2014, COFFEE N COFFEE, 백산출판사

최병호·권정희2016, 커피 바리스타 경영의 이해, 기문사

최풍운·박수현2013, THE COFFEE, 백산출판사

최희진·안성근2011, 커피의 세계와 바리스타, 대왕사

한국장애인개발원2014, 꿈앤카페 바리스타 직무 매뉴얼

한순숙2010, 커피 바리스타, 서강정보대학

홍경옥2016, 에센스 커피, 기문사

관광바리스타 집필위원

위 원 장	최동열(서영대학교)

위　　원

강어진(서영대학교)	여영숙(호남대학교)
강찬호(서정대학교)	용환재(진주보건대학교)
고석면(인하공업전문대학)	이광옥(백석대학교)
고정원(연성대학교)	이병열(인덕대학교)
공윤주(백석예술대학교)	이상태(제주관광대학교)
공은영(서영대학교)	이상희(서울호텔관광학교)
구태희(신안산대학교)	이소민(서영대학교)
권기완(서영대학교)	이순구(한양여자대학교)
김민준(경인여자대학교)	이은민(인덕대학교)
김병국(대구대학교)	이정탁(호남대학교)
김상진(경복대학교)	이정호(동강대학교)
김선일(한국폴리텍대학)	이재훈(영진전문대학)
김세환(서울문화예술대학교)	이지우(로이문화예술학교)
김수원(동양미래대학교)	이하정(동남보건대학교)
김수현(김포대학교)	이현주(한국호텔관광학교)
김영현(호남대학교)	이홍규(제주관광대학교)
김용기(신한대학교)	임용식(국제대학교)
김장호(서영대학교)	임유희(KATE)
김재곤(원광보건대학교)	장양례(숭의여자대학교)
김정근(충청대학교)	장혜준(경민대학교)
김정대(파주바리스타)	전영호(군장대학교)
김종욱(대림대학교)	전홍진(광주보건대학교)
김진형(원광보건대학교)	정강국(계명문화대학교)
김형철(김포대학교)	정길영(동강대학교)
김홍길(김천대학교)	정연국(동의과학대학교)
나상필(아세아항공전문학교)	정재무(영진전문대학)
남중헌(창신대학교)	정희선(청암대학교)
민일식(중부대학교)	정지효(로이문화예술학교)
박복덕(한림성심대학교)	조대현(용인대학교)
박인수(서영대학교)	조원길(부천대학교)
박종찬(광주대학교)	조재덕(한국호텔관광학교)
박창규(전남도립대학교)	조재문(동주대학교)
서정원(대림대학교)	천덕희(순천향대학교)
서정태(동원대학교)	최미선(부산외국어대학교)
서현웅(Hotel&Restaurant)	최동희(광주대학교)
손재근(서정대학교)	최승리(동서울대학교)
신길만(김포대학교)	최우승(대림대학교)
신상준(호원대학교)	최훈태(전북과학대학교)
신정하(제주한라대학교)	하종명(한국국제대학교)
심홍보(오산대학교)	허용덕(상지영서대학교)
안대희(대원과학대학교)	홍민정(우성정보대학교)
안태기(광주대학교)	홍철희(순천제일대학교)
양현교(청강문화산업대학교)	

관광바리스타

초판1쇄 발행 2019년 1월 20일
2판1쇄 발행 2022년 8월 16일

저   자 (사)한국여행서비스교육협회
펴 낸 이 임 순 재
펴 낸 곳 (주)도서출판 한올출판사
등   록 제11-403호
주   소 서울시 마포구 모래내로 83(성산동, 한올빌딩 3층)
전   화 (02)376-4298(대표)
팩   스 (02)302-8073
홈 페 이 지 www.hanol.co.kr
e - 메 일 hanol@hanol.co.kr
I S B N 979-11-6647-253-4

■ 이 책의 내용은 저작권법의 보호를 받고 있습니다.
■ 잘못 만들어진 책은 본사나 구입하신 서점에서 바꾸어 드립니다.
■ 저자와의 협의 하에 인지가 생략되었습니다.
■ 책 값은 뒷표지에 있습니다.